Gustaw i Ja

Gustaw i Ja

MAGDALENA ZAWADZKA

Opieka literacka **ZOFIA TUROWSKA**

Wydawnictwo Marginesy

Naszemu Jaśkowi – mama

Gustaw, Gucio, Gucieniek... Holoubek. Jestem dumna, że ten nadzwyczajny, o niepowtarzalnej osobowości człowiek był moim mężem. Spotkanie z nim to pocałunek losu.

W cudowny sposób był naturalny. Wszelkie smutki, radości i obowiązki codzienności traktował z dystansem, z nich czerpał siły i pomysły twórcze. Pracował z dnia na dzień, zdając się na przychylny los. Jakby od niechcenia. Niczego nie planował według koncepcji czy recept, nie zastrzegał w umowach wymagań dotyczących grania takich czy innych ról, a przecież nawet mała część tego, co zrobił, byłaby spełnieniem dla niejednego aktora. Gdy opadała kurtyna, momentalnie wracał „do siebie". Żartował z aktorów, którzy przekraczali próg swoich domostw z resztkami kreowanej postaci. Nie znosił sztuczności i fałszu i od razu rozszyfrowywał tandetne, jak mówił, mistyfikacje. Denerwowały go miny, wymagania i fochy, pozowanie na kogoś, kim się nie jest, i za wszelką cenę zwracanie na siebie uwagi. Źle się czuł w towarzystwie takich aktorów i starał się ich unikać: „Skoro sytuacja jest sztuczna, ja też zaczynam być sztuczny" – cytował Gombrowicza. Był najzwyczajniej sobą.

Nigdy nie widziałam Gucieńka ćwiczącego miny i gesty przed lustrem lub nagrywającego siebie, żeby sprawdzić intonację głosu. Do roli szykował się niczym tygrys do skoku. Czaił się, spokojnie zbliżał do celu – jak najgłębiej i najtrafniej wyrazić, niezależnie kogo grał, własny pogląd na rzeczywistość. Przemyśliwał koncepcję postaci podczas stawiania pasjansa, prowadzenia samochodu, wypoczywania w ulubionym fotelu. Nie wymuszał

← Gustaw Holoubek, lata sześćdziesiąte

dla siebie szczególnej atencji, nie udręczał przedpremierowymi nerwami. Po zachowaniu Gustawa nie poznałabym terminu premiery. To raczej ja przeżywałam jego i swoje. Gustaw był skromny, obce mu było samouwielbienie, dlatego nie chciał nikomu zawracać sobą głowy. Tę jego zwyczajność celnie scharakteryzował Tadeusz Konwicki: „Gucio lęka się pozy artystycznej. Robi wszystko, żeby zbanalizować swój byt".

Kiedy o nim opowiadam, przedłużam mu życie.

Gustaw Holoubek, lata sześćdziesiąte →

Wszystko zaczęło się wiosną...

1969–1970

Kocham tę radosną porę i cieszę się z jej nadejścia. Wraz z przyrodą budzę się do życia. Nabieram chęci do robienia generalnych porządków, do szykowania letniej garderoby, do pieszych i rowerowych wycieczek. Tęsknię do wesołych kolorów. Jesienno-zimowe barwy wręcz mnie odpychają. Zaczynam ubierać się w pastele i moją od dziecka ukochaną czerwień. Zapuszczam piegi na twarzy i rozpiera mnie radość życia. Wierzę, że to czas czegoś nowego i dobrego, jakiejś cudownej niespodzianki darowanej z niebios.

Wiosna sześćdziesiątego dziewiątego roku dwudziestego wieku okazuje się dla mnie wyjątkowa. Jak zawsze kolorowa i pachnąca, ale nie w pełni mogę korzystać z jej uroków, jestem zapracowaną młodą aktorką. Trzy lata pobytu w jednym z najlepszych teatrów warszawskich, Teatrze Dramatycznym, do którego zaangażował mnie dyrektor Andrzej Szczepkowski, owocują kilkoma poważnymi rolami[1]. Gram prawie co wieczór, a dodatkowo w tak zwanych popołudniówkach. Mam za sobą także duże role w spektaklach Teatru Telewizji[2], a na premierę czeka *Makbet* Szekspira. Andrzej Wajda powierza mi w tym przedstawieniu rolę Lady Makbet u boku Tadeusza Łomnickiego. Do tej pory w tradycji teatralnej grały ją dojrzałe aktorki z życiowym i zawodowym doświadczeniem. Poprzez wybór mnie, bardzo młodej kobiety, ten wybitny reżyser chce pokazać młodzieńczą żądzę władzy, jej drapieżność i wielką niepohamowaną namiętność prowadzącą do tragedii. Tylko moja podyktowana wiekiem odwaga i wsparcie Tadeusza Łomnickiego pozwalają mi się zmierzyć z tym trudnym zadaniem.

← Magdalena Zawadzka w obiektywie Wiesława Rutowicza.
Kapelusz typu „Piotruś", najmodniejszy w latach sześćdziesiątych

Odskocznią od tej wstrząsającej postaci jest subretka Michasia w komedii Moliera *Mieszczanin szlachcicem*. Realizuje ją też dla telewizji Jerzy Gruza, dzięki któremu mogę zagrać obok Bogumiła Kobieli, odtwarzającego główną postać – Pana Jourdaina. Trzy razy w tygodniu zarywam noce, bo zaraz po spektaklu idę grać w kabarecie „Dudek". Na uroczystą premierę czeka *Pan Wołodyjowski*, moje największe w tym czasie dokonanie filmowe. Równocześnie trwają zdjęcia do serialu telewizyjnego *Przygody pana Michała*. Nie wiem, jak godzę te wszystkie zajęcia, skąd biorę siły i energię, ale jestem młoda i szczęśliwa, że tak ciekawe i pełne planów jest moje życie zawodowe, a dobre recenzje i nagrody dodają mi wiary w siebie.

Życie prywatne też wydaje się udane. Mam kochających mnie babcię, rodziców i męża, operatora filmowego Wiesława Rutowicza, którego poznałam na planie filmu *Późne popołudnie*[3] i po ukończeniu drugiego roku studiów poślubiłam. Nasz miły dom, mnóstwo znajomych i wielbicieli, a przede wszystkim mój entuzjazm niemal do wszystkiego, co robię, i niepoprawny optymizm chronią mnie przed złem tego świata. Poza pracą, którą autentycznie kocham, lubię się bawić, śmiać, tańczyć i spotykać się z serdecznymi ludźmi, jeździć na wycieczki. Odkrywam w sobie pasję do podróży zagranicznych, ale w końcu lat sześćdziesiątych to zamiłowanie niełatwe do realizacji: paszporty zamknięte w urzędowych szufladach, zakaz posiadania i wywożenia obcej waluty, słowem uroki żelaznej kurtyny. Mnie szczęście dopisuje – od razu frunę aż na drugą półkulę. Znany aktor i satyryk Jerzy Dobrowolski zobaczył moje występy w „Dudku" i gościnnie angażuje mnie do stworzonego przez siebie kabaretu „Owca", zaproszonego właśnie na tournée po Stanach Zjednoczonych i Kanadzie. Ta wspaniała niespodzianka spotyka mnie wiosną poprzedniego roku. To mój pierwszy w życiu wyjazd na Zachód i od razu do Ameryki! Przeżywam szok cywilizacyjny. Od tamtej chwili zwiedzanie świata staje się moim życiowym marzeniem, tym bardziej że zarobiłam w Ameryce pokaźną sumę „udokumentowanych" pieniędzy. Część naturalnie wydałam na prezenty dla rodziny i przyjaciół, drobiazgi do domu, a dla siebie na fantastycznie kolorowe ciuszki i buty. Jestem więc zadowoloną z życia, wystrojoną w mini i czarne lakierowane botki za kolana młodą kobietą. Jedynie ciągle brakuje mi czasu, więc kradnę go kosztem snu i wypoczynku.

W tym stanie ducha zastaje mnie wiosna owego sześćdziesiątego dziewiątego roku. Z błogich rozmyślań o planach życiowych i zawodowych wyrywa mnie telefon od ówczesnego dyrektora Teatru Dramatycznego, Jana

Bratkowskiego, który proponuje mi główną rolę kobiecą w sztuce Calderona *Życie jest snem* w reżyserii Ludwika René. Próby mają się rozpocząć od zaraz. Wpadam w panikę, bo już na nic przecież nie mam czasu, na dodatek dostaję propozycję zagrania we współczesnym filmie i chcę z niej skorzystać. Zdobywam się na odwagę i proszę dyrektora o zwolnienie mnie z prób Calderona. – Chyba zwariowałaś! – dziwi się nie na żarty. – Odmawiasz pracy w spektaklu, w którym główną rolę męską będzie grał Gustaw Holoubek?! – Przytomnieję dość szybko i rezygnuję z filmu.

Rozpoczynają się próby. Na pierwszej, tak zwanej czytanej, pojawia się pan Holoubek. Wszyscy witają go entuzjastycznie. Jest to jego powrót do Dramatycznego, w którym grał na początku lat sześćdziesiątych[4]. Jako studentka pierwszego roku szkoły teatralnej widziałam jego Płatonowa i byłam tą kreacją urzeczona. Pan Gustaw wraca więc do siebie, do zespołu, który go zna i podziwia. Ponowne pozyskanie tak wybitnego aktora, postaci wręcz owianej legendą, znanej ze wspaniałych ról granych w Teatrze Narodowym[5], głównie Gustawa-Konrada w *Dziadach,* wywołuje świąteczne podniecenie w całym zespole. Jest uwielbianym przez wszystkich Gustawem Holoubkiem, cenionym aktorem i człowiekiem. Ta pierwsza próba przeradza się w manifestację radości, że zaangażował się właśnie do nas i że będziemy razem pracować.

Jestem najmłodsza w zespole, najmniej doświadczona zawodowo i trochę peszy mnie perspektywa współpracy z tym gigantem sceny i filmu, mimo że miałam już okazję poznać pana Gustawa podczas realizacji filmu *Spotkanie w „Bajce"*. Przygotowywałam się wówczas do matury, a także uczestniczyłam w telewizyjnym Młodzieżowym Studiu Poetyckim. Dostałam zaproszenie na próbne zdjęcia do epizodycznej roli w tym filmie. Wybrali mnie, mama podpisała umowę, bo byłam niepełnoletnia. Ubrali w szpilki i wydekoltowaną sukienkę w grochy, uczesali i umalowali jak zawodową aktorkę. Partnerowałam Andrzejowi Łapickiemu, a Gustawa Holoubka poznałam tylko przelotnie. Zdjęcia realizowano w Sandomierzu i któregoś dnia panowie zaprosili mnie na kawę. Grzecznie, ale stanowczo odmówiłam, niemal wystraszona, bo obiecałam rodzicom, którzy nasłuchali się opowieści o rzekomej rozwiązłości panującej w środowisku filmowym, że po pracy z nikim nie będę się zadawać. Przejęta sytuacją odwróciłam się tak gwałtownie, że na oczach zdumionych dżentelmenów z całym impetem weszłam w zamknięte oszklone drzwi. Posypało się szkło...

Kilka lat później, po skończeniu studiów, spotykamy się w spektaklu Teatru Telewizji *Brat marnotrawny* Oskara Wilde'a w reżyserii Jerzego Gruzy. Próby przypadają na okres bardzo męczący i bardzo ważny dla pana Gustawa. Niemal natychmiast po popołudniowej telewizyjnej próbie gra w *Dziadach* w Teatrze Narodowym. Pamiętam troskę całej obsady: Ireny Kwiatkowskiej, Kaliny Jędrusik, Andrzeja Łapickiego i Jurka Gruzy, żeby Gustawa oszczędzać, żeby zbytnio się nie męczył, bo za dwie godziny czeka go wyczerpujący wieczór. Byłam wtedy tak zajęta występami w teatrze, że niestety nie widziałam *Dziadów*. Liczyłam na to, że zdarzy mi się wolny wieczór i zobaczę głośne już w całej Polsce przedstawienie z genialną rolą pana Gustawa. Nie mogłam przewidzieć decyzji politycznych, które w krótkim czasie zmiotą spektakl ze sceny Narodowego i będą zarzewiem antykomunistycznych demonstracji i początkiem wypadków marcowych '68 roku. Wtedy jednak na próbach w telewizji zajmujemy się zabawnymi perypetiami angielskich *ladies* i *gentlemen*. Pan Gustaw gra w *Bracie marnotrawnym* mojego wujaszka, któremu rzucam się na szyję, ani przez moment nie przeczuwając przyszłości. Mijamy się też w sytuacjach towarzyskich. Kiedyś po premierze „Dudka" przyszedł za kulisy i byliśmy radzi, że Holoubkowi się podobało. Zresztą gdziekolwiek się pojawiał, niezmiennie wszyscy się rozpromieniali.

Podobnie na tej pierwszej próbie w Dramatycznym. Siadamy przy długim stole i rozpoczyna się czytanie sztuki. Dla mnie to zawsze podniecający moment. Czy sztuka i rola będą mi się podobać? Pierwsze wrażenie uważam za najważniejsze, bo jest doznaniem bardziej zmysłowym niż intelektualnym. Po licznych przemyśleniach, zamykając finalny kształt roli, odwołuję się do tych wrażeń. Na szczęście zarówno sztuka, jak i role wszystkim odpowiadają. Pan Gustaw siadł przy stole naprzeciw mnie, przodem do okna. Mogę więc widzieć jego twarz bardzo wyraźnie w świetle wiosennego dnia. Tyle że mój wiosenny błogostan nie sprzyja zwracaniu uwagi na kogokolwiek. Podczas przerw w próbie zaszywam się w swojej garderobie i kuję angielskie słówka. Za rok czeka mnie wyjazd na stypendium ministra kultury i sztuki do Londynu, a pobyt w Ameryce uświadomił mi wielkie braki w znajomości angielskiego. Zawieszona między tekstem sztuki a własnymi sprawami nie dostrzegam bożego świata ani pana Gustawa, jest mi mężczyzną dalekim niczym kosmos. Aż jeden z kolegów, niby mimochodem, zauważa, że ten siedzący naprzeciw mnie mężczyzna, o czym już wszyscy

← Z Andrzejem Łapickim na planie filmu *Spotkanie w „Bajce"*, Sandomierz 1962 sobie opowiadają, nie spuszcza ze mnie wzroku. Wszystko, co mówi, kieruje pod moim adresem, z intencją zwrócenia na siebie mojej uwagi. Ocknęłam się z niebytu. Wtedy tak naprawdę po raz pierwszy przyglądam się panu Gustawowi, którego do tej pory znam właściwie tylko ze sceny i ekranu. Ma miłą łagodną twarz i ogromne oczy, nieprawdopodobnie niebieskie i prześwietlone, z czającymi się chochlikami. Przyciągają jak magnes. Gęste, czarne, aż granatowe włosy z lekkim szpakiem na skroniach i śniada cera jeszcze bardziej podkreślają charakter tych oczu. Duże, odstające uszy dodają łobuzerskiego wdzięku. Można powiedzieć, że te oczy i uszy są jego znakiem firmowym. Nienaganne maniery, styl bycia i wysławiania się, dowcip i wesołość. Piękny, męski, właściwy tylko jemu głos. Zdaje mi się czarującym mędrcem. Patrzę zdumiona i zastanawiam się, jak to możliwe, że do tej pory widziałam w nim tylko wielkiego aktora, a nie fascynującego mężczyznę? A może los właściwie mną kierował? Mój status mężatki stwarza naturalną barierę dla pokus. Mam ich wiele, jestem raczej rozpieszczana powodzeniem niż sfrustrowana jego brakiem. Pan z naprzeciwka też nie jest wolny, a na dodatek dużo ode mnie starszy, w sile wieku, jak się mówiło o czterdziestosześcioletnim mężczyźnie. Mam dwadzieścia cztery lata, męża i żadnej ochoty na flirt. To dla mnie jedynie kolega z pracy.

Poza tym drzemie we mnie jakaś diabelska przekora, irracjonalny bunt, usprawiedliwiony chyba tylko młodością i zawirowaniami emocjonalnymi. Wszystko jest albo czarne, albo białe, tak albo nie, żadnych odcieni i niuansów. Przy tym mało mówię. Panuje moda na obojętność i luz, jednym słowem lub spojrzeniem można wyrazić wszystko, więc po co strzępić język? Dla nas, młodych, silnych i zbuntowanych przeciwko wszystkim i wszystkiemu, wyrażanie uczuć należy do kategorii wstydliwych. Dzieci kwiaty, a chcę się do nich zaliczać, patrzą na świat bezczelnym, pewnym siebie wzrokiem i łamią wszelkie utarte kanony postępowania. Z żalem przyznaję, że do końca nie jestem taka. Dom, wychowanie, zakazy, nakazy ograniczają moją swobodę, ale mam w sobie pewną dozę tego wyzwolenia, które zagłusza we mnie panienkę z dobrego domu. Nigdy więc nie zabiegam o względy mężczyzn. To panom pozostawiam przywilej walki o mnie, a raczej łaskawie pozwalam, żeby zdobywali mnie w pięknym, rycerskim stylu. Nawet gdy ktoś mi się bardzo podoba, nie daję tego po sobie poznać. Jestem zbyt ambitna, żeby ponieść uczuciową porażkę. Dopiero absolutna pewność, że druga strona jest mocno zaangażowana, może osłabić moje nieprzejednanie. I taka właśnie siedzę naprzeciw pana Gustawa. Nic nie mówię i wiem swoje. On jednak widocznie inaczej rozpoznaje sytuację. Rozpoczyna delikatną walkę podjazdową. A to niby przypadkiem wypytuje mnie o plany na najbliższe dni, a to dogania na ulicy, pytając, w którą idę stronę. Raz odpowiadam zuchwale: – W przeciwną niż pan. – Ku mojemu zdumieniu nie tylko się nie zraża, ale go to rozbawia, pamięta przecież, kiedy odmawiając pójścia na kawę, rozbiłam głową szybę. Któregoś dnia po raz kolejny zaprasza mnie do kawiarni. Tym razem nie odmawiam. Zaczynamy się spotykać już nie przypadkiem, tylko trochę potajemnie. Ale cóż to za tajemnica, skoro spacerujemy po ulicach albo siedzimy godzinami na ławce w parku! Wszyscy już o nas wiedzą, jesteśmy jednak tak zajęci sobą, że na nic nie zwracamy uwagi.

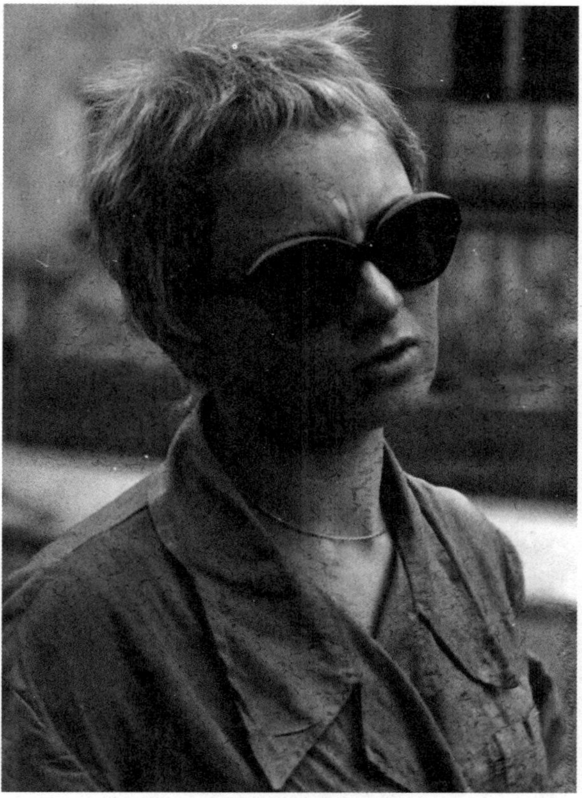

Na planie filmowym, *Kiedy miłość była zbrodnią*, 1967

s. 20–29 Gazety codzienne i kolorowe lat sześćdziesiątych wielokrotnie opisywały życie zawodowe i prywatne Magdaleny Zawadzkiej i Gustawa Holoubka →

Photos: MAREK HOLZMAN

;ostume Pieces

ıalena Zawadzka, member of
)ramatyczny (Drama) Theater
pany of Warsaw, was en-
ed with the leading feminine
in "The Little Knight," the
version of "Pan Wołodyjow-
She was cast as Basia, the
of the title hero and perhaps
of the most attractive charac-
reated by Sienkiewicz.
ucky person in thought and
she was also endowed with
feminine charm by the
or. Rarely does an actress find
warding, as absorbingly and
ughly convincing a part to
in a costume film. Psychologically this 17th-century young woman is very contemporary, perhaps more contemporary than many of the fatuous modern juveniles that Magdalena Zawadzka has been playing, parts for which she was type-cast owing to her youth.

Shortly after this first departure from convention, which may seem paradoxical in an actress so young, Miss Zawadzka gave everybody a pleasant surprise when she appeared as Lady Macbeth in the television adaptation directed by Andrzej Wajda. Actresses usually pay more attention to their private psychological needs than to the inexplorable passage of time, which is perhaps more apparent in this profession than any other, and prefer to play young and romantic parts as long as possible. Miss Zawadzka, on the contrary, though young and still inexperienced, despite the film roles and leading parts she has played in the theater, chose to meet a great challenge and was probably the first very young actress to play this character which by long established tradition in the theater had always been conceived as a mature, even an aging woman devoured by ambition and passion. It is common knowledge, however, that an inclination toward evil is not alien to young persons. The contrast between good and bad characters stands out more clearly on the film sets and stage boards than does the contrast between historical and modern, complex and straightforward, tragic and comic roles. As Miss Zawadzka's still short career indicates, the range of roles an actor can play should never be a predetermined and closed affair.

›ALENA ZAWADZKA, WHO PLAYS BASIA IN THE FILM VERSION OF "PAN WOŁODYJOWSKI" IS ACCUSTOMED TO
:ENTURY INTERIORS AND FEELS AT HOME IN THE BAROQUE CHAMBERS OF THE ROYAL PALACE IN WILANOW

W CIĄGU JEDNEGO DNIA

Zdjęcia:
JAN POPŁOŃSKI

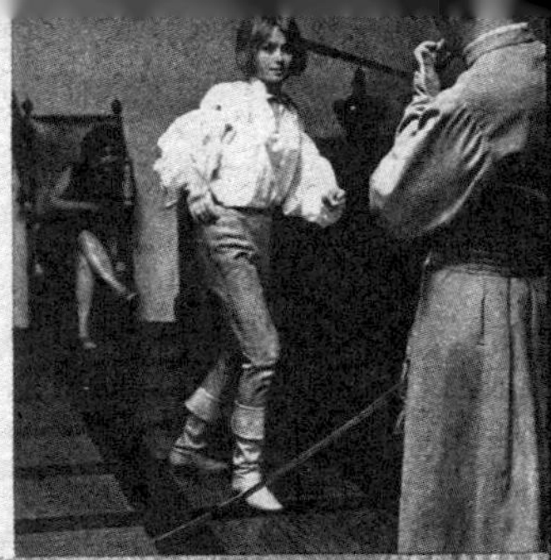

Magda
Zawadzka

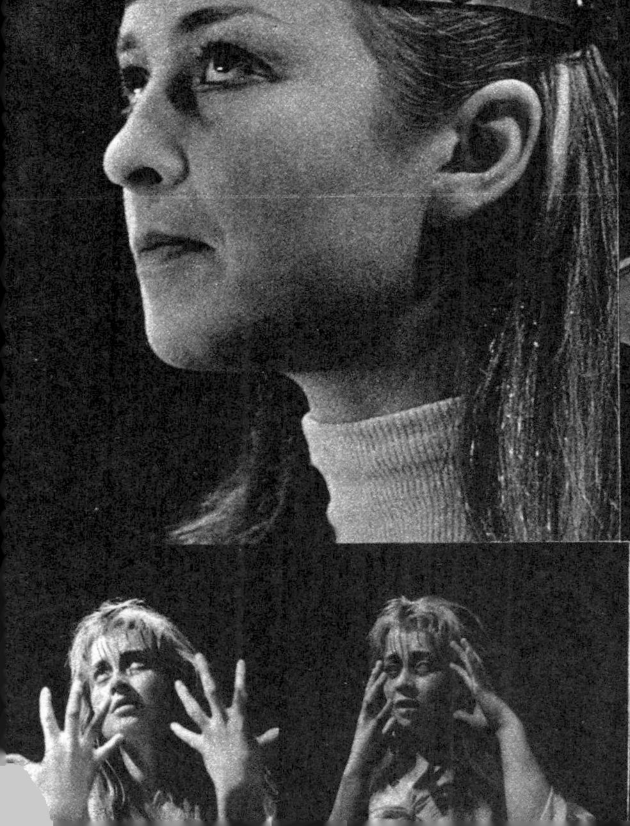

nagda
awadzka

vas in the year 1963. The film director, Jan Rybkowski, was g round for a young girl to be cast in his new film "CAFE FROM PAST". The girl was to be young but not a teenager... she was ve a fully-formed personality and be fascinating beside being . Enventually a student at the Warsaw Stage School, Magda dzka, had been picked. And then things began to happen to her. her first film had been completed other offers started pouring quite suddenly a modest student girl turned into one of the most ar film stars of the younger generation — her daily mail swell bag full of admirers who seemed to see in her a kinred soul. arts she had been acting made that assertion feasible. In J. S. Sta-l's comedy "NO MORE DIVORCES" she acted an energetic town girl, Catherine, who comes to conquer the capital city and e to manage in the most difficult situation. We meet her at the railway station — quite lost and stony broke. She finds her way Matrimonial Exchange Office. We then say good-bye to her as nate of a student hostel surrounded by a crowd of smiling friends g whom she seems to be the leading character. In that rather cre film "THE IDYLLIC LOVERS" she created a nice and character of the main girl. In the "LATE AFTERNOON" eksander Ścibor-Rylski she proved she can also be an excellent atic actress. Seemingly the same figure of a youthful female was enriched by painful experiences. Conflicting attitudes towards nother, a failed attempt at being independent, the psychological in puberty — all that she was able to bring out in a moving and manner. Her further films: "NO SUNDAY FOR JUSTICE", OILED SQUABS", "BIG BEAT", the TV series "DOMESTIC "... Most of them have been comedies where she managed to wonderful vitality, humour besides possessing pleasant voice in attractive crooning of tunes. The big-beat song "Speedy Bill" by her has become the true hit of the year. It appears, however, the part of Barbara in J. Hoffman's great film "COLONEL ODYJOWSKI" will constitute a mile stone in her career. Not just because it is her first part in costume. Henryk Sienkiewicz's is popular enough and the young actress may well be proud of lf for getting that part to play. In the opinion poll staged by the an" magazine most votes fell on her to be picked for the part arbara. Yet the part is far more psychological than most of those ad been playing so far, and far more complex. Magda Zawadzka managed to impersonate Barbara to the extent of being called in everyday life. That was the true actor's test... and passed flying colours, too.

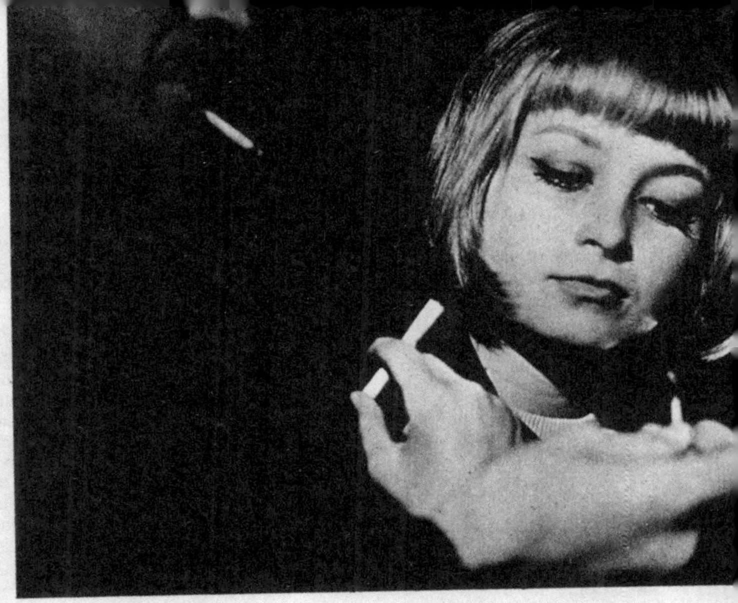

JUSTICE ON SUNDAY

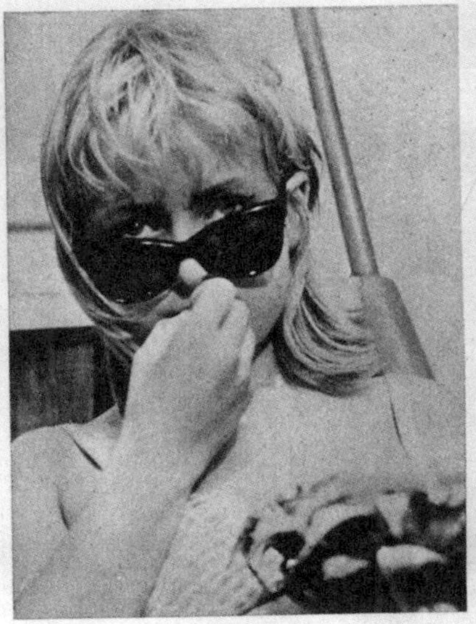

THE IDYLLIC LOVERS

THE MARTIANS

TE AFTERNOON

CAFE FROM THE PAST

DOMESTIC WAR

magda zawadzk

C'était en 1963. Jan Rybkowski, le metteur en scène cherchait pour son film « CONTRES AU CAFÉ» une candidate très jeune mais qui ne soit pas une gam dont la personalité soit déjà bien marquée, une fille jeune et belle dont il émanerait q chose de fascinant. Son choix se porta sur une étudiante de l'école théâtrale de Va nommée Magda Zawadzka. C'est ainsi que tout commença. Dès son premier fil propositions affluèrent, l'étudiante modeste devint soudain l'une des actrices le en vue de la jeune génération et son courrier prit des proportions imposantes; en les spectateurs lui écrivent en masse, comme à quelqu'un de proche. Cela tient sans aux rôles qu'elle incarne. Dans "«IL N'Y AURA PAS DE DIVORCES», une co

THE LODGER

NO MORE DIVORC

de J. S. Stawiński, elle incarnait Katarzyna, une fille énergique partie de sa pr pour monter à l'assaut de la capitale, qui se débrouille courageusement dans les situ les plus difficiles. Perdue et sans argent dans une gare immense au début du film la retrouvons... dans une agence matrimoniale... pour la quitter — étudiante, dans un foyer académique, entourée de collègues admiratifs, qu'elle mène «par le du nez». Dans «LES AMOUREUX SONT ENTRE NOUS», un film assez quelco elle réussit pourtant à créer un personnage sympathique et vivant et «DÉCLIN D VIE» d'Aleksander Ścibor-Rylski lui fournit l'occasion de prouver son talent d tique. Ce même personnage de très jeune fille est enrichi ici d'expériences doulour Un conflit entre mère et fille, un essai d'indépendance qui se solde par un échec, la psychologique d'une adolescente; tout cela est rendu admirablement, d'une façon fois subtile et vraie. Magda Zawadzka a également tourné dans «PAS DE RE POUR LA JUSTICE», «LES ALOUETTES RÔTIES», «BIG-BEAT» et da feuilleton télévisé intitulé «LA GUERRE CIVILE»... La plupart de ces films sor comédies où l' actrice s'impose par son tempérament endiablé, son sens de l'hu et aussi par son timbre agréable et l'interprétation intelligente de ses chansons. «SPE BILL», une chanson big-beat est devenu un grand succès. Il semble pourtant que le de Basia, dans «MESSIRE WOŁODYJOWSKI» la grande épopée mise en par J. Hoffman, marque un tournant dans la carrière de Magda Zawadzka. C'es premier rôle costumé, mais surtout, la jeune actrice peut être fière d'avoir été dés dans le plébiscite organisé par la revue de cinéma «Ekran» comme la «Basia idé par un nombre imposant de participants; en effet le livre de Sienkiewicz est cher au de tous les Polonais. C'est aussi un rôle d'une psychologie beaucoup plus dense qu précédents. Magda s'est identifiée à son personnage, au point qu'en privé on ne l'ap plus que Basia. Ce rôle constituait un véritable examen: Magda Zawadzka l'a haut la main.

BROILED SQUABS

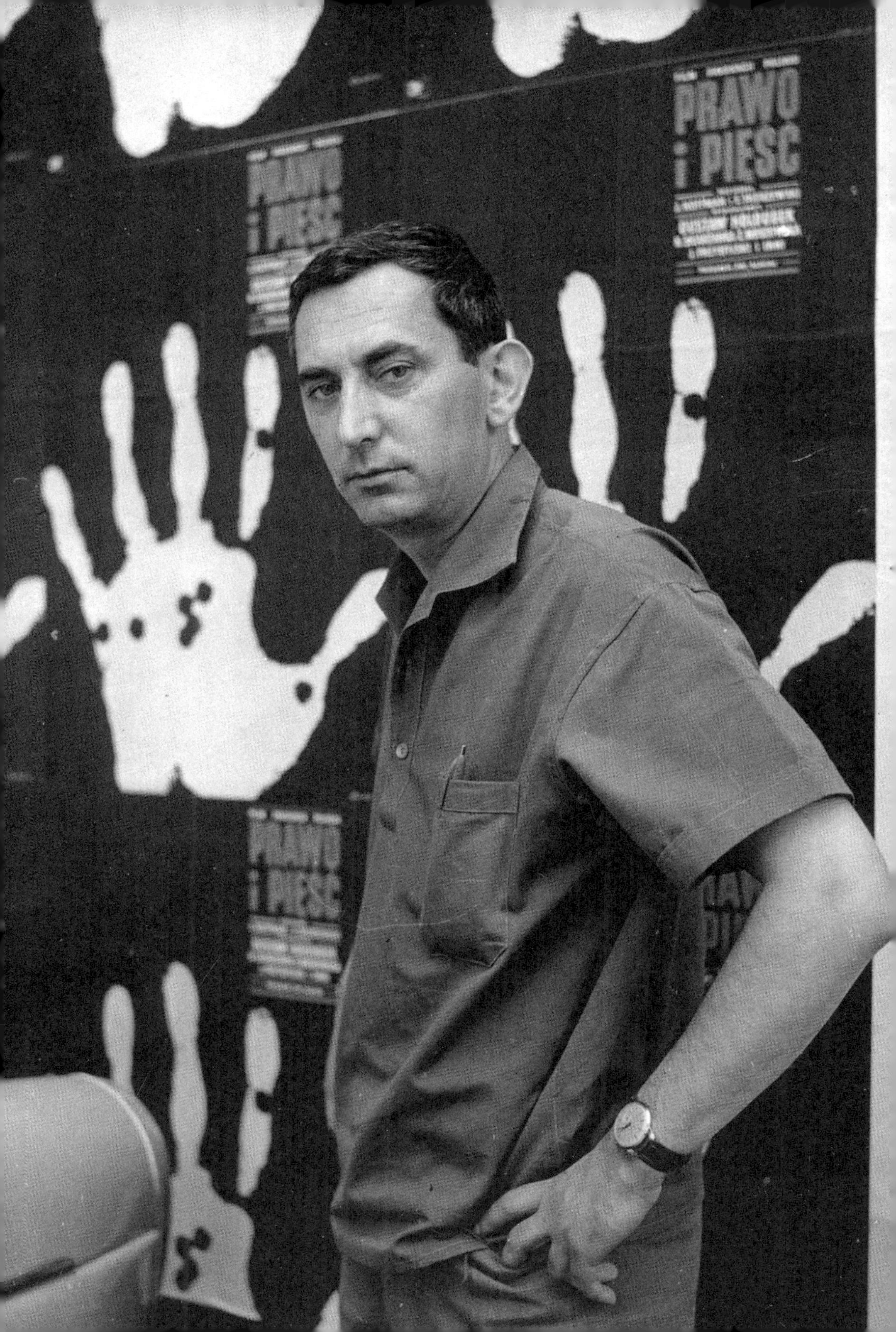
PRAWO
i PIESC
PRAWO
i PIESC
PRAWO
i PIESC

5 LAT KARIERY MAGDY ZAWADZKIEJ...

... to *ROZWODÓW NIE BĘDZIE;* w jednej z nowel grała wspólnie ze Zbyszkiem Cybulskim. Pierwszy jej film po debiucie w *Spotkaniu w Bajce*, pierwszy, w którym zaczęła już kształtować swój typ nowoczesnej, trochę cynicznej, znającej życie dziewczyny... ▼

▲ ...to *PÓŹNE POPOŁUDNIE*. Film ważny dla niej także dlatego, że pan, któr był wówczas drugim operatorem, zajął wkrótce pierwsze miejsce w jej życi osobistym. Magda Zawadzka została panią Rutowicz...

▲ ...to występy w TELEWIZJI. Tak wyglądała, gdy śpiewała piosenki Paula Anki w audycji Kydryńskiego „Diana i inne". Wkrótce później w telewizyjnej parodii „Hamleta" była pierwszą interpretatorką piosenki Sławińskiego i Młynarskiego „Po prostu jestem", późniejszej laureatki festiwali w Opolu i Sopocie...

▶ ...to *PAN WOŁODYJOWSKI*, jej pierwszy film kostiumowy. Ale kostiumy z epoki nosiła już w teatrze („Mądremu biada") i telewizji („Hamlet", ostatnio „Brat marnotrawny", „Nie igra się z miłością" — rola Kamilli w tej komedii Musseta jest jej ulubioną rolą w ogóle).

O Magdzie Zawadzkiej przeczytacie na stronie 12

teatr

16 – 31
LIPCA
1969
ROK
XXIV

14 (483)

Leonia Jabłonkówna — „Wehikuł czasu Gustawa Holoubka" ★ Henryk Korotyński, Leon Marszałek, Mieczysław F. Rakowski i Zbigniew Sołuba mówią o najpamiętniejszych wydarzeniach teatralnych XXV-lecia ★ „Kilkudziesięciu twórczych scenografów" przedstawia Marta Fik ★ O festiwalu wrocławskim piszą Andrzej W. Kral i Tadeusz Burzyński („Czy barometr jest winny?" i „Festiwal niespełnionych oczekiwań") ★

Nie wiadomo, co się nagle dzieje, jakie siły powodują, że ludzie zakochują się w sobie. Kończą się próby i zaczynamy grać spektakle. Każdego wieczoru dostaję od Gustawa piękne kwiaty, w nich bilecik na przykład z tekstem z Calderona: „Cóż jeszcze można Ci życzyć, skoro jesteś słońcem, jutrzenką, różą, gwiazdą i diamentem...", a każdego ranka czeka na mnie w sekretariacie uroczy list, jak choćby taki: „Najdroższa Pani, chociaż nie mam ślicznego zdjęcia Pani, obraz jej towarzyszy mi w każdej sekundzie jawy i w każdej sekundzie snu. Wielbiciel Miś Kłapouch, który czeka roztęskniony". W przerwie przedstawienia odwiedza mnie w garderobie, nie dbając o to, co kto sobie pomyśli. Nie ukrywa, że się o mnie stara. Granicząca z naiwnością chłopca otwartość, z jaką ofiarowuje mi swoje uczucie, oczarowuje mnie tak dalece, że tracę czujność i zakochuję się po same uszy, jego i moje!

Rozpętują się wokół nas plotki i spekulacje, kto kogo pierwszy porzuci. Przyjaciele Gustawa stawiają na mnie. Nie wiem, na jakiej podstawie, bo przecież mnie nie znają. Uważają, że jestem dziewczyną, która z premedytacją rozkochuje w sobie mężczyzn, pobawi się nimi, a potem rzuca. Właściwie powinno schlebiać mi, że uznano mnie za femme fatale. Wyrażają się też dyplomatycznie: – Gucio znowu się pewnie ożeni, już nie chcemy powiedzieć z kim! – Moi rodzice zaniepokoili się nie na żarty. Plotki dotarły do nich z prędkością światła. Też nie znają Gustawa, ale wyczuwają z jego strony poważne zagrożenie dla swojej jedynaczki, bo żonaty, ojciec dzieciom, złamie jej serce i zostawi na pośmiewisko gawiedzi! Mój mąż przeczuwa, że dzieje się ze mną coś niecodziennego, ale boi się pytać, oczekując złych wiadomości. Tylko moja kochana babcia Jadwiga tajemniczo milczy. Środowiskowi plotkarze podgrzewają atmosferę do czerwoności. Nikomu tylko nie przychodzi do głowy, że to może być miłość. Ponadto jeśli małżeństwo jest naprawdę szczęśliwe, nie tak łatwo wedrzeć się do niego trzeciej osobie. Oczywiście, może zdarzyć się przelotny romans czy kryzys, które często odświeżają i jeszcze bardziej wzmacniają małżeński układ, jednak pod warunkiem, że fundamentem jest miłość. Widocznie nasze małżeństwa były pozornie udane. Gustaw twierdzi, że nasze uczucie wybuchło z taką siłą, bo jest ostatnią deską ratunku, której oboje się uczepiliśmy, żeby przeżyć prawdziwą miłość i szczęśliwy związek. W każdym razie skandal wisi w powietrzu, tylko my jesteśmy głusi i ślepi na wszystko. Gustaw jest wierny

← Po raz pierwszy razem na scenie, *Życie jest snem*, Teatr Dramatyczny, 1969

zasadzie, że dżentelmen o pewnych sprawach nie mówi. Nie obarcza mnie też swoimi małżeńskimi problemami, odcina od tamtego swojego życia, nie chce, żebym miała jakiekolwiek poczucie winy.

Jak cudowną sprawą jest porozumienie dusz... My dosłownie zgadujemy swoje myśli. Niepotrzebny nam telefon, którego posiadanie w tym czasie jest zresztą luksusem, bo porozumiewamy się telepatycznie. To samo nas bawi i martwi. Mamy tę samą hierarchię wartości i na szczęście poczucie humoru. Ani przez chwilę nie czuję różnicy wieku. Gustaw jest niemal moim rówieśnikiem, a czasami nawet wydaje mi się, że jest ode mnie młodszy. Miłość nie patrzy w metrykę, trwa poza czasem. Łączą nas ten sam gust i upodobania. Nie stronię od współczesnej muzyki rozrywkowej i piosenek, ale moją ulubioną jest muzyka klasyczna. Gustaw również jest jej miłośnikiem, a nawet znawcą. Słuchania i rozumienia muzyki nauczył go w krakowskiej szkole teatralnej wybitny kompozytor i pedagog Artur Malawski. Więc Gucio tłumaczy mi formę i znaczenie poszczególnych części utworu w przystępny i interesujący sposób. Po licznych dyskusjach dotyczących twórczości wielkich kompozytorów za naszych najulubieńszych uznajemy Bacha, Mozarta i Chopina. Dzięki Guciowi przekonuję się do opery, tego chyba najbardziej teatralnego, w najlepszym tego słowa znaczeniu, gatunku sztuki. Gustaw wielbi Rossiniego, więc łapiemy okazję, by wspólnie posłuchać nagrań *Cyrulika sewilskiego* i nacieszyć się pięknem głosów wybitnych śpiewaków. Mamy też tego samego historycznego bohatera – Juliusza Cezara. Gustaw od zawsze interesuje się historią. Wiele wie i tak barwnie opowiada o wydarzeniach historycznych, które w szkole wbijano mi w nudny sposób do głowy, że nawet najbardziej odległe w czasie zdarzenia stają się bliskie i ciekawe. Wymyśla nawet swoją własną teorię względności czasu: – Wyobraź sobie, że jeżeli postawisz obok siebie dziesięciu Solskich, a ten wspaniały aktor dożył stu lat, mamy Mieszka I. – Podziwia mądrość i dokonania polityczne Władysława Jagiełły. Przeczytał wszystkie książki dotyczące dynastii Jagiellonów. W jednej z nich znajduje ciekawostkę, że król nie lubił jabłek. Bardzo go to rozbawia, bo twierdzi, podobnie jak Jagiełło, że są niezdrowe. Dzięki temu drobiazgowi jeszcze bardziej polubił króla. Kilkanaście lat później gra Władysława Jagiełłę w serialu *Królewskie sny*[6].

Gadamy sobie o wszystkim, to znaczy Gustaw opowiada, a ja mogę godzinami słuchać. Mówi barwnie, bez mentorstwa, ma tylko sobie właściwą

melodię zdania, nawet gdy porusza zwyczajne sprawy. Jego głos działa niczym narkotyk, a on sam jest niedoścignionym mistrzem słowa i pauzy, nie tylko na scenie. Nim poznałam Gustawa, byłam raczej małomówna i niezbyt ufna. Może dlatego, że się nie spotkałam z taką szlachetną otwartością. Na początku naszej znajomości, może nawet niezbyt taktownie, wyrywa mi się: „Boże, jak pan dużo mówi!". Szybko przekonuję się, że słowo jest kluczem do wszystkiego. Gustaw wierzy w jego magiczną moc i energię otwierającą serca i umysły. W czasach jego młodości dziewczyny uwodziło się flirtem, wierszem, czarownym słowem. Po latach żartował, że podczas naszego małżeństwa on zamilkł, a ja rozgadałam się na dobre. To prawda. Zmieniłam się. Złagodniałam i mam nadzieję, że zmądrzałam.

Mam na imię Magdalena, ale różnie mnie nazywano: Magdalenka, Magda, Magdulka, Madźka, Madzieńka, Magdunia, Megi, Magdusia, Magdzisko, a Tadzio Łomnicki mówi do mnie per Magdzior. Mój kochany dziadek Mieczysław wymyślił Magusię. Gustaw na początku naszej znajomości zwraca się do mnie Magdaleno, w charakterystyczny dla siebie sposób przedłużając samogłoski, które są aż cztery w moim imieniu. Brzmi jak niebiańska muzyka: – Magdaleno, czy mogłaby pani powtórzyć końcówkę tekstu, bardzo proszę... – Ach, te formy, tak na co dzień zaniedbywane. A więc Magdaleno...

Nadeszły letnie wakacje. Urlop w teatrze. Nie jesteśmy jeszcze gotowi na podjęcie radykalnych życiowych decyzji, więc bez szczególnych wyjaśnień i narad postanawiamy wyjechać, każde w swoją stronę. Nie wymieniamy adresów, niczego sobie nie przyrzekamy, ot tak, po prostu rozstajemy się na jakiś czas. Traktuję to wakacyjne rozstanie jako próbę uczuć. Racjonalnie podchodzę do sprawy: znamy się raptem cztery miesiące, mamy swoje rodziny, ułożone życie, plany. A może to tylko chwilowe zauroczenie, romans tym piękniejszy, że krótki i niespełniony? Jestem pewna, że znam siebie na tyle, by łatwo sobie z tym poradzić. Muszę przestać o nim myśleć – będę odpoczywać, bawić się i flirtować, ile się da, żeby zagłuszyć w sobie wspomnienia. Tak, to najlepszy sposób. Flirt to przecież niewinna forma zabawy, ćwiczenia z inteligencji i wdzięku, poprawia samopoczucie i nie zobowiązuje do niczego. A więc flirtować, nie myśleć, zapomnieć. Z tak genialnym planem w głowie rzucam się w wir wakacyjnych przygotowań.

MAGDALENKA

Na Międzynarodowym Festiwalu Filmowym w Moskwie, 1969. Od prawej aktorzy: Daniel Olbrychski, Magdalena Zawadzka, Tadeusz Łomnicki, Barbara Brylska

Z walizką pełną wystrzałowych minispódniczek lecę w oficjalnej delegacji na festiwal filmowy do Moskwy, razem z bardzo miłym towarzystwem, z którym nie rozstaję się przez ostatnie dwa lata: Walą i Jurkiem Hoffmanami, Basią Brylską, Tadziem Łomnickim i Danielem Olbrychskim z żoną Moniką Dzienisiewicz. Wiem, że z nimi będzie mi dobrze, ukoją moją skołataną duszę. Uroczysty pokaz *Pana Wołodyjowskiego* odbywa się w moskiewskim Pałacu Zjazdów. Film wysoko oceniają krytycy i widzowie, więc fetują nas, zapraszają na imprezy kulturalne, towarzyskie spotkania i bankiety. Jesteśmy wśród sław aktorskich z całego świata: śniadanie przy jednym stole z Marcellem Mastroiannim, zwiedzanie Moskwy w towarzystwie Mariny Vlady i Moniki Vitti. Jedziemy także na kilkudniowy pobyt do Soczi. Same przyjemności: plaża, ciepłe morze, wieczory w restauracjach. Dużo się dzieje i właśnie to jest mi potrzebne. Mimo jednak bajecznie kolorowych kwiatów, słońca, morza i gór świat jakoś zszarzał.

Wakacje przeleciały i ponownie spotykamy się w teatrze. Oboje staramy się unikać siebie i trwać w swoich układach małżeńskich. Słabo nam to wychodzi. Zaczynamy się znowu spotykać, tym razem w jesiennym deszczu, a potem śniegu. Do przewianej i przemrożonej spacerami głowy wpada mi myśl, żeby kupić samochód. Nie mogę wejść do salonu samochodowego, wybrać modelu, zapłacić i odjechać. Najpierw muszę napisać podanie do ministra handlu wewnętrznego ze szczegółowym wyjaśnieniem powodów, dla których samochód jest mi potrzebny, i cierpliwie czekać na ewentualny przydział talonu. Liczą się też znajomości z personelem lub dyrektorem Motozbytu. Po przejściu biurokratycznej golgoty, dzięki znanej już twarzy i nazwisku, uzyskuję prawo do kupna czaru czterech kółek, jak to pieszczotliwie określa socjalistyczna propaganda. Mimo że „Trybuna Ludu", organ KC PZPR, pisze o nieprawdopodobnej wprost dynamice rozwoju rodzimego przemysłu samochodowego i jakości wyrobów, najbardziej pożądany jest model eksportowy, który siłą rzeczy musi być lepszy niż ten dla tubylców. Udaje mi się wywalczyć samochód z importu – škodę 1000 MB w kolorze ciemnozielonym. Mawia się popularnie, że załatwiłam wszystko „na małpę". Szybko robię prawo jazdy i nareszcie mamy z Gustawem schronienie przed deszczem i zimnem. Tym moim pierwszym w życiu samochodem robimy wypady do małych restauracyjek i kafejek w okolicach Warszawy, gdzie, jak nam się wydaje, nikt nas nie zauważa. O święta naiwności! Gustaw jest znany chyba wszystkim, a ja wygrywam plebiscyt „Expressu Wieczornego",

331.931 kuponów nadesłali Czytelnicy „Expressu" i gazet popołudniowych z całego kraju

ZŁOTA MASKA 1969

Magda Zawadzka 136.052

Tadeusz Łomnicki 100.974

— najpopularniejszą parą aktorską TV

Dziewiąty plebiscyt Złotej Maski został rozstrzygnięty. Czytelnicy „Expressu Wieczornego", „Wieczoru Wrocławia", „Wieczoru" – Katowice, „Echa Krakowa", „Kuriera Szczecińskiego", „Expressu Poznańskiego", „Kuriera Lubelskiego", „Dziennika Wieczornego" (Bydgoszcz), „Wieczoru Wybrzeża" (Gdańsk), „Expressu Ilustrowanego" (Łódź) oraz „Nowości" (Toruń) wybrali w masowym głosowaniu najpopularniejszych aktorów polskiej telewizji. Ogółem do wszystkich redakcji wpłynęło 331.931 głosów (szczegółowa tabela na str. 4).

Ogromne zainteresowanie nowym systemem bodźców wśród załóg przemysłowych

Warszawa, sobota 14, niedziela 15 marca 1970 r.

Express Wieczorny

Rok XXV Wyd. D. C. Nr 62 (7541) Cena 1 zł

Magdalena Zawadzka laureatką Złotej Maski, 1969

Złotą Maskę, na najpopularniejszą polską aktorkę[7]. My jednak płyniemy obranym przez siebie nurtem, nie bacząc, co się wokół nas dzieje.

Coraz bardziej podziwiam Gustawa. Mimo przeciwności losu – małżeństwa nasze właściwie już się rozsypały, choć nadal tkwimy formalnie we wcześniejszych związkach – zawsze jest pogodny, czuły i wyrozumiały. Naprzeciwko bloku, w którym mieszkam, wynajmuje kawalerkę, kompletnie pustą, bez mebli, telefonu, światła. Z sufitu zwisają przewody elektryczne. Gdy widzę z okien mojego mieszkania zapalone świeczki, wiem, że tam jest i czeka na mnie. Któregoś dnia kupuje duży futrzak, wełniany puchaty koc i „uwija nam gniazdko" na podłodze. Ja w przypływie szaleństwa kupuję w desie kulawą komodę. W ten sposób, nie mając rozwodów, własnego mieszkania i żadnych perspektyw na wspólną przyszłość, mamy siebie, koc, futrzak i komodę. Zaczynam nazywać go już nie Gustawem czy Guciem, lecz Gucieńkiem. Tak zdrabniali jego imię przyjaciele i bardzo mi się to podoba.

Gucieniek zawsze jest pełen pomysłów. Namówił mnie na wyjazd do Zakopanego. Na kilka dni. Chce mi pokazać Tatry, których nie znam, a on zaprzyjaźnił się z nimi i pokochał je od dziecka. Okazuje się najwspanialszym przewodnikiem. Oprowadza mnie po wszystkich miejscach, z którymi był związany wspomnieniami. Odwiedzamy też Sanatorium Pocztowców na Antałówce. Tam zrozumiałam, że miłość do gór to nie tylko podziw dla ich piękna, lecz także wdzięczność, że dzięki nim wyzdrowiał. W latach pięćdziesiątych nastąpił nawrót gruźlicy, na którą zachorował w latach czterdziestych, choroby w tamtych czasach śmiertelnej. Dwuletni pobyt w tym ożywczym klimacie, wspaniała opieka lekarska, nowy lek – streptomycyna – i determinacja samego Gustawa, który zimą i latem spał w śpiworze na balkonie, uratowały mu życie. I ja, która uznaję tylko plażę, morze i wydmy, zakochuję się w górach za dar życia dla Gucieńka.

Innym razem pojechałam do Zakopanego sama. Ledwie rozpakowałam się w pokoju, zawiadamiają mnie z hotelowej recepcji, że w hallu ktoś na mnie czeka. Kiedy schodzę, wprost dębieję. Widzę Gucia w dziwnym przebraniu i pełnej charakteryzacji. Okazuje się, że uciekł z planu filmowego niczym uczeń na wagary, wsiadł w samolot do Krakowa, stamtąd w taksówkę i w trzy godziny jest u mnie.

Nasze sprawy prywatne, trudne rozstania i radosne powroty przyćmiewa niezwykłe wydarzenie – wybór Gustawa na walnym zjeździe

SPATiF-u na prezesa tego stowarzyszenia[8]. Zaszczyt tym większy, że Gustaw nigdy nie zabiega o żadne funkcje i stanowiska. Obce mu jest pojęcie robienia kariery. To środowisko obdarza go zaufaniem i uznaje za niekwestionowany autorytet, czego potwierdzeniem wybór przez aklamację. Stanisław Dygat mówił o Gustawie po premierze *Dziadów*: „Miał tak wielką charyzmę, że gdyby wtedy krzyknął: Na Belweder!, ruszyliby wszyscy". Z tym ważnym wyróżnieniem łączą się także odpowiedzialność i zobowiązania, społeczna praca, która, jak czas pokaże, trwa aż jedenaście lat, co jest najdłuższą kadencją w ponaddziewięćdziesięcioletnich dziejach naszego stowarzyszenia. To także kadencja czynu, załatwienia żywotnych spraw środowiska[9].

W siedemdziesiątym roku dużo pracujemy. Gustaw reżyseruje w Teatrze Dramatycznym *Zemstę* Fredry. Znakomita obsada[10] z genialnym Wiesławem Gołasem w roli Papkina oraz reżyseria Gustawa gwarantują sukces artystyczny i frekwencyjny. *Zemsta* nie schodzi z afisza przez wiele lat. Dla telewizji Gustaw realizuje *Trąd w Pałacu Sprawiedliwości* Ugona Bettiego. Akademia Teatru Telewizji uznała wówczas ten spektakl za jeden ze stu najlepszych w historii Teatru Telewizji. Gustaw powtarza w nim swoją genialną kreację sędziego Custa, którą w 1958 roku podbił Warszawę. Byłam wtedy dziewczynką ze szkolnej ławki i naturalnie nie widziałam tego przedstawienia, ale Andrzej Łapicki tak wspomina Gustawa Holoubka: „Pierwszy raz zobaczyłem go w roku 1958. Grał w teatrze rolę Sędziego w *Trądzie w Pałacu Sprawiedliwości*. Warszawa wtedy oniemiała. Zobaczyła aktora, który ma w sobie niezwykłą siłę magnetyczną. To był magnetyzer. Władał widownią. Było w nim coś przyciągającego, a równocześnie niesłychanie prostego. Wchodził na scenę i wszyscy patrzyli tylko na niego. Wszystko, co robił, było ciekawe. W *Trądzie* czytał gazetę tak, że nie można było oderwać oczu od tego czytania"[11].

Mnie zaangażowano do głównej roli w telewizyjnym filmie według opowiadania Turgieniewa *Pierwsza miłość*[12]. Zależy mi na zagraniu w tym filmie, ponieważ po Baśce Wołodyjowskiej jest to równie atrakcyjna rola kostiumowa, a takie wyjątkowo lubię. Film kręcą we Wrocławiu, a każdego wieczoru gram na scenie Dramatycznego w Warszawie. Żyję więc w niewyobrażalnym napięciu i pośpiechu. Po spektaklu wsiadam do pociągu sypialnego relacji Warszawa–Wrocław. Rano muszę już być na planie filmowym. Zdjęcia trwają do popołudnia, potem samolotem na przedstawienie do Warszawy, a po spektaklu znów do pociągu, i tak prawie przez dwa miesiące. Na szczęście ani razu się nie spóźniłam[13].

Nawet w letnie wakacje, które znowu są smutnym rozstaniem z Guciem, nie mam czasu na odpoczynek. Wyjeżdżam na stypendium do Londynu. Szkoda, że nie mogę razem z Gustawem przeżyć tego, czego doświadczam sama, dzielić się wrażeniami, podyskutować i się pośmiać. Znał Anglię tradycyjną i za to ją podziwiał. Ja poznaję ją całkowicie odmienioną – kolorową, zwariowaną, hipisowską. Jakże mi brakuje jego refleksji. Wakacyjną rozłąkę i tęsknotę osładzają mi listy, a pisze Gucieniek cudownie. Przyrzekam sobie, że jeżeli nasze sprawy życiowe pomyślnie się rozwiążą, będziemy podróżować zawsze razem.

Koniec szalonych lat sześćdziesiątych.
s. 41–53 W podróży, na zimowym spacerze, na scenie, w domu, na plaży, w atelier, zoo: w Bejrucie, Radziejowicach, Teatrze Telewizji, Warszawie na osiedlu Za Żelazną Bramą, Międzyzdrojach, u Zofii Nasierowskiej →

PAN
yk Sienkiewicz

W stołecznym ZOO odbyła się uroczystość nadania imion lw czworaczkom. W gabinecie dyrektora Landowskiego toast pomyślność lwiątek wznosili: aktorka Magda Zawadzka i fo reporter CAF, wielki miłośnik zwierząt – Bolesław Miedza

CAF – Fot. Piotrov

Wspomnienia są niczym kalejdoskop, wystarczy, że przesunie się jedno małe szkiełko, już całkiem inny obrazek...

Razem w życiu i na scenie
1971–1972

Początki we dwoje

Teatr Dramatyczny zostaje zaproszony na występy do krajów demokracji ludowej, popularnie nazywanych demoludami[14]. Prawie trzy tygodnie wyrwane z rutyny codzienności, prób i nagrań. Z repertuaru teatru wybrano dwa bardzo widowiskowe przedstawienia: *Kroniki królewskie* Stanisława Wyspiańskiego i *Juliusza Cezara* Williama Szekspira, oba w reżyserii Ludwika René. Świetni aktorzy, piękna scenografia i kostiumy zapewniają powodzenie. Gustaw gra w *Cezarze* Marka Antoniusza, ja królową Jadwigę w *Kronikach*. Tym bardziej cieszę się na ten wyjazd, bo znów możemy być razem.

Długa podróż autokarem integruje zespół, jesteśmy dla siebie serdeczni i koleżeńscy, pomagamy sobie wzajemnie, dzielimy się zabranymi w podróż smakołykami, śpiewamy, a żartom nie ma końca. Wszystkim zależy, aby teatr odniósł sukces. I tak się dzieje. Owacjom zgotowanym nam w Belgradzie, Zagrzebiu, Lublanie i Sofii nie było końca. Na widok scenografii Jana Kosińskiego do *Kronik królewskich,* której głównym elementem jest przepiękna brama wawelska, zrywa się burza braw.

Największe wrażenie robi Jugosławia – piękne krajobrazy, zabytki, zamożność, zachodni styl. Czyżbyśmy byli w socjalistycznym raju? Węgry urzekają atmosferą nad Balatonem – wino, pyszne jedzenie, muzyka, cudowna pogoda. Podobnie w Rumunii, jedynie przy wyjeździe z miasta Kluż przytrafiła się niezbyt przyjemna przygoda. W ferworze wsiadania do autokaru, ogólnej radości, jaka panuje w zespole, zapominamy zabrać z parkingu dwóch kolegów, starszych panów, którzy przy odjeździe gdzieś się oddalili. Ujechaliśmy już ponad sto kilometrów, gdy ktoś nagle krzyknął: – A gdzie

← Razem, na występach w Jugosławii z Teatrem Dramatycznym, 1971

Pierożnicy?! – Nazywaliśmy ich tak, bo chroniąc się przed upałem, porobili sobie z białych chustek do nosa czapeczki w kształcie pierogów. Z duszą na ramieniu wracamy po nich pełni obaw, czy gdzieś nie zaginęli bez paszportów i pieniędzy. Na szczęście ze stoickim spokojem czekają, a potem wszystkim nam ostro wymyślają i atmosfera się oczyszcza.

Niezapomniane tournée stało się początkiem przyszłych licznych wyjazdów Teatru Dramatycznego w świat, a nas z Guciem tak bardzo zbliżyło, że wspólne letnie wakacje są przesądzone. Mój tata organizuje mi miesięczny pobyt w Sztokholmie. Jednak dopiero po przyjeździe do jego znajomych mam poznać adres akademika, w którym będę mieszkać. Wyjeżdżam więc z Warszawy w nieznane. Gucio w sekundę decyduje, że do mnie przyjedzie. W błyskawicznym tempie, co w państwie socjalistycznym, mimo popularności Gustawa, jest wyczynem nie lada, zaczyna załatwiać formalności wizowo-paszportowe i bilet samolotowy. Pewnie przyleci do Sztokholmu, jednak też w nieznane. Wpada więc na pomysł, że ściśle określonego dnia o dwunastej w południe spotkamy się pod filharmonią. – Chyba jest tam filharmonia? – pyta. I z tą niewiadomą się rozstajemy. Nie ma przecież Internetu, e-maili, telefonów komórkowych, nawet automatycznych połączeń telefonicznych. Możemy tylko liczyć na sprzyjający nam los. Gdy w samo południe pod sztokholmską filharmonią ujrzałam z daleka jego lekko pochyloną sylwetkę, czułam, że rozpiera mnie szczęście. Jesteśmy jak dwoje rozbitków, którzy odnaleźli się na bezludnej wyspie. Szalony plan się udał!

Pod koniec siedemdziesiątego pierwszego roku Gustaw uzyskuje rozwód. Widząc, z jakim pośpiechem zaczynam załatwiać swoje sprawy osobiste, przestrzega, żebym absolutnie nie robiła raptownie niczego, czego mogłabym potem żałować. Prosi, abym nie podejmowała pochopnej decyzji w sprawie swojego rozwodu tylko dlatego, że on ma tę sprawę już za sobą. – Musisz być absolutnie pewna swoich uczuć – powtarza po wielekroć. Chce, żeby nasz związek był wyjątkowy i już na całe życie. Po raz nie wiem który zachwyca mnie swoją wielkodusznością i brakiem egoizmu.

Z namysłem, jak radzi Gustaw, ale konsekwentnie szykuję się do odejścia od męża. Tylko dokąd? Gustaw opuścił dom, zostawiając wszystko byłej żonie i córce. Decyduję się i postępuję podobnie; wyprowadzam się od męża, który jest dobrym, kochającym mnie człowiekiem, ale rozumie, że stało się coś, na co nie ma już wpływu. Zabieram jedynie samochód.

Znowu w Jugosławii, już jako małżeństwo, 1976 →

Nie mamy się gdzie z Gustawem podziać. Przygarnia nas moja przyjaciółka, wieloletnia świetna suflerka z Teatru Dramatycznego, Halinka Friedmannowa. Kocha nas oboje, cieszy się naszą miłością i wierzy, że będziemy bardzo szczęśliwi. Jej całkowicie bezinteresowna pomoc w trudnej dla nas sytuacji jest wyznacznikiem prawdziwej przyjaźni, która przetrwa aż do jej śmierci[15]. Zamieszkujemy więc u Halinki, ale co dalej? W krótkim czasie okazuje się, że tuż obok jej mieszkania, w pięknej, przedwojennej willi dystyngowanego pana profesora anglisty, jest pokój do wynajęcia. Łapiemy tę okazję dosłownie jak diabeł duszę i wprowadzamy się tam bez zwłoki, bez kłopotliwych przeprowadzek, bo prawie nic nie posiadamy, także pieniędzy. Gustaw po rozwodzie ma wobec żony i córki zobowiązania alimentacyjne, które sumiennie wypełnia, oraz mnóstwo zaległych długów do spłacenia. Moja sytuacja jest dużo lepsza, a jeszcze rodzice deklarują daleko idącą pomoc i wywiązują się z tego postanowienia bez zarzutu. Halinka również ciągle nad nami czuwa i prowadzi wspólne gospodarstwo. Nie mając prawie nic, żyjemy jak królowie. Jesteśmy trójką szczęśliwych ludzi. Razem pracujemy w teatrze, spędzamy wolny czas, razem jadamy. Kuchnia Halinki jest wyśmienita. Zarówno ona, jak i Gustaw pochodzą z Krakowa, mają to samo upodobanie do galicyjskich tradycji i smaków. Gustaw uwielbia te jej niby proste, a przepyszne potrawy: rosół, sznycel po wiedeńsku, krakowską maczankę. Zaczynam podpatrywać jej sposób gotowania. Przypominam sobie smaki kuchni babci i mamy, dołączam pomysły Halinki i tworzę spory repertuar dań. Specjalnie dla Gustawa uczę się sztuki gotowania. Przyznaję szczerze, nigdy jednak nie stała się moją pasją.

Któregoś dnia dostrzegam, że na zewnętrznym parapecie okna uwił gniazdo ptaszek. Szczęśliwy znak na przyszłość! Bez własnego mieszkania nie zapowiada się ona optymistycznie. Postanawiamy wystarać się o pożyczkę w banku. Wpłacając od razu całą sumę za własnościowe mieszkanie, uzyskiwaliśmy szansę zamieszkania w nim nie szybciej niż dopiero na stare lata. Ponieważ potrzebne nam są również inne rzeczy, decydujemy kupować je na raty, zadłużając się na wiele lat. Tak bardzo wierzymy w siebie, że nie boimy się tych comiesięcznych spłat, mimo że liczba książeczek ratalnych rośnie w oczach i w pewnym momencie możemy ustawiać je w wysokie słupki. Gucio pociesza mnie: – Nie myślmy o pieniądzach, one zawsze się jakoś znajdą, trzeba tylko pracować, a nie czekać na gwiazdkę z nieba.

Cezar i Kleopatra, Teatr Telewizji, 1972 →

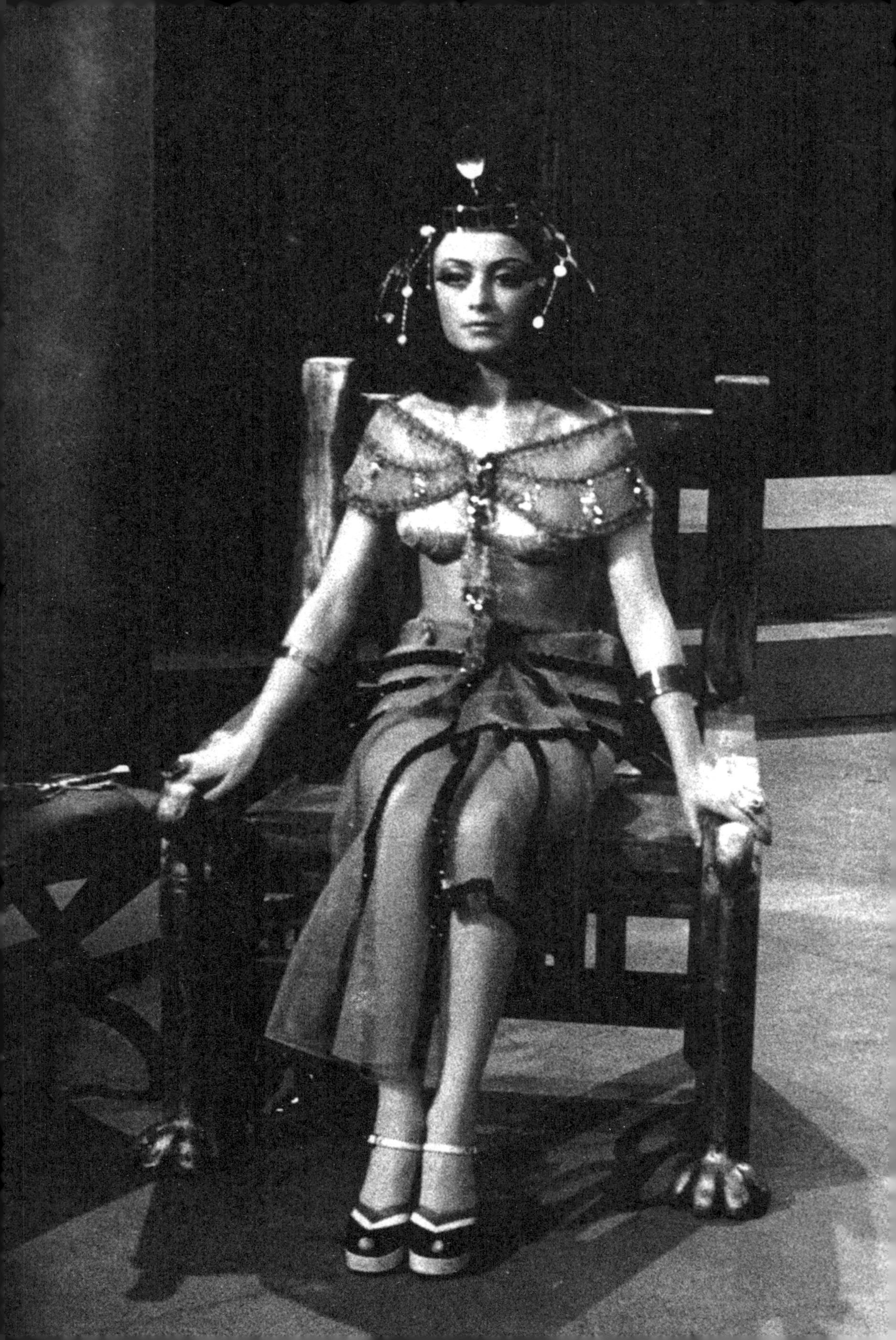

Propozycji na szczęście mamy wiele. Gustaw gra w filmie *Jak daleko stąd, jak blisko* swojego przyjaciela Tadeusza Konwickiego, scenarzysty i reżysera tego filmu, ja występuję w Teatrze Telewizji w *Poskromieniu złośnicy* Szekspira[16], w wymarzonej roli Kasi, z zaprzyjaźnionym ze mną Tadeuszem Łomnickim w roli Petruchia. Wyjeżdżam znowu na występy do Ameryki i Wielkiej Brytanii. Zarobione tam pieniądze bardzo podreperowują nasze gospodarstwo. Gustaw dostaje też niezwykle ekscytującą propozycję realizacji w Operze Bytomskiej *Manon Lescaut*. Przyjmuje ją z entuzjazmem, od dawna marzy o wyreżyserowaniu opery. Razem gramy w Teatrze Telewizji u Jurka Gruzy w sztuce Shawa *Cezar i Kleopatra*. Gustaw – oczywiście Cezar, ale ja Kleopatra? Zadrżały w posadach wszystkie piękne brunetki. Dla wielu reżyserów kryterium koloru włosów do dziś jest obowiązujące. Jurek Gruza wyobraził sobie, że dzięki znakomitym charakteryzatorkom można zupełnie odmienić mój wygląd. Tuż po *Kleopatrze* tytułowa rola w *Żabusi* Zapolskiej[17]. Diametralnie inna, coś cudownego do zagrania...

Nasz zawód jest dla nas wyjątkowy. Daje szansę czegoś nadzwyczajnego, ucieczki od szarej codzienności w sferę ucieleśnienia marzeń. Jednak, jak mówi Gustaw: – Tylko wtedy można dobrze grać na scenie czy w filmie, jeżeli w życiu się nie gra.

Mała Magda z ukochaną babcią Jadwigą Szubańską i mamą Danutą Zawadzką

← Magda Zawadzka jako Kleopatra w kostiumie zaprojektowanym przez Ottona Axera, ale we własnych butach

Rozstanie na zawsze

Różnie bywa, gdy zamieszka się razem. Nasze wspólne życie układa się zgodnie i szczęśliwie. Zły los daje znać o sobie w sierpniu siedemdziesiątego drugiego roku – odchodzi na zawsze moja ukochana babcia Jadwiga Szubańska, matka mojej mamy. Stało się to tak szybko. Ledwo zdążyła polubić się wzajemnie z Guciem, oswoić z myślą, że zaczęłam nowe życie. Świat bez babci przestaje być radosny i kolorowy. Zszarzał, a ja z dnia na dzień posmutniałam[18]. Odeszło zrozumienie, wybaczenie i pobłażliwość, kochała mnie taką, jaka byłam – bezwarunkowo. Przestaję być wnuczką i stawiam kolejny krok w dojrzałość. Żeby mnie trochę pocieszyć, Gustaw zabiera mnie do swojego królestwa – sportu. Z autokarową wycieczką ze śpiewem na ustach i biało-czerwonymi chorągiewkami jedziemy do Monachium na olimpiadę.

Wita nas przepiękne kolorowe miasto, zasobne i działające z tradycyjną niemiecką precyzją. Pierwsze dni olimpijskich zmagań wzbudzają w nas, jak u wszystkich, entuzjazm. Gustaw jest w swoim żywiole, szaleje z radości. Zawsze kochał sport, czuje go jak nikt inny, a teraz może obejrzeć uwielbiane lekkoatletykę, boks i piłkę nożną w światowym wydaniu na żywo. Jest nieocenionym kibicem, przy tym wybitnym znawcą sportu, wręcz jego fanatykiem, może z powodzeniem sędziować wiele dyscyplin lub być sprawozdawcą, lepszym niż niejeden uznany fachowiec. Nawet podczas pobytu w Sztokholmie codziennie kupował gazetę „Svenska Dagbladet", twierdził, że stronę poświęconą sportowi rozumie w każdym języku.

W Monachium Gustaw zaraża mnie sportową pasją. Oboje jesteśmy w euforii, gdy nasi piłkarze wygrywają finałowy mecz z Węgrami i zdobywają złoty medal olimpijski! Biegamy jak wariaci z miejsca na miejsce, ze stadionu do hal sportowych, żeby wszystko, co możliwe, zobaczyć i przeżyć niepowtarzalne emocje. Niestety, radość i entuzjazm przerywa brutalny atak terrorystyczny – giną niewinni sportowcy. Zło zwycięża, zniszczono piękną ideę olimpijską. Pełni smutku i lęku wracamy do Warszawy. Wielokrotnie potem odwiedzałam Monachium z Gustawem czy sama, będąc tam na występach, i za każdym razem towarzyszył mi cień tamtej tragicznej olimpiady.

Powrót z Monachium, z zakończonej tragicznie olimpiady, 1972 →

Nasz kochany Dramatyczny

Rozwiodłam się. Pod gmachem sądu czeka na mnie Gustaw, bierze za rękę i idziemy, już naprawdę razem, w nowe życie.

Na samym początku wspólnej drogi Gustaw dostaje od losu piękny prezent – propozycję objęcia dyrekcji Teatru Dramatycznego. Gdy jak zwykle przed podjęciem ważnej decyzji pyta mnie i przyjaciół o zdanie, doradzamy, aby spróbował. Zespół teatru wręcz nalega na zaakceptowanie tej nominacji. Gustaw słucha rad, ale kieruje się własną intuicją, zgodnie z którą podejmuje wszystkie decyzje życiowe i nigdy ich potem nie żałuje. Po przemyśleniu wyraża zgodę. Gdy przyjaciele wypominają mu, że teraz będzie miał dla nich mniej czasu, odpowiada, że pięćdziesięcioletni mężczyzna nie może siedzieć w domu i czekać na telefon z propozycją. Musi brać sprawy w swoje ręce, decydować, aby pozostawić ślad pobytu na ziemi. I tak przez jedenaście lat tworzy Teatr Dramatyczny, który pod jego kierunkiem staje się jednym z najlepszych teatrów w Polsce i może konkurować ze znakomitymi scenami europejskimi.

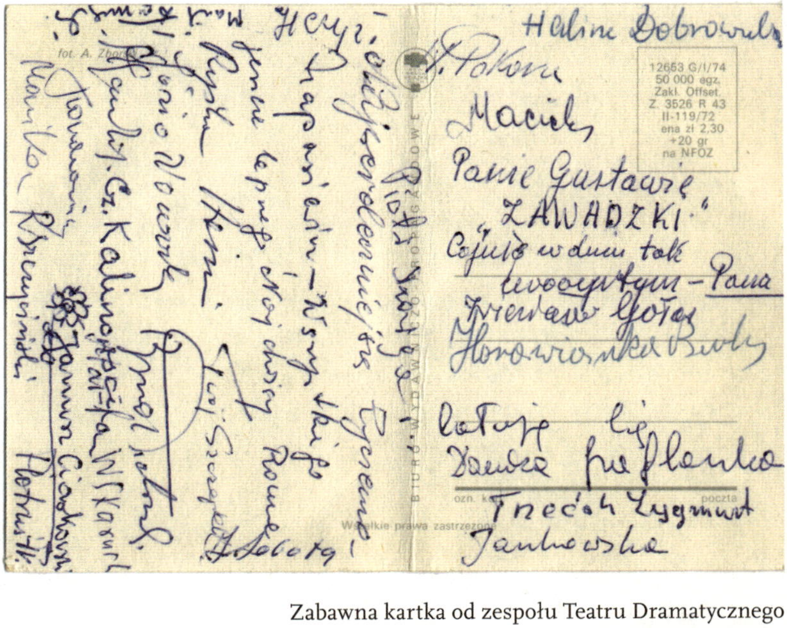

Zabawna kartka od zespołu Teatru Dramatycznego dołączona do prezentu urodzinowego dla Gustawa Holoubka

← Zakochani i szczęśliwi, Stany Zjednoczone

Dyrektor Holoubek zastaje pięknie urządzony gabinet, w którym... nie urzęduje. Zasiadanie za biurkiem, wydawanie poleceń i namaszczanie, często towarzyszące ludziom na wysokich szczeblach władzy, nie leżą w Gustawa charakterze. Ważniejszym miejscem jest bufet, gdzie gra w kości, karty, żartuje i najważniejsze – rozmawia, nie tylko o sprawach teatru. – Nie można przez cztery godziny na próbie być nieustannie napiętym, skupionym, aktor musi choć na chwilę wrócić do rzeczywistości – argumentuje. Jest zwyczajnie częścią zespołu, naszym kolegą, człowiekiem wrażliwym na ludzkie problemy, więc radzą się go, żalą, proszą o pomoc. Dyskretny i powściągliwy, ma ogromny autorytet. Mimo dającej się odczuć dość swobodnej atmosfery wspólnoty towarzyskiej przed premierą następuje pełna mobilizacja, skupienie na pracy. Dziedziczy po poprzednich dyrektorach świetny zespół techniczny i aktorski. Dyrektorem administracyjnym jest Mieczysław Marszycki, a niezastąpioną sekretarką Janina Kęstowiczowa. Od lat stanowisko głównego reżysera zajmuje Ludwik René, który wybitnymi inscenizacjami przysporzył teatrowi wielu sukcesów.

O sprawach artystycznych Gustaw decyduje sam. Angażuje aktorów i reżyserów przy okazji spotkań w pociągu, gdzieś na korytarzu czy ulicy. Ściąga z teatrów Warszawy i całej Polski utalentowanych aktorów, którym daje szansę pokazania swoich możliwości. Dzięki pracy w teatrze Holoubka uczą się tak wiele, że należą dziś do czołówki polskiego aktorstwa[19]. Jako artysta i dyrektor ma niepisane prawo do reżyserowania i grania we wszystkim, co wchodzi na afisz. Jemu bardziej odpowiada pozycja animatora. Owszem, dużo gra, przeważnie znaczące role, ale kto chciałby pominąć w obsadzie tak wybitnego aktora. Reżyseruje bardzo rzadko[20]. Zwraca się z propozycjami współpracy do wybitnych reżyserów, scenografów i muzyków. Nie narzuca im swojej wizji, nie wtrąca się, tylko słucha ich pomysłów i wybiera te, które najbardziej mu odpowiadają. Twierdzi, że w teatrze ma dominować różnorodność, dająca szerokie możliwości zarówno twórcom przedstawień, jak widzom, bez których teatr nie istnieje. Nie schlebia gustom publiczności, proponuje jej swoją „religię artystyczną" opartą na najpiękniejszym kanonie wyrażającym ideę teatru. Cytuję Gustawa: „Człowiek powołuje do życia iluzję, żeby oderwać się od rzeczywistości. Rzeczywistość trzeba przetworzyć za pomocą syntezy i metafory tak, żeby stała się uogólnieniem, wręcz przypowieścią, a nie tylko publicystycznym faktem. Teatr ma przenieść widzów

W studiu telewizyjnym →

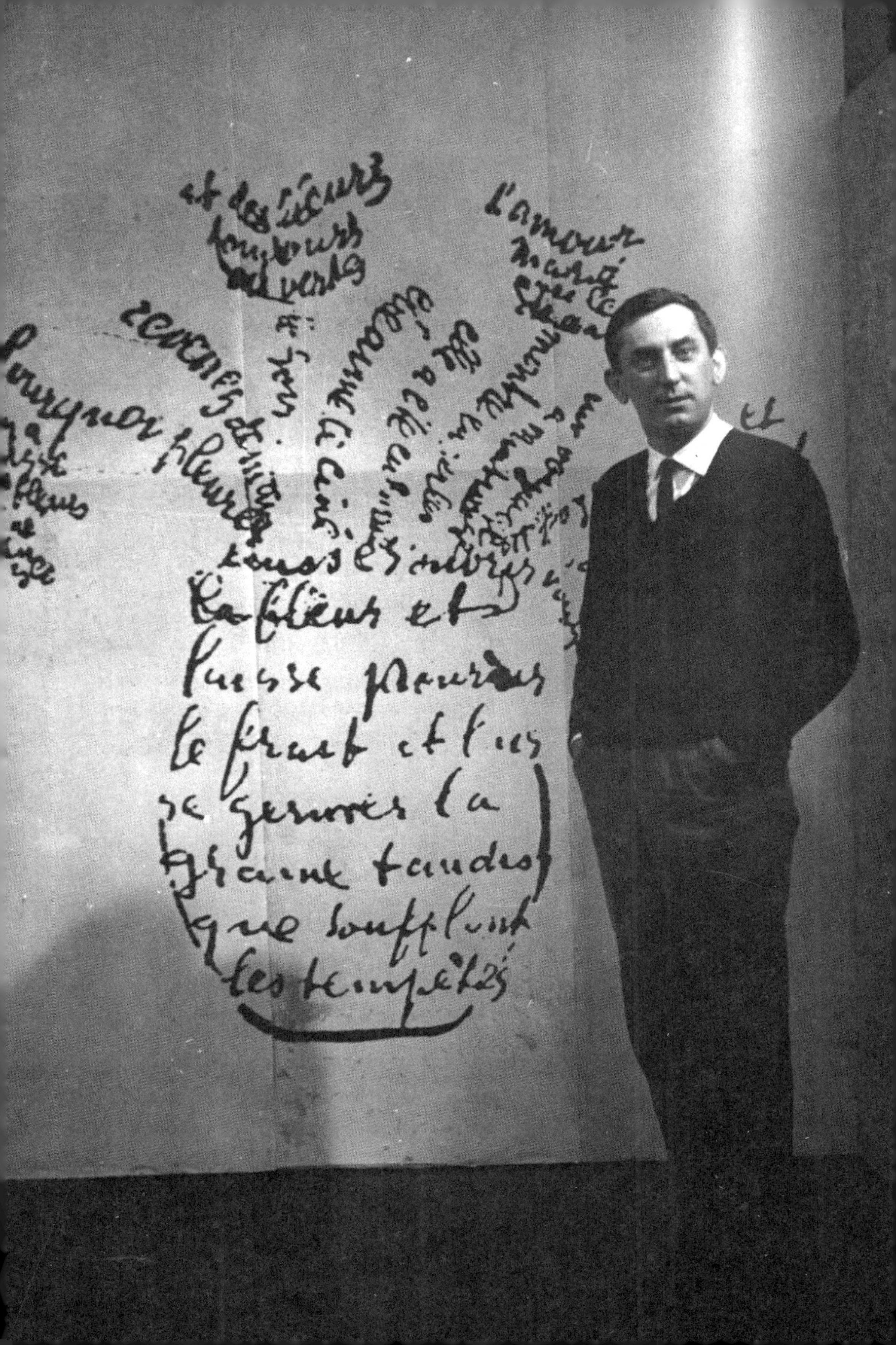
et des cœurs toujours verts
l'amour
graine tandis
que soufflent
les tempêtes

w inny wymiar i w ten sposób mówić o ludzkich problemach. Ma być domeną poezji, a nie podglądaną przez dziurkę od klucza rzeczywistością, którą mamy na co dzień i chcemy od niej uciec. Obcowanie z iluzoryczną rzeczywistością, sztucznie jakby rozmyślnie tworzoną, daje pole dla wyobraźni twórców, wykonawców i widzów".

Gramy więc wielkie dramaty starożytne, jak *Medea* Eurypidesa, klasykę polską – *Odprawę posłów greckich* Jana Kochanowskiego czy *Księdza Marka* Juliusza Słowackiego, dzieła Szekspira, współczesne polskie i zagraniczne komedie, tragedie, farsy, wodewile. Publiczność zawsze dopisuje. Jesteśmy zapraszani na występy w Polsce i na świecie i wszędzie przynosimy chlubę polskiej kulturze. Nie wiem, jakim cudem, przy tak licznych indywidualnościach pracujących w teatrze, udaje się Gustawowi stworzyć i utrzymać tak świetny, lubiący się i szanujący wzajemnie zespół. Może dlatego, że jego zdaniem niezwykle ważna jest atmosfera panująca za kulisami i że to ona wpływa na jakość tego, co dzieje się na scenie. Rzeczywiście trudno jest wytworzyć entuzjazm do pracy, gdy ludzie są skonfliktowani. Pomagamy sobie, lubimy być ze sobą, wiec pobyt w teatrze w naturalny sposób się przedłuża. Przychodzimy dużo wcześniej przed spektaklem, zostajemy po próbach, żeby ze sobą pogadać, zjeść razem obiad w bufecie, wiosną poopalać się na tarasie. Ci, którzy niezbyt dobrze się czują w tej rodzinnej atmosferze, przez nikogo przecież nienarzucanej, wykruszają się i przechodzą do innych teatrów. Każdy zna maksymę dyrektora Holoubka: „Sztuka nie jest ważniejsza od życia i trzeba mieć do niej dystans, nie można się w niej zatracać". Taka hierarchia wartości porządkowała myślenie, stwarzała komfort i dystans do siebie i tego, co się robi. Nie ma w związku z tym spraw niemożliwych do załatwienia. Gustaw dąży do uśmierzania konfliktów i znajdowania kompromisu, dlatego jest tak miło w naszym teatrze i mimo braku rygorów panuje porządek. Surowa dyscyplina wyzwala raczej strach, a dyktatorskie metody urzędowania nie są częścią natury Gustawa. Jest wszystkim bliski i przez wszystkich szanowany, mimo że wprowadza kilka zasad, które mogą wydawać się niepopularne. Na przykład nie uznaje w sztuce demokracji. Nie każdy może wszystko zagrać, nie można mieć po równo, główną pozycję w teatrze ma wyznaczać talent, a nie wysługa lat, koneksje czy odgórne zarządzenia. Aktorzy tę zasadę akceptują. Oznajmia także zespołowi, że absolutnie nie toleruje donosów. W ten sposób likwiduje w zarodku intrygi, lizusostwo, podejrzliwość. Pewnie też z tych powodów uchodził za konserwatystę i tradycjonalistę, bo wiele ukształtowanych reguł uważał za nienaruszalne.

Nie wtrąca się, gdy reżyserują inni, ale ustanawia komisję złożoną z aktorów nieuczestniczących w próbach, której skład zmienia się przy każdej kolejnej premierze. Gdy przedstawienie dojrzewa, oglądają je i doradzają, co poprawić. Wielokrotnie wychwytują błędy, które w ferworze przedpremierowych zmagań umykają aktorom i reżyserom. Sam Gustaw też z uwagą słucha rad koleżanek i kolegów z komisji. Nawet niechętni z początku tym praktykom uwierzyli, że nikt nie działa na ich szkodę. Zespół wie, że dyrektor jest bezwzględny w ocenach. Jeśli uważa, że nie da się już niczego naprawić, potrafi zdjąć spektakl tuż przed premierą, uważając ten akt za mniejszą szkodę dla teatru niż oszukiwanie publiczności. Naturalnie nie wszystko, co trafia na afisz Dramatycznego, jest doskonałe.

Bez żadnych ograniczeń dzieli się swoją osobowością oraz doświadczeniem scenicznym. Uczy nas, że istotą aktorstwa i wszelkiej twórczości są wyobraźnia, rozum, talent, technika, ale przede wszystkim kunszt dawania siebie innym.

Jeden z charakterystycznych gestów Gustawa

Smutki i radości

1973–1974

Mama Gustawa, Wiedeń i Kraków

W styczniu siedemdziesiątego trzeciego roku Gustaw ponosi bolesną stratę. W Krakowie, w wieku osiemdziesięciu sześciu lat, umiera jego matka – Eugenia Holoubek. Niestety, dowiaduję się o tym smutku przed Guciem i muszę mu o tym powiedzieć. Pierwszy raz widzę, jak płacze. Bardzo kochał mamę. Od dziesiątego roku życia, gdy stracił ojca, po którym dziedziczy imię, matka była dla niego wszystkim. Wielekroć opowiadał o jej urodzie i wrodzonym dowcipie. Niestety, nie zdążyłam jej poznać. Nasze życie przez ostatnie trzy lata było powikłane. Gustaw nie chciał mamy,

Gustaw z mamą Eugenią Holoubek, Kraków, lata trzydzieste

← Zdjęcie Gustawa z autografem było marzeniem wielbicielek jego talentu i urody starszej pani, kłopotać swoimi nowymi w życiu zmianami, nie do końca jeszcze uregulowanymi. Czekał, aż nasz związek się ustabilizuje. Na podstawie tego, co o niej opowiadał, sądzę, że pobłogosławiłaby nasz związek i zrozumiałaby nasze wybory. Gucio, najmłodsze i jedyne wspólne dziecko państwa Holoubków, był oczywiście najukochańszym ich synkiem. Gdy się urodził, miał już pięcioro przyrodniego rodzeństwa, czterech braci i siostrę, na tyle dorosłych, że pomagali rodzicom się nim opiekować. Wychowywał się zatem w licznej kochającej się rodzinie, w której dominowali mężczyźni. Bracia byli kawalerzystami. Może dlatego, jak wspominał Gustaw, matka nie miała sentymentu do kobiet. Któregoś razu była świadkiem ulicznego wypadku. Pod tramwaj wpadła wiejska kobieta niosąca na plecach bańki z mlekiem, nic się jej nie stało, a tramwaj się wykoleił. Pani Holoubkowa wróciła do domu roztrzęsiona i skomentowała to w sobie właściwy sposób: – Gdyby to był młody człowiek, zabiłoby go na miejscu.

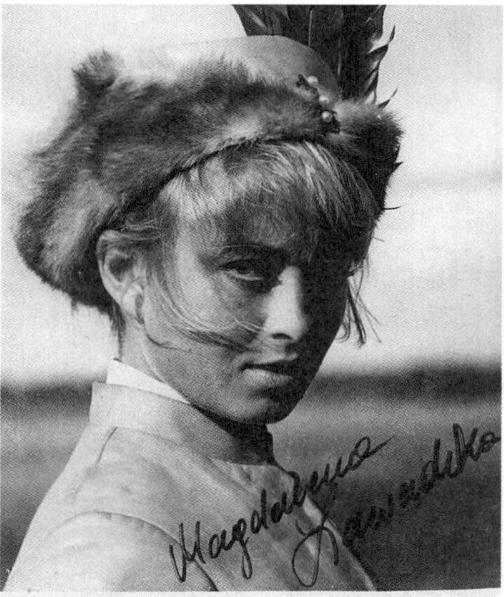

Baśkę Wołodyjowską kochali wszyscy. Każda dziewczyna chciała wyglądać jak Magda Zawadzka. Zdjęcie po prawej to podrobiona fotografia, a modelka jest tylko podobna do aktorki

Gustaw opowiadał niejednokrotnie, że jego matka zakochana była w Baśce Wołodyjowskiej i stworzyła sobie na jej podstawie wzór kobiety, a on nie mógł sprostać jej gustom. „Aż tu nagle – wspominał – pojawiła się prawdziwa Basia Wołodyjowska. Żałuję bardzo, że matka nie doczekała momentu, w którym poznałaby Magusię". No cóż, nie ma przypadków: „Bo zapisane jest tam w górze / To wszystko co spotka nas / Na świecie złego i dobrego / Nim zmarnujemy życia czas"[21].

Od dawna wiemy, że najlepszym lekarstwem na smutki jest praca. Wczesną wiosną siedemdziesiątego trzeciego roku oboje z Gustawem jesteśmy bardzo zmęczeni, ale radośnie podnieceni pracą. Kończymy nagranie dla Teatru Telewizji sztuki Juliusza Słowackiego *Beatrix Cenci*. Po raz pierwszy w życiu gram w reżyserii Gustawa Holoubka! Praca nad rolą Beatrix to zaszczyt i przyjemność. Znamienita obsada[22] zapowiada świetny spektakl. Gustaw precyzyjnie prowadzi próby i nagrania, nie traci się niepotrzebnie czasu. Gdy na zakończenie wszystkich chwali, wiemy, że się powiodło! Po telewizyjnej premierze nadszedł list ze Stawiska od Jarosława Iwaszkiewicza:

Wizerunek Gustawa zdobił widokówki

Reżyser Gustaw Holoubek przy pracy

„To było bardzo piękne jako reżyseria, kompozycja kadrów, układ osób, podanie tekstu, cieleśnie piękne, uroda Śląskiej, Zawadzkiej, Englerta oddawały razem ten renesansowy okres bujnej ciekawości...".

Obydwoje pragniemy nieco odetchnąć. Jedziemy pociągiem do Wiednia. Gucieniek chce mi pokazać bardzo lubiane przez siebie miasto wiosną, w Wielkim Tygodniu. Zatrzymujemy się w secesyjnym pensjonacie przy Am Graben, w samym centrum. Zadbane ulice i domy, przedświąteczny nastrój, piękna pogoda, zabytki. Zapach słodyczy i kawy rozchodzący się z wiedeńskich kawiarni, sklepy Meinla... Wszystko to przypomina Guciowi przedwojenny Kraków i tymi wzruszeniami się ze mną dzieli.

W maju czeka nas premiera w teatrze. Ludwik René powierza nam obojgu role, drugi raz po Calderonie, tym razem w sztuce Luigiego Pirandella *Żeby wszystko było jak należy*[23]. Cieszymy się ze wspólnej pracy, daje możliwość częstszego bycia ze sobą w ciągu dnia. Na scenie zapominamy, że jesteśmy sobie bliscy, w naturalny sposób wytwarza się między nami dystans, stajemy się zwyczajnie partnerami w pracy. Przede wszystkim jednak granie u boku Gustawa jest dla mnie doskonaleniem zawodu. Dopiero siedem lat temu skończyłam szkołę teatralną, a możliwość czerpania ze skarbnicy wiedzy i doświadczenia Gustawa jest losem wygranym na loterii.

Sztuka Pirandella mówi o przykrych i zagmatwanych problemach rodzinnych, których ofiarą jest uczciwy dobry człowiek Martino Lori. Gustaw tę rolę gra tak przejmująco, że z widowni dają się słyszeć niemal szlochania. Mnie również wzrusza, a raz nawet popłakałam się na scenie... tyle że ze śmiechu. W finalnym monologu, kiedy główny bohater wyjaśnia

Znowu razem na scenie...

skomplikowane koneksje rodzinne, Gustaw myli tekst i zamiast powiedzieć: „Teraz już wiem, że jestem twoim ojcem", zdecydowanie mówi mi prosto w twarz: – Teraz już wiem, że jesteś moim ojcem. – Rozbawieni koledzy uciekają ze sceny za kulisy, a Gustaw niczego nie zauważa i gra dalej. Po spektaklu wchodzę do jego garderoby i udając powagę, stwierdzam: – Guciu, nareszcie wiem, jak wyglądał twój ojciec!

Codzienne wspólne życie bardzo nas do siebie zbliża. Mieszkamy ze sobą od ponad roku i coraz bardziej rozumiemy swoje potrzeby, pragnienia i marzenia. Wyczuwam, że Gustaw, mimo że tego nie wyjawia, marzy o własnym samochodzie. Teraz jeździmy moją škodą. Nie dorobił się samochodu? – pytają zewsząd. – Ani nawet swojego radia – dodaje Gucieniek z morderczym błyskiem w oku. Muszę temu zaradzić, tym bardziej że Gucio uwielbia prowadzić samochód, a jeździ świetnie.

Radio dość szybko kupujemy, z samochodem znacznie trudniej. Nie mamy całej sumy. Mimo że oboje pracujemy z całych sił, liczne zobowiązania finansowe pochłaniają większość zarobków. Decyduję się sprzedać swoją škodę i do sterty książeczek ratalnych dołożyć jeszcze jedną – samochodową. Życie na kredyt mobilizuje do pracy, choć mnie trochę przeraża. Wychowywano mnie według zasady, że lepiej nie mieć nic, niż mieć długi. Będąc już dwukrotnie w Ameryce, na każdym kroku widziałam coś wprost przeciwnego – mieć wszystko od razu, cieszyć się tym, a potem myśleć, jak to spłacić. Zdecydowaliśmy się na amerykański styl życia i wkrótce marzenie Gucieńka o samochodzie się spełniło.

Pewnego dnia przed dom, w którym wynajmujemy pokój, zajeżdżamy czerwonym włoskim fiatem 127. Na pierwszą przejażdżkę zabieramy Halinkę Friedmannową i robimy honorową rundę wokół dzielnicy. Potem mkniemy pokazać go moim rodzicom i reszcie znajomych. Przez następne kilka dni Gucio wybiega z domu i patrzy na to czerwone cudo. Nie może się nacieszyć i uwierzyć, że to naprawdę jego samochód, pierwszy w życiu! Postanawiamy to epokowe wydarzenie uczcić w sposób wyjątkowy. Gustaw uznaje, że najpiękniejszym i najbardziej godnym miejscem na ziemi będzie jego ukochane rodzinne miasto. Jedziemy więc do Krakowa. Stawiamy tam samochód na parkingu strzeżonym i cały dzień świętujemy. Najpierw śniadanie Pod Jaszczurami. Potem Gustaw, jako najwspanialszy przewodnik, oprowadza mnie po Krakowie. Obiad w Wierzynku. Kupujemy też sobie

← ...tu jako ojciec i córka, *Żeby wszystko było jak należy*, Teatr Dramatyczny, 1973 prezenty i na drogę przepyszne krakowskie nugaty. Wielką radość sprawia mi obdarowywanie Gucia. Wspomniał, że wcześniej nic nie dostawał, nawet nie pamiętano o jego imieninach i urodzinach. Dlatego zaczęłam celebrować wszystkie święta rodzinne. Szukamy każdej okazji, żeby sprawić sobie przyjemność. Robi się ciemno, pędzimy więc na dworzec, kupujemy bilety i wsiadamy do... pociągu. Jedziemy. W pewnym momencie przypominamy sobie, bagatela, że przecież przyjechaliśmy do Krakowa samochodem! Wysiadamy na najbliższej stacji i część drogi wracamy furmanką, a nawet podwozi nas milicja. I cały czas śmiejemy się z siebie. Dostaliśmy jednak niezłą nauczkę na przyszłość. Do tej pory nie zauważyliśmy, że oboje jesteśmy aż tak bardzo roztargnieni. Incydent krakowski jaskrawo nam uświadamia, że trzeba się mieć na baczności i pilnować siebie nawzajem, żeby nie było gorszego zdarzenia.

Ach, co to był za ślub!

Tymczasem zbliża się termin naszego ślubu: Zakopane, trzeciego września siedemdziesiątego trzeciego roku. Marzymy, żeby odbył się bez rozgłosu, w ulubionym miejscu Gustawa. Wszystko jest zorganizowane w najdrobniejszym szczególe. W przeddzień, rankiem, jedziemy ze świadkiem ślubu Halinką Friedmannową naszym samochodem do Zakopanego. Wcześniej Gustaw zamówił pokoje w Halamie, pięknym pensjonacie ZAiKS-u, który od lat jest jego wakacyjną przystanią. Moi rodzice przyjeżdżają pociągiem. Załatwiamy resztę formalności, tak żeby następnego dnia, w samo południe, wziąć ślub. Na drugiego świadka poprosiliśmy nieznaną nam, ale miłą panią z Urzędu Stanu Cywilnego. Żadnego rozgłosu, plotek, gości i uginających się od jedzenia i wódki stołów. Po ślubie uroczysty, ale bez pompy obiad w Halamie: tylko my, moi rodzice i Halinka. Nasz miodowy miesiąc to dwa tygodnie września, które spędzimy w Zakopanem.

Trzeciego września rano szczęśliwi i przejęci tym, co ma się wydarzyć, zaczynamy się stroić do ślubu. Gustaw reprezentuje styl klasyczny. Ma na sobie piękny ciemnoszary garnitur, ja natomiast jestem elegancką hipiską – supermodne zielone spodnie kupione w Kopenhadze[24], biała

Urząd Stanu Cywilnego, Zakopane 1973 →

ręcznie haftowana bluzka i serdaczek, też misternie haftowany koralikami. Nie wyobrażam sobie wystąpienia w obowiązującym wtedy w Peerelu stroju ślubnym: koronkowej garsonce, spodniumie czy szmizjerce. Od rodziców dostajemy piękne stare obrączki moich kochanych dziadków Szubańskich. Do Urzędu Stanu Cywilnego z bukietem kwiatów od Gustawa jedziemy naszym czerwonym fiatem. Podczas ceremonii odnosimy wrażenie, że urzędnicy tak bardzo przejęli się naszym zaleceniem dyskrecji, że wręcz udają brak jakiegokolwiek zainteresowania. Po ślubie wracamy do Halamy na obiad. W podniosłym stanie ducha, zajęci sobą i naszą tajemnicą nie zauważamy rozbawionych spojrzeń pozostałych gości, w większości znajomych Gucia. W pewnym momencie podchodzi do nas z kieliszkami szampana na tacy znany dziennikarz Karol Małcużyński, dobry kolega Gustawa, i w imieniu swoim oraz towarzystwa goszczącego w pensjonacie wznosi toast za pomyślność naszego małżeństwa. Wstaliśmy mocno zaskoczeni. – Skąd wiesz, że się pobraliśmy? – pyta Gustaw. – Rano poszedłem do kiosku po gazetę,

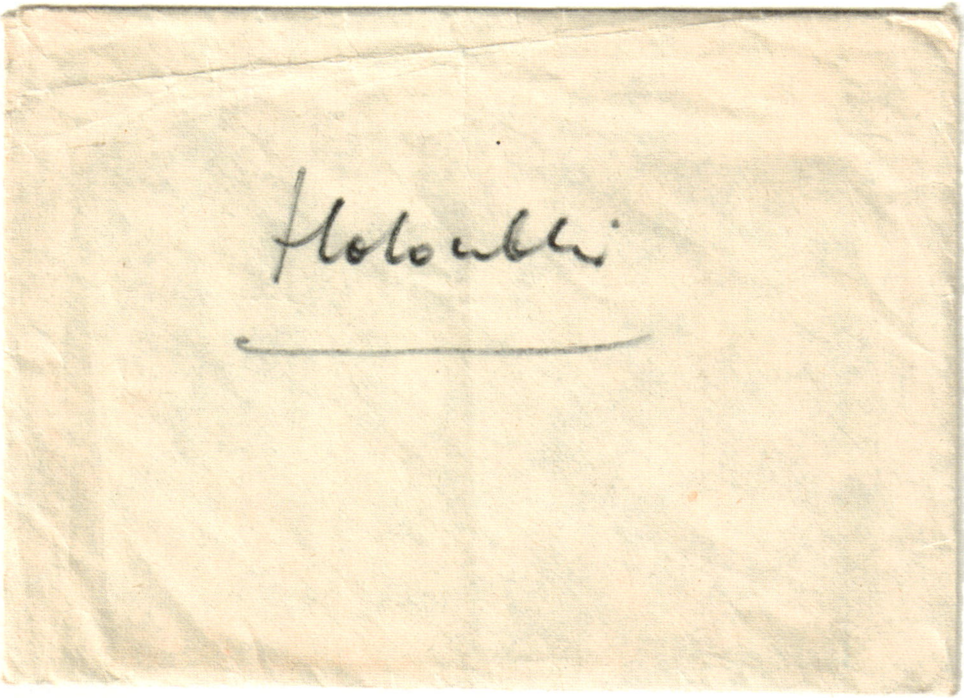

Tak Gustaw podpisał kopertę z dokumentami przydziału mieszkania na ulicy Szwoleżerów w Warszawie

kioskarz zagadnął mnie, czy wybieram się na ślub Zawadzkiej z Holoubkiem, i podał dokładny adres i godzinę – Karol szelmowsko się uśmiecha. Nadszedł też telegram od znakomitego scenarzysty Jerzego Stawińskiego i jego żony Dżiby: „Żeby Wasze życie było słodkie i białe jak cukier stop tłuste jak orzech stop płodne i niepodzielne jak jajko". Tak rozpoczął się nowy etap w naszym życiu. A przecież jeszcze tak niedawno szłam w zupełnie przeciwną stronę niż ten Pan...

Razem na dobre i złe!

Nasze cztery kąty

Nareszcie dostaliśmy mieszkanie! „Dostaliśmy" to typowe określenie z epoki socjalizmu, za którym kryją się żmudne starania, znajomości, podania uzasadniające konieczność posiadania dachu nad głową i większy niż dziewięć metrów na osobę metraż, pieniądze i czekanie. A więc załatwione, przyznane i kupione mieszkanie było nareszcie zbudowane i mogliśmy się wprowadzić. Czteropiętrowy blok przy ulicy Dragonów, położony blisko Łazienek, jest miejscem naszego pierwszego wspólnego gniazda. Cóż za radość mieć swoje własne cztery kąty! Ze szczęścia tańczymy po pustych pokojach. Wpadamy w euforię urządzania. Na razie jedynym meblem jest kulawa komoda. Teraz, odrestaurowana, zdobi ścianę w największym, piętnastometrowym pokoju. Moi rodzice wspomagają nas meblami odziedziczonymi po dziadkach, pięknymi drobiazgami i niezbędnymi talerzami, garnkami, pościelą. Kwiaty, które zawsze kochałam, malowniczo zdobią wszystkie kąty mieszkania. To pustawe wnętrze ma nieodparty studencki urok. Postanawiamy działać bez pośpiechu i kupować tylko to, co będzie się nam naprawdę podobać. Na szczęście Gustaw zagrał znaczącą rolę doktora Gotarda w filmie Wojciecha Hasa *Sanatorium pod Klepsydrą*, a ja za rolę w filmie enerdowskim *Klucze* otrzymałam wysokie honorarium.

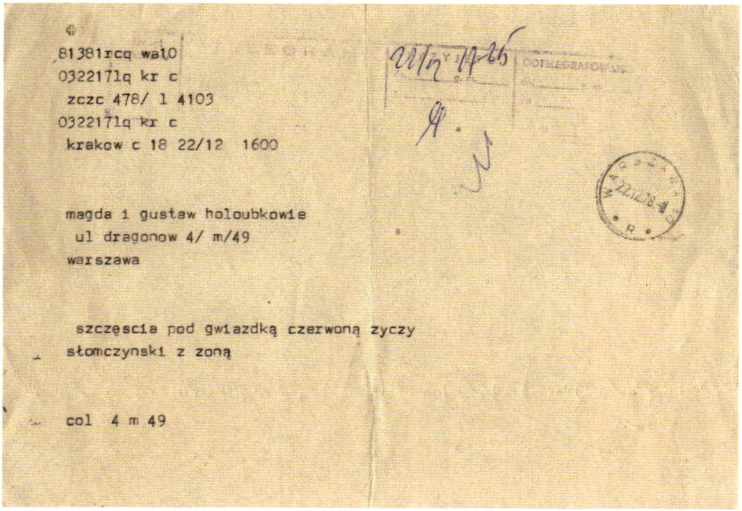

81381rcq wa10
0322171q kr c
zczc 478/ 1 4103
0322171q kr c
krakow c 18 22/12 1600

magda i gustaw holoubkowie
ul dragonow 4/ m/49
warszawa

szczęscia pod gwiazdką czerwoną zyczy
słomczynski z zoną

col 4 m 49

Telegram na Boże Narodzenie od Renaty i Macieja Słomczyńskich

Postanawiamy wszystkie decyzje podejmować wspólnie. Zauważam, że Gustaw nie jest do tego przyzwyczajony, dopiero po pewnym czasie tę nowość akceptuje. Najważniejsza sprawa, zorganizowanie domowego życia, nieco go przeraża. Czuję, że nie bardzo wierzy, że bez szwadronu służących można poprowadzić dom i poradzić sobie z codziennymi obowiązkami. Kto będzie sprzątał, robił zakupy, gotował, prał, prasował, załatwiał dziesiątki innych spraw? Dziwi się, gdy słyszy odpowiedź: My! Zawieramy niepisany pakt, że razem współodpowiadamy za siebie i nasz dom. Mimo licznych zajęć podejmujemy ten trud i okazuje się, że nie tylko świetnie dajemy sobie radę, ale sprawia nam to przyjemność. Lubimy być w domu sami, bez osób trzecich.

Od najwcześniejszych lat pomagałam babci i mamie, one nauczyły mnie czystości i porządku. Obowiązki domowe mnie nie przerażają. Gucio żartuje, że najlepiej zna widok moich pleców, bo zawsze pochylona albo zbieram okruszki, albo coś wycieram lub pastuję podłogę. Utrzymanie porządku w małym mieszkaniu czy gotowanie dla nas dwojga nie stanowi żadnego problemu, tym bardziej że Gustaw bardzo mi pomaga. Robi żywnościowe zakupy, rwie się do zmywania i obierania ziemniaków, ale najważniejsze – to, co gotuję, bardzo mu smakuje. Nie znosi wymyślnych potraw. Prawi na ten temat różne złośliwości: „Skrzydełka ważki w sosie truflowym brzydzą mnie", „Owoce morza i inne pływające dziwactwa to paskudztwa". Lubi polskie zupy, mięso, szczególnie tradycyjnego schabowego i cielęcy sznycel po wiedeńsku, wszystkie rodzaje pierogów, najbardziej z jagodami, knedle ze śliwkami oraz dania z ziemniaków i jajek. Sam osiąga mistrzostwo w gotowaniu jajka na miękko z zegarkiem w ręku, popisowym zaś daniem są przepyszne ziemniaki purée z sadzonymi jajkami. „Awanturkę" do chleba sporządza z białego sera i sardynek w oliwie. Nie zasiada za stołem z rozłożoną gazetą w oczekiwaniu, aż żona poda obiad z kilku dań z deserem. Gdy jesteśmy bardzo zajęci, jadamy w bufecie teatralnym albo zaglądamy do Literatów na Krakowskim Przedmieściu, gdzie obiady są pretekstem do przemiłych spotkań towarzyskich.

Odkąd zamieszkaliśmy „na swoim", zaczynamy się sobie baczniej przyglądać. Oboje boimy się niemiłych niespodzianek. Mężczyźni bywają egoistyczni i przewrażliwieni na punkcie swojego zdrowia. Gustaw jest tego zaprzeczeniem. Śmieje się w nos chorobom z przeszłości i nie dopuszcza myśli, że mogłyby znów się odezwać. Nawet gdy niezbyt dobrze się czuje, nie

Z wizytą w domu u słynnego tenora Wiesława Ochmana, który dla żartu lubił podejmować gości jako barman. Warszawa, lata siedemdziesiąte

narzeka, tylko pokonuje słabość, na przykład żartuje, że na zeza najlepszy jest wyciąg z dyszla. Nie znosi gnuśności, rozmemłania, snucia się po domu w piżamie czy szlafroku, pozostawania w łóżku do południa. Młodzieńczym usposobieniem, witalnością i humorem przepędza czyhające chorobowe zmory. Kiedy łamie prawą rękę, nie wymaga specjalnych względów, tylko dzielnie radzi sobie lewą. Tak samo jak ja niedobrze się czuje w brudzie i bałaganie. Zapomina tylko, że buty trzeba od czasu do czasu wyczyścić i wypastować. Robię to zawsze za niego. Sprawdzam też, czy włożył na nogi oba takie same. Zdarzało się, że z roztargnienia jeden miał czarny, a drugi brązowy. Wszystko to rozumiem, jesteśmy identyczni, typowa para z *Komedii omyłek*. Kiedyś gotowaliśmy razem rosół, długo, na wolnym ogniu. Gdy był gotowy, poprosiłam Gucia, żeby potrzymał sito nad zlewem, bo chcę przecedzić. Trzymał dzielnie, tylko zapomnieliśmy o podstawieniu garnka i rosół popłynął do kanalizacji. Nie mamy o to do siebie pretensji, zaśmiewamy się z tych naszych zaskakujących roztargnień.

Jest nam dobrze ze sobą w tej codzienności. Gustaw częściej daje, niż wymaga i bierze, tym bardziej sprawia mi przyjemność dbanie o niego. Dla siebie właściwie niczego nie chce, ale cieszy się, gdy bez szczególnych okazji coś dostaje, na przykład szlachetnie pachnącą wodę toaletową, którą przywożę z zagranicy albo zdobywam w komisie czy peweksie. Gustaw nie lubi chodzić do sklepów, wybierać, przymierzać. Stosuję więc chytre wybiegi, żeby wymienić resztki jego garderoby rodem z MHD. Opracowuję system niby-przypadkowego zwabienia go do sklepu, gdzie już czekają wcześniej wybrane przeze mnie rzeczy. Chwali się zaraz przed przyjaciółmi: – Tę ładną koszulę i sweter to Magusia mi kupiła. – Jestem już nie Magdaleną, Magdą czy Magdusią, lecz Magusią. Jak już wspomniałam, tak nazywał mnie kiedyś dziadek. To chyba najpiękniejsze i najczulsze zdrobnienie mojego imienia.

Gustaw ma znakomity gust. Odpowiada mu angielski styl. Twierdzi, że prawdziwa elegancja jest o krok za modą. Intuicyjnie czuje, czym może mi sprawić przyjemność. Dostaję w prezencie na przykład czerwoną parasolkę z szylkretową rączką lub rower, którym śmigam po naszej okolicy.

„Prawdziwa elegancja jest o krok za modą", mawiał Gustaw

Uważam za słuszną sentencję, że „Kobieta tworzy mężczyznę i życie z nim". Podstawą jest dom. Udaje mi się taki dom stworzyć. Urządzam go dla Gucia, dla nas, dla siebie. Gustaw dobrze się w nim czuje. Mówi, że to w jego życiu pierwszy od czasu, gdy opuścił dom matki. Zwierza się przyjaciołom, o czym mi opowiadają, że odkrył parę normalności w małżeństwie: razem przygotowany obiad, rozmowy przy stole, zaufanie. Jestem z tego powodu szczęśliwa i dumna. Ponieważ zawsze lubiłam oryginalne rzeczy, bez przymusu, z potrzeby serca, próbuję rękodzieła. Pierwsze osiągnięcie – zrobiona szydełkiem kapa na łóżko w stylu retro. Łóżko podarował mi Gustaw i chcę przykryć je czymś wyjątkowym. Szyję patchworki i kolorowe zasłonki. Robię na drutach czapki, rękawiczki, swetry. Haftuję serwetki i poduszki. Najwięcej czasu i pracy poświęciłam wyhaftowaniu w niebieskie różyczki spódnicy z kremowego cienkiego lnu, szydełkowym firankom i serwetom na stół. Nie wiem, jakim cudem odkryłam w sobie te umiejętności i pokłady anielskiej cierpliwości. Moje „dziełka" prawie niezniszczone przetrwały do dziś. Najwięcej przeobrażeń przeszła spódnica. Gdy mi się znudziła i przestała być modna, zrobiłam z niej abażur na lampę wiszącą nad kuchennym stołem. Podświetlone hafty wyglądały lepiej na lampie niż na mnie. Po kilku latach przerobiłam ją znowu na spódnicę, którą noszę do dziś, i mało kogo udaje mi się przekonać, że to ja ją wyhaftowałam.

Nie mogę uwierzyć, kiedy znajduję czas na te wszystkie zajęcia. Jak oboje godzimy wyjazdy, przyjęcia, spotkania rodzinne i towarzyskie, domowe obowiązki, odpoczynek z nieustanną pracą zawodową? Gustaw na dużej scenie Dramatycznego występuje w dramacie Żeromskiego *Sułkowski*[25]. Reżyseruje Kazimierz Dejmek. Spektakl, szlachetny i profesjonalny, nie porwał widowni. Gustaw też go nie polubił. Nawet Kazimierz Dejmek nie jest zadowolony. Widocznie bez swojego teatru i zespołu nie czuje siły twórczej. Ja natomiast na małej scenie gram piękną Helenę w *Odprawie posłów greckich* Kochanowskiego w reżyserii Ludwika René. Poznaję piękny, ale trudny język staropolski, wartość słów, które wciąż trwają, choć zapomniane. Znów sprawdzają się rady Gustawa Holoubka, który powtarza, że język trzeba traktować z pietyzmem. Jest przedłużeniem myśli i nie do zastąpienia w międzyludzkim i artystycznym porozumieniu. Dlatego słowa muszą być wypowiadane perfekcyjnie, ze zrozumieniem ich znaczenia. Słowo kryje tajemnicę, a jej rozwiązanie jest głównym źródłem aktorstwa.

Chyba widać, że Gustaw ogolił się lewą ręką! →
s. 92 Magdalena Zawadzka, lata siedemdziesiąte

Poruszam szkiełkiem i oglądam kolejne obrazki w kalejdoskopie…

Bój o Gombrowicza

W Dramatycznym reżyserują wyśmienici twórcy, zarówno młodzi, jak już uznani i doświadczeni[26]. Z Jerzym Jarockim znał się Gustaw jeszcze z czasów krakowskich. Gdy obejmował dyrekcję Dramatycznego, teatr miał w repertuarze *Na czworakach* Tadeusza Różewicza, przedstawienie rewelacyjnie wyreżyserowane właśnie przez Jerzego Jarockiego. Wysoko oceniane przez widzów i krytykę, tak bardzo podobało się Gustawowi, że rozpoczął z panem Jerzym rozmowy o wystawieniu na deskach naszego teatru następnych utworów polskiej literatury współczesnej, wśród nich Witkacego i Mrożka. Obaj, czyli Gustaw i pan Jerzy, pragną przywrócić polskiemu teatrowi i czytelnikom całą twórczość Witolda Gombrowicza. W latach siedemdziesiątych marzenie praktycznie niemożliwe do zrealizowania, bo Gombrowicz jest w Polsce Ludowej zakazany. W testamencie, którego sukcesorką jest wdowa, pani Rita Gombrowicz, pisarz zastrzegł, że wyraża zgodę na wydanie kompletu swych dzieł, łącznie z *Dziennikami*, tylko wówczas, gdy ukażą się drukiem bez ingerencji cenzury. A nasze władze nałożyły embargo właśnie na *Dzienniki*. Uważają, że swoją treścią godzą w socjalizm.

Tak się szczęśliwie składa, że Jerzy Jarocki już wcześniej poznał osobiście panią Ritę przy realizacji *Ślubu* Gombrowicza w Zurychu. Chce koniecznie wystawić ten dramat w Polsce. Pani Rita w pełni akceptuje wizję spektaklu z Zurychu i daje panu Jerzemu ustną zgodę na zrobienie spektaklu w Warszawie. Stawia tylko warunek: musi być w takim samym kształcie jak ten wystawiony w Szwajcarii. Gustaw postanawia wykorzystać to niewielkie ustępstwo pani Rity. Wspólnie z Jerzym Jarockim rozpoczynają batalię

← Nierozłączna para – Gustaw i papieros

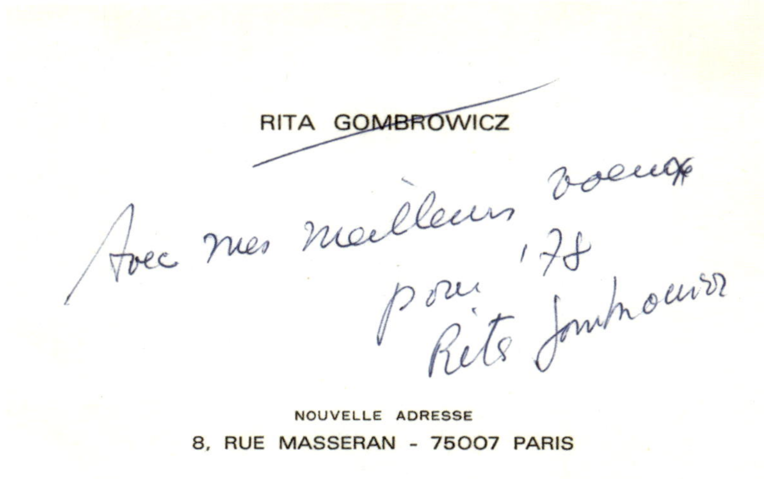
RITA GOMBROWICZ

Avec mes meilleurs voeux pour '78 Rita Gombrowicz

NOUVELLE ADRESSE
8, RUE MASSERAN - 75007 PARIS

„Z najlepszymi życzeniami na rok '78"

o Gombrowicza. Wymyślają sprytną strategię działania, której efektem byłoby uzyskanie od Rity Gombrowicz zezwolenia na granie sztuk Gombrowicza w Polsce. Plan maksimum zakłada powolne drążenie w „betonie partyjnym" szczeliny, przez którą w przyszłości wślizgnie się twórczość Gombrowicza. W planie minimum na początek jest *Ślub*. Panowie przypuszczają pełen finezji, zmasowany atak. Proszą o pomoc w tej skomplikowanej sprawie wybitnego mecenasa Tadeusza de Virion, dalekiego powinowatego Gombrowiczów. Pan mecenas jedzie do pani Rity Gombrowicz do Mediolanu i osobiście, bez pośredników z ramienia PZPR czy Ministerstwa Kultury, załatwia formalności prawne i finansowe. Nie muszę nadmieniać, że pan mecenas zarówno wyglądem, jak i sposobem bycia, znajomością francuskiego i litery prawa diametralnie różni się od naszych wysyłanych w zagraniczne delegacje urzędników. Wywiera na pani Ricie bardzo korzystne wrażenie. W tym czasie Gustaw śle do niej listy, z których każdy można uznać za arcydzieło dyplomacji, kultury i sztuki epistolarnej[27]. Tej złożonej sprawie sprzyja i pomaga Kazimierz Dejmek, którego Gustaw zaprosił do współpracy w Dramatycznym[28] – koresponduje z Jerzym Giedroyciem. Pani Rita bardzo liczy się z opinią paryskiej „Kultury" i akceptacja redaktora jest dla niej wyrocznią. Ponadto syn Dejmka, Piotr, w imieniu ojca „rozmiękcza" panią Gombrowiczową rozmowami telefonicznymi, naturalnie po francusku. Misterny plan powiódł się i pani Rita zezwala na rozpoczęcie prób. Jednak po sześciu tygodniach ich trwania nagle zmienia zdanie. Ktoś „życzliwy" doniósł, że bez jej zgody w tekście *Ślubu* dokonywane są zmiany i skróty. Wtedy rusza do walki Jerzy Jarocki. Jedzie do Mediolanu, prowadzi merytoryczne rozmowy: analizuje wcześniej dokonane skreślenia i wykazuje, że pokrywają się z sugestiami samego autora. Rita Gombrowicz ostatecznie zostaje przekonana. Udaje się też przełamać opory kierownika wydziału kultury KC PZPR Wincentego Kraśki i ministra kultury Józefa Tejchmy. Sztuki Gombrowicza triumfalnie wkraczają na scenę Teatru Dramatycznego. Rok siedemdziesiąty czwarty należy zapisać złotymi zgłoskami w historii zmagań o twórczość Witolda Gombrowicza.

Ślub, w którym główną rolę Henryka gra świeżo pozyskany dla teatru Piotr Fronczewski, odnosi wielki sukces. W następnym roku – *Iwona, księżniczka Burgunda* w reżyserii Ludwika René. Drogi pan Ludwik, nazywany miłośnie przez zespół panem Luteczkiem, znowu ofiarował mi niezapomnianą

Iwona, księżniczka Burgunda, Teatr Dramatyczny, 1975.
Od lewej: Marek Bargiełowski, Magdalena Zawadzka, Piotr Fronczewski

rolę, tym razem Iwony – moje pierwsze i do dziś jedyne zetknięcie z Gombrowiczowskim światem. W scenicznej wizji René ten świat jest upiornie, wręcz karykaturalnie sztuczny, a Iwona nie musi być ani paskudna, ani pokraczna, jak mówi o niej Książę, Piotr Fronczewski, oraz dwór. Wystarczy, że jest inna, bo jest sobą. W swej prostocie i skromności jawi się zaprzeczeniem całego otoczenia, dlatego budzi nienawiść, brak akceptacji. Dręczy się ją i unicestwia. Czyż nie tak wygląda świat, nie tylko gombrowiczowski? Czuję tę postać całym sercem, jest mi szczególnie bliska, tak jak bliscy są mi ludzie, których bezbronność jest największą siłą.

Po premierowym przedstawieniu *Iwony* Gustaw przysyła mi kwiaty ze wzruszającym liścikiem: „Magduleńku, kocham Cię także za Iwonę..."[29].

Poniedziałkowy Teatr Telewizji: *Hamlet*

W tych czasach premiera w poniedziałkowym Teatrze Telewizji jest wydarzeniem, świętem, popularnością dorównuje meczowi piłkarskiemu. Pustoszeją ulice, a okna mieszkań odbijają blask telewizyjnych ekranów. Telewidzowie czekają na wyjątkowy wieczór, na najbardziej znany dramat Szekspira – *Hamleta*, w reżyserii Gustawa Holoubka[30]. Powierzono mi rolę marzeń młodych aktorek – Ofelię. Z Janem Englertem, grającym Hamleta, czuliśmy tremę i odpowiedzialność, przecież Hamlet i Ofelia to jedna z najsłynniejszych par w historii dramatu.

Pracujemy rzetelnie, bez morderczego pośpiechu. Najpierw zwykłe próby, następnie kamerowe, wreszcie nagranie. Jesteśmy pod opieką Gustawa, co daje nam poczucie bezpieczeństwa. Spektakl, mimo dokonanych w tekście skrótów, jest bardzo długi, więc dyrekcja Teatru Telewizji decyduje się na niecodzienny eksperyment. Telewizyjną emisję dzieli na dwie części z przerwą, tak jak to bywa w zwykłym teatrze. W przerwie o nietypowej porze nadano Dziennik Telewizyjny. W ten sposób spektakl nie tylko się nie dłuży, lecz wzmogło się napięcie i oczekiwanie na ciąg dalszy. Nie istnieje jeszcze wtedy pojęcie „oglądalności", ale tuż po emisji rozdzwaniają się telefony, a później redakcję teatru, Gustawa i aktorów zasypano listami. Telewizyjny *Hamlet* jest przez długie lata dyskutowany i wspominany przez zwykłych widzów. Cytuję fragmenty opinii: „W prasie, radiu i telewizji często słyszy się głosy domagające się sztuk współczesnych, tymczasem na przykładzie spektaklu *Hamleta* można dojść do wniosku, że każda wielka sztuka jest sztuką współczesną. W przypadku tego przedstawienia aktualność była również zasługą reżysera i aktorów. Miarą talentu Gustawa Holoubka jest fakt, iż podjął się realizacji sztuki granej powszechnie, doskonale wszystkim znanej, a przedstawił ją zupełnie inną, jak najbardziej współczesną, dokonał zaś tego bez żadnych udziwnień i awangardowych chwytów"[31]. „Wielkie słowa uznania należą się Janowi Englertowi, który bezbłędnie potrafił wczuć się w postać duńskiego królewicza, jak również Gustawowi Holoubkowi za niezwykle ciekawy i twórczy pomysł reżyserski, za podjęcie realizacji spektaklu giganta, który od początku do końca utrzymywał widza w napięciu"[32].

Ofelia – Magdalena Zawadzka, Hamlet – Jan Englert w spektaklu Teatru Telewizji, 1974

s. 100–105 O telewizyjnym przedstawieniu *Hamleta* w reżyserii Gustawa Holoubka pisali krytycy. Widzowie przysyłali reżyserowi pełne uwielbienia i szacunku listy. Czasami zdarzały się słowa krytyki... →

18-24 II 1974

25 30 STYCZNIA 1974 R.

TV szklany cośc

„Hamlet"

(W) Wielkie wydarzenie w te-
trze telewizji — „Hamlet" Szeks-
ira w reżyserii Gustawa Holoub-
a. Niezwykłe — już choćby ze
zględu na czas trwania: trzy go-
ziny (plus przerwa), to znaczy
ięcej niż normalnie telewizja
ytrzymuje. Jeżeli w tym wypad-
u prawie wytrzymała, to jednak
rudno doradzać na przyszłość na-
ładowania tej długości. „Hamlet"
est dziełem wyjątkowym i fascy-
ować może nawet tak pełnym
choć oczywiście też okrojonym)
ształtem, ale i tu — zwłaszcza
części drugiej — można sobie
yło pozwolić na większe skreś-
enia.

W każdym razie było to przed-
tawienie — poza swoją długością
- co się zowie telewizyjne. Od
ierwszej sceny nastawione na
aintrygowanie widza akcją, po-
azywało ją bardzo przejrzyście
z napięciem, z dodatkowymi mo-
ywami działań, jak różnica wie-
u pary królewskiej (stąd udział
ertrudy w zabójstwie męża dla
łodego kochanka), czy więcej
iż braterska miłość Laertesa do
felii (stąd tym mocniejsze jego
apałanie zemstą do Hamleta).
rzedstawienie zostało rozegrane
iemal wyłącznie w niezmiernie
yrazistych zbliżeniach twarzy
ktorów i bezpośredniej intymno-
ci ich głosów w stopniu nieosią-
alnym w teatrze żywym. W tle
scetyczne dekoracje Marcina
tajewskiego: schody, nagie ko-
umny, kotary. Mniej podobały mi
ię kostiumy. Nie sądzę też by
materializowanie Ducha Ojca w
elewizji było trafne, wolałbym
yszeć tylko jego głos.

Pod względem aktorskim było to
rzedstawienie znakomite. Myślą-
a, jakby wyrzeźbiona w szla-
hetnym kruszcu twarz Hamleta —
ana Englerta ukazuje się na po-
ziątku na ekranie i potem nieu-
tannie przesuwa się przez całe
rzedstawienie. Englert gra oczy-
a i głosem, umie w tym ukazać
iezmiernie bogatą skalę odcieni
wyrazu. Jego kreacja telewizyj-
a zapisze się w historii teatral-
ej polskich Hamletów i to w sa-
ej ich czołówce. Nie mniej wy-
itną postać stworzył Zbigniew
apasiewicz, Król, partner Hamle-
, zimny, skupiony, nieprzeczer-
iony. Zofia Mrozowska jako Kró-
wa-matka zachwycała urodą i
pokojem pokrywającym wew-
ętrzne wzburzenie. Jej twarz po
ozmowie z synem trudno zapo-
nieć. Natomiast rola Ofelii nie
dpowiada warunkom aktorskim
Magdaleny Zawadzkiej. Zresztą
hciałoby się wymienić wszystkich
wysokim uznaniem: Zdzisław
rożewski (Poloniusz), Krzysztof
olberger (Laertes), Andrzej Ant-
owiak (Horacy), Tadeusz Fijew-
ki (Grabarz), Czesław Kalinowski
Stary Aktor) i inni. (g)

CZYTELNICY PISZĄ

Pochwały dla „Hamleta"

● Pragnę serdecznie podziękować panu G. Holoubkowi i aktorom za „Hamleta". Nie chcę tu używać patetycznych i nadętych słów. Piszę to, co mi dyktuje serce: to było cudowne, fascynujące widowisko! Podczas jego oglądania zupełnie zapomniałam, gdzie jestem, byłam po prostu razem z Hamletem, czułam to co on i myślałam jak on.

Dobrze, że w połowie zrobiono przerwę. To było potrzebne do odprężenia. Drugą część oglądałam z jeszcze większą ciekawością i choć sztuka trwała tak długo, nie odczułam tego. Po prostu nie było nawet kiedy spojrzeć na zegarek. Cóż, że do szkoły poszłam niewyspana (chodzę do III klasy L. O.) — mogłabym nie spać nawet całą noc, byle oglądać taką sztukę. Zdaję sobie sprawę, że moja opinia jest sformułowana nieporadnie, ale trudno mi w tej chwili wymyślić coś więcej. Czuję tylko niemy zachwyt... no, jestem po prostu oczarowana.

BOŻENA B.
(nazw. i adres znane redakcji)

świata. A przecież był to „Ha
let" Szekspira, wspaniale odeg
ny. Odniosłam wprawdzie nie
miłe wrażenie, że królewicz d
ski to enfant terrible
synoru, bardzo młodziutki, piek
nie zapalczywy — uczciwy wpr
dzie, ale naiwny. Nie oszczę
adaptator bohatera — choćby
nając monolog Leartesa (św
ny młody partner Hamleta, K.
berger) w scenie cmentarnej, a
stawiając parodię — odpow
Hamleta („Co to jest za człow
którego boleść brzmi z taką p
sadą?").

W ogóle skróty tekstu o
niły większość negatywnych c
postaci, np. renesansowe (?) u
łowanie hucznego i wystawn
delikatnie określając, życia p
Klaudiusza (tu: wręcz ascety
i — zgodnie z Szekspirem — g
nie konsekwentny Z. Zapasiewi
a także Poloniusz (Z. Mrożews
bardzo dostojny i szlachetny oj
wobec którego młodociany i
znośny książę jest bardzo
grzeczny. Również kontrowersy
postacią była Ofelia M. Zaw
kiej: urocza panienka podczas
mowy z ojcem (akt I, 3) nagle
rasta do zamierzeń Szekspira
bodaj czy ich nie przerasta. Z
nie wiem, czy był kiedykolw
tak prawdziwy i szczery Hor
jak ten A. Antkowiaka w Tea
TV.

Resumując, „Hamlet" w Tea
TV mógł się podobać. Dz
pierwszorzędnemu aktorstwu,
rannej realizacji plastyczne
skromnej, ale nastrojowej ilus
cji muzycznej oraz wartko pł
cej akcji na pewno trafił do
rokiej rzeszy widzów.

Pragnę też podziękować Wa
dokładne zapowiedzi przedsta
nia w poprzednim numerze
dzięki czemu naprawdę można
ło przygotować się do tego
czoru — a i napięcie oczekiw
dzięki temu wzrosło do ma
mum.

TV

HAMLET — BEZ HAMLETYZOWANIA

ANDRZEJ SZCZYPIORSKI

NIE jestem przeciwnikiem nowatorskich poszukiwań w teatrze. Ale sądzę, że telewizja, po prostu z uwagi na swój zasięg oraz zadania społeczne — powinna się odnosić ze szczególnym pietyzmem do tradycji teatralnej. Taka tradycja może się okazać zabójcza dla dzieł niskiego lotu, które bez inscenizacyjnej wynalazczości stają się niekiedy martwe i niegodne uwagi, nigdy jednak nie szkodzi utworom wybitnym.

Taka tradycyjna inscenizacja wymaga oczywiście pokory i tylko dojrzały, wybitny artysta może jej sprostać. Ma on bowiem sporo innych okazji, by demonstrować swoje talenty, gdy więc bierze na warsztat dzieło pisarskie najwyższej próby — sam pozostaje w cieniu, nie narzucając wprost swej osobowości.

Od dość długiego czasu teatry nasze usiłują nakłaniać widownię do udziału w dziwacznych, a czasem całkiem idiotycznych poszukiwa-

do Szekspira. Reżyser nie chciał b
mądrzejszy od genialnego poety.

Jest to pierwszy od lat „Ha
let", w którym Hamlet nie ha
tyzuje. Jest to Hamlet odczyta
jasno, prosto, konsekwentnie,
niektórym inscenizatorom wyda
ło się zgoła niemożliwe. Bo oto
tym spektaklu telewizyjnym w
nie ma tajemnic niezgłębiony
słów zagadkowych, wszystko j
zrozumiałe dla każdego chyba
dza, a to, co mówią bohatero
tragedii, brzmi nie tylko przeko
wająco, lecz również — konse
wentnie. Znikły gdzieś te rozma
pityjskie frazy, nad którymi g
wił się niejeden reżyser, poszuk
jąc w nich magicznych znaków,
kiegoś międzygwiezdnego ko
który trzeba dopiero przekładać
język zrozumiały dla szerokiej p
bliczności.

W tym spektaklu Holoubek z
je się wszystko rozumieć do koń
dzięki czemu widownia tak
wszystko do końca rozumie. I dop
ro teraz możemy docenić całe pięk
poezji szekspirowskiej, jej nośno
stylistyczną i metaforyczną, jak
słynne słowa „Niech ryczy z b
ranny łoś...", które wybuchają
krzyku Hamleta w momencie zdem
skowania Króla, a zdają się wyra
dziką, barbarzyńską, szaloną rad
człowieka, co odkrył dowód zbr
ni, zdarł ze zbrodniarza maskę o
łudy — i wówczas z jego gar
wyrywa się krzyk triumfu, zm
szanego z rozpaczą. I czy mo
namiętniej, mądrzej wyrazić t
właśnie stan duszy niż ową fra
z pozoru tylko wyzbytą treści i
gicznych związków semantyczny

Że można Hamleta odczytyw
rozmaicie, to stwierdzenie banal
Można go widzieć naprawdę obłą
nym, albo cierpiącym na atro
woli — co było przedmiotem s
diów wielokrotnie. Ale upieram
że właśnie na ekranie telewiz
Hamlet świadomy, konsekwent
zmierzający do celu uparcie, a t
że osadzony w renesansowej sce
rii, co go czyni również posta
konkretną i pozwala łatwiej po
takie przedsięwzięcia, jak wysła
na śmierć Gildensterna i Roz

Notatnik TELEWIDZA

WITOLD BILLIP

„HAMLET" Szekspira w reżyserii Gustawa Holoubka na scenie Teatru TV, 28 I 74. Po lewej stronie: JAN ENGLERT (Hamlet), ZOFIA MROZOWSKA (Królowa), i ZBIGNIEW ZAPASIEWICZ (Król); u góry: JAN ENGLERT i MAGDALENA ZAWADZKA (Ofelia).
Fot. Z. Januszewski

Hamlet bez tajemnic

JESTEM gorącym zwolennikiem wielkiej klasyki w teatrze TV, wypowiadałem się wielekroć na tych łamach za podjęciem przemyślanej akcji repertuarowej w tej dziedzinie, ale i przedsięwzięcia doraźne — nawet dyskusyjne — witam zawsze z zadowoleniem. Pożytki z udostępniania arcydzieł wielu milionom odbiorców są zbyt oczywiste, by się o nich rozwodzić. Chciałbym tu tylko wspomnieć o pewnym pożytku dodatkowym, lecz bardzo ważnym, którego istnienie uprzytomniłem sobie wyraźnie w ciągu kilku dni, jakie minęły od poniedziałkowego przedstawienia „Hamleta".

O tym „Hamlecie" się mówi; trudno spotkać kogoś, kto nie chciałby podjąć na jego temat rozmowy. Wiadomo, jak ważną społecznie funkcję integrującą pełnią takie wspólne tematy rozmów. Kiedy zaś chodzi o utwór bardzo szeroko znany i powszechnie ceniony (bo „Hamlet" to jedno z tych arcydzieł, które trudno obrzydzić nawet w szkole czy w kiepskim teatrze), to owe dyskusje tym się odznaczają, że dotyczą nie tylko potocznie rozumianej treści (tzn. przebiegu akcji), ale i reżysersko-autorskiego kształtu przedstawienia. W ten sposób tematy do niedawna zastrzeżone dla nielicznych specjalistów i koneserów stają się przedmiotem rozmów niemal powszechnych. Bardzo to budujące.

Toteż recenzję z Holoubkowego „Hamleta" chciałem potraktować jako rodzaj sprawozdania z wielu takich rozmów, w których zetknąłem się i ze zwolennikami, i z przeciwnikami przedstawienia, a w których ja sam wyrażałem umiarkowane uznanie — z wieloma zastrzeżeniami. Niestety, popsuł mi szyki Andrzej Szczypiorski, który zamieścił w *„Polityce"* recenzję tak bezkrytycznie pochwalną, że trudno wobec niej zachować zimną krew i powstrzymać się od polemiki. Zwłaszcza że — co często zdarza się nieumiarkowanym chwalcom — krytyk pomógł mi uprzytomnić sobie do końca główny zarzut, jaki muszę postawić przedstawieniu. Brzmi on tak: jest to „Hamlet" nadmiernie uproszczony, przede wszystkim w samej koncepcji głównego bohatera.

POWSZECHNIE znana jest piękna formuła Wyspiańskiego: *„Hamlet nie hamletyzuje, Hamlet myśli"*. Szczypiorski chwali Holoubka i Jana Englerta za to, że ich Hamlet nie hamletyzuje. Nie przeczę. Kłopot jednak w tym, że trochę gorzej u tego Hamleta z myśleniem. To człowiek czynu, *„świadomy, konsekwentny, zmierzający do celu uparcie"*, wyposażony — dodajmy — w dość elastyczne sumienie. To gracz. Otóż wydaje się, że z konsekwentnego przyjęcia tezy, iż obłęd Hamleta jest tylko symulacją (na co zgoda), wcale nie muszą wynikać wnioski aż tak daleko idące. Hamlet nie jest ani słaby, ani szalony, ale jest w pełni świadom tragiczności swej sytuacji i tragicznych kosztów moralnych przedsięwzięcia, którego się podjął. Dlatego wzdraga się, pasuje z sobą. Kto wie, może nawet przeczuwa, że nie w pełni będzie mógł zapanować nad skutkami swych działań, że padną także ofiary niewinne.

W przedstawieniu Holoubka istotnie nie było, jak pisze Szczypiorski, *„tajemnic niezgłębionych"* — nie jestem jednak pewien, czy to na pewno powód do zachwytu. Bo tekst Szekspira jest jednak znacznie bardziej skomplikowany... Przypomnijmy choćby scenę, która — jako jedna z niewielu — została przez reżysera skreślona w całości: tę, w której Hamlet powstrzymuje się przed zabiciem stryja, bo nie chce, by zbrodniarz zmarł w czasie modlitwy. Cóż, to pewnie byłoby hamletyzowanie... Więc skreślić! Zapewne, można i tak, ale doprawdy trudno zrozumieć recenzenta, który w tej sytuacji chwali reżysera nie za śmiałość koncepcji, tylko za... *„wierność wobec tekstu poety"*. O tej wierności w ogóle sporo się mówi, a to dlatego, że Holoubek bardzo mało wykreślał i przedstawienie było niepospolicie długie. Jednak brak wspomnianej sceny, a także końcowej sceny z Fortynbrasem, każe się zastanowić, czy wierność mierzyć trzeba tylko liczbą skreśleń, czy też ich charakterem.

Powtórzmy: zgoda na Hamleta świadomego. Ale owa świadomość to nie tylko przebiegłość! To także pełne, jakby [...] cję jednej z nich, a więc zło) potęguje się w przypadku Hamleta właśnie przez to, że on ją dokładnie rozumie. Więcej: rozumie i odczuwa, że realizując swój cel nadrzędny, który jest obowiązkiem, ale nie jest jednoznacznie dobrem, powoduje po drodze dodatkowe nieszczęścia (śmierć Poloniusza), a nawet tragedie (sprawa Ofelii), by już nie wspomnieć o wysłaniu na śmierć dwóch dworaków. Tymczasem po Hamlecie Englerta spływa to wszystko dość łatwo, tak łatwo, że dość pusto brzmi słynny monolog *„Być albo nie być"* i mało zrozumiały jest wielki wybuch w czasie pogrzebu Ofelii. Czyżby i to było udanie?

TAK pomyślany Hamlet staje się postacią tylko po części tragiczną, bo pozbawioną świadomości swego tragizmu. Jan Englert bardzo dobrze zagrał takiego Hamleta, co jednak nie rozproszyło wątpliwości na temat samej koncepcji. Zwłaszcza że spowodowała ona pewne nieuchronne przesunięcia w sposobie ukazania innych postaci oraz ich stosunków z Hamletem. Czasem zresztą przesunięcia interesujące, mimo całej dyskusyjności — jak choćby w sprawie między Hamletem a stryjem (Zbigniew Zapasiewicz), która po wykreśleniu wspomnianej sceny niedoszłego zabójstwa przekształca się w sprawozdanie z wielkiej gry na śmierć i życie, prowadzonej z zimną krwią przez dwóch godnych siebie graczy.

Znacznie gorzej, a nawet zupełnie źle przedstawia się sprawa Ofelii. Szczypiorski, który za-

● DZIŚ NA STRONIE 10 przedstawiamy tło historyczne „CZARNYCH CHMUR"

JAN ENGLERT w roli tytułowej

MAGDA ZAWADZKA — Ofelia

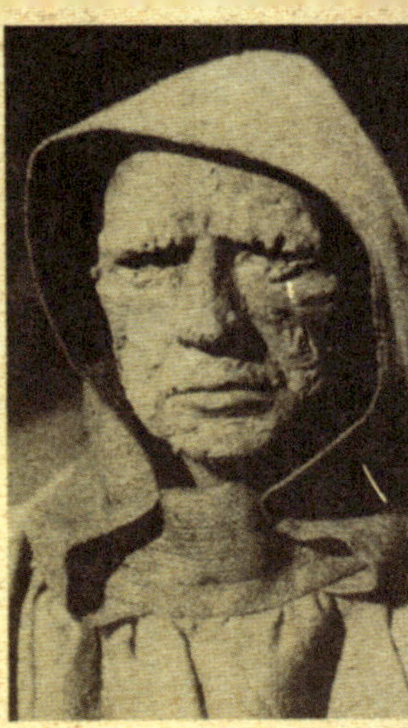

ANDRZEJ SZCZEPKOWSKI — Duch Hamleta

WILLIAMA SZEKSPIRA

HAMLET

w reżyserii Gustawa Holoubk
ze scenografią
Marcina Stajewskiego
wkrótce w Teatrze TV

ZDZISŁAW MROŻEWSKI — Poloniusz i KRZYSZTOF KOLBERGER — Laertes

ADEUSZ FIJEWSKI i WITOLD DĘBICKI — Grabarze

ZOFIA MROZOWSKA — Gertruda, królowa duńska, i ZBIGNIEW ZAPASIEWICZ — Klaudiusz, król duński

Polskie Radio i Telewizja

Warszawa ul.Woronicza 17

Kilka słów o " Hamlecie" na prośbę naszego świetnego reżysera Gustawa Hołoubka,któremu wyrażamy wielkie podziękowanie za jego sumienny wkład pracy w tak trudne dzieło.

Spektakl wywołał ogromne wrażenie na widzów.Gra artystów wspaniała,oprócz M.Zawadzkiej która/w naszym odczuciu/nie wywołała porządnego wrażenia na odbiorcy.

Przerwa w spektaklcie jest zbyteczna w dni robocze o późnych godzinach wieczorowych nadawanie spektaklu,który zmusza do najcięższej czynności-do myślenia nie jest pożądane,gdyż:

- z pracy powracamy zmęczeni
- nasza ukochana telewizja od lat"karmi"nas sztukami wspaniałego "zachodu"/strzały,bonazy,diliżansy,morderstwa i.t.p.które skutecznie i bezlitośnie niszczą u widza poczucie wartości i piękna,a najważniejsze zdolność myślową

"Hamlet" to zdrowe nasienie.Nie wolno go marnować,siejąc w nieodpowiedniej porze.Nie jest zrozumiałe,po co słowo "skurwysyn" włożono do ust Hamleta? uważamy,że naród polski może żyć i rozwijać się intelektualnie bez takich słów.

Prosimy:

- sztuki na miarę"Hamleta" nadawać w niedzielę przed południem lub popołudniu do godziny 22-oo najpóźniej
- pragniemy słyszeć pięknego języka polskiego.
- uczyć nas,widzów,myśleć,zastanawiać się,poznawać,piękno wartości artystyczne,odróżniać dobro od zła społecznego.

Powyższe zależy tylko od Was pracowników kultury i sztuki. Każdy człowiek świadomie,lub nieświadomienie bierze przykła ze swego ulubionego bohatera,naśladuje go.

Na przykład:

Wyświetlacie sprytnego,mądrego bohatera mordercę,myśl widza mimowoli kieruje się w jego ślady i naodwrót,ta prawda jest od wieków znana.

Widzowie

Teatr Telewizji

Pan Gustaw Holubek
– reżyser sztuki:
– Hamlet –
widowisko znakomite, przeżycie niezapomniane!
Obsadzenie ról - prawie wyjątkowe -
- z iskrą bożą - z zastrzeżeniem:
Ubolewałam nad Zbigniewem Zapasiewiczem
- mimo - olbrzymiego talentu - nie zagrał
- zbrodniarza.
Prześliczna Magdalena Zawadzka
w roli Ofelii, zarysowała cień jędzy.

- Tak - jak Pan sobie życzył,
zawiadamia
— Anna Z.

Sopot
2. II. 74.

Drogi panie Holoubku!

Obejrzałam dnia 28 stycznia
tj. w poniedziałek „Hamleta". Widziałam
już filmowe i teatralne adaptacje
tego wielkiego dzieła; ale muszę przyzn
że Pański „Hamlet" przeszedł moje
oczekiwania; właśnie tak wyobrażałam
sobie tę sztukę. Rozbudził Pan moje zaint
-sowanie W. Szekspirem. Sądzę, że częściej
będę oglądać poniedziałkowe spektakle, i
częściej spotkam się z Panem na ekranie
bo jest Pan świetnym aktorem i reżyserem
Co do antraktu jestem jak najlepszego zda
o tym przedsięwzięciu. „Hamlet" był, co te
ukrywać trudny, a więc przerwa była mo
zdaniem konieczna, ale i inne sztuki mo
by [illegible]

Rzepedź, dnia 29.01.1974 r.

Wielce Szanowny Panie Profesorze.

Oglądając pańskiego "Hamleta" doznałam olśnienia. To było wielkie przeżycie artystyczne. Sztuka dla mnie jest znana, widziałam ją w teatrze dwa razy po pewnym odstępie czasu i film. Lecz obecne widowisko zostało nie dozapomnienia. Spektakl był zrobiony bardzo plastycznie, taki siedzący wewnątrz widza-to się czuło pomimo szklannego ekranu. Wyreżyserowane cudownie.

Ofelia bardzo prawdziwa grała przepięknie. Takiej Ofelii jeszcze nie widziałam. Była wzruszająca - była jak zranione pisklę, które straciło ... zdo - straciło wszystko.

...o krzyczeć z podziwu

...dworzanina po tarasach -

...spółczucie było po

...ledzieć co się czuło,

...mnóstwo. Scena z gra-

...niby makabryczna,

...odkład muzyczny

...rzecz mogła się

...nas może już w następny

...ie, a patrzałam serce

...go środowiska

...tystyczne, którego

...ległym od środowiska

...nie są zmanierowane

...na żywo - i może

...o był świetny pomysł

Był czas na dyskusję, przetrawienie i przyżycie tego od nowa. A okres oczekiwania na dalsze podniecał. Dziennik w czasie przerwy przeszedł niezauważalnie, nie docierał. Myślami było się przy Hamlecie, jak to dalej będzie podane.

Ta wstawka "sk....syn" nie raziła, przybliżyła czas-dzisiaj takiego faceta nie inaczej by nazwano.

Pan Zapasiewicz stworzył postać inną niż wszystkie dotychczas - to było przeobrażenie w dzisiejszego karierowicza bez skrupułów, dwulicowy pnący się do szczytu bez względu na predyspozycje psychiczne, świadomie działający nie liczący się z konsekwencjami czynów, które popełnia- przy jednoczesnym przeczuciu, że konsekwencje nadejść muszą- mimo to w osiąganiu celów zimny, wyrachowany i opanowany po monarszemu. Pięknie zagrane.

Kto patrzył sercem nie znajdzie plamki w tym promieniu, które zabłysło na zimnych ekranach telewizorów.

Osobiście nazwałam Pana Paganinim Teatru. Wydobył Pan najpiękniejsze tony-a całość to była wielka symfonia p.t. "Hamlet".

Wielce jesteśmy zainteresowane czy właściwie widowisko przez nas zostało odebrane i czy oczekiwania pańskie w tym kierunku się spełniły.

Pozostaję z szacunkiem

łącząc pozdrowienia z Bieszczad

Ofelia i Hamlet – para szekspirowskich kochanków

Jedyną kontrowersją jest użyte w tym przedstawieniu wulgarne słowo „skurwysyn", ale reżyser uznał, że właśnie ta dosadność oddaje sens sceny. Część widzów natychmiast daje wyraz oburzeniu w licznych telefonach i bardzo krytycznych opiniach. W ogólnie przyjętych obyczajach nie mieściło się, żeby z ekranu telewizora padło niecenzuralne słowo, choćby jedno. Nie pomagają tłumaczenia, że to Szekspir, że to słowo użyte w określonym celu, że służy wyrażeniu wielkich emocji. Widzowie nie życzą sobie aż takiej dosadności.

Jak bardzo zmieniły się obyczaje...

Urządzając mieszkanie, zadbaliśmy, żeby każde z nas miało przestrzeń tylko dla siebie. Lubimy być ze sobą, ale też szukamy chwil samotności. Są konieczne, żeby nauczyć się na pamięć tekstu, zebrać myśli, poczytać, a nawet ponudzić się. Nie zgłębiamy zakamarków duszy, w których kryją się sekrety przeznaczone dla siebie samego. Zgadzam się z poglądem Gustawa, że kiedy się zacznie wzajemne śledztwo i grzebanie w tych tajemnicach, najłatwiej uciec się do kłamstwa.

Zauważam, że Gustaw coraz częściej zamyka się w pokoju i coś pisze. Zagadkowo milczy. Nie pytam, ale trawi mnie ciekawość. Do tej pory, gdy pisał przemówienia czy referaty, byłam pierwszym ich słuchaczem, radził się. Tym razem cisza. Po jakimś czasie pokazuje mi gotowy scenariusz filmu *Mazepa* według Słowackiego. Gustaw wielbi naszych romantyków, obcowanie z ich poezją dawało mu, jak wspominał, ogromną energię, „podstawy wiedzy o człowieku i chęć odczytania realnego sensu w mistyce ich wierszy". Słowacki jest mu szczególnie bliski. Nie wiedziałam jednak, że marzy mu się wyreżyserowanie fabularnego filmu. Poczynił już zaawansowane kroki, skierowanie scenariusza do realizacji jest na najlepszej drodze. Mroczny i okrutny świat dramatu Słowackiego pisanego wierszem, krańcowe uczucia targające sercami bohaterów są dalekie od problemów współczesnego polskiego inteligenta. Wahano się więc, czy temat zainteresuje widza. Pomysł okazuje się na tyle atrakcyjnie zaprezentowany i uargumentowany, że władze kinematografii wyrażają zgodę i Gustaw rozpoczyna przygotowania do zdjęć.

Film ma być realizowany w wytwórni filmowej w Łodzi, w której powstały znakomite dzieła i której każdy zakątek znamy na pamięć. Maleńki bufet, w którym od samego rana poza bułką z żółtym serem serwowano bigos i grochówkę, i to oryginalne menu oraz stanie w kolejce nikomu nie przeszkadza, bo liczy się towarzyska atmosfera i możliwość załatwienia następnego angażu. Sala jadalna jest jedyną w swoim rodzaju giełdą. Przy plastikowych stolikach spotykają sie ekipy aktualnie realizowanych filmów. Aktorzy w strojach z różnych epok – oficer gestapo z damą z epoki napoleońskiej jak gdyby nigdy nic plotkują o bieżących sprawach. Gustawowi jest miło, że właśnie tu, z ludźmi, z którymi zna się od lat, zadebiutuje jako reżyser pełnometrażowej fabuły.

Mazepa w reżyserii Gustawa Holoubka, 1975

Na wnętrza naturalne wybrano zamek w Niedzicy. Miał „zagrać" siedzibę wojewody, główne miejsce akcji dramatu. Malownicze górskie tereny idealnie nadają się do zdjęć plenerowych. I najważniejsze – obsada. Znakomici aktorzy: wojewoda – Mieczysław Voit, król – Zbigniew Zapasiewicz, Mazepa – Jerzy Bończak, syn wojewody – Krzysztof Kolberger, kasztelanowa – Kalina Jędrusik i żona wojewody, Amelia – ja! Naprawdę! Nigdy nikogo, a szczególnie Gustawa, nie proszę o obsadzenie mnie w czymkolwiek. On sam proponuje mi granie z własnej woli i tylko wtedy, jeśli uważa, że wybór mojej osoby jest trafny.

Pierwszy klaps i dla wszystkich rozpoczyna się artystyczna przygoda. Gustaw rezygnuje z większości zajęć i zobowiązań. Absolutnie poświęca się *Mazepie*. Z dumą obserwuję, ile ma entuzjazmu, z jaką dokładnością i konsekwencją realizuje swoje zamierzenie, bez niepotrzebnych nerwów. Czujemy, że razem z operatorem Mieczysławem Jahodą, z aktorami i całą ekipą tworzymy film szlachetny, z szekspirowską atmosferą i rozmachem. Holoubek próbuje dotrzeć poza zewnętrzną warstwę tragedii miłosno-rodzinnej: w *Mazepie* dostrzegł przede wszystkim dramat konfliktu moralnego dwóch generacji: starego świata szlacheckiej pychy i bezwzględności oraz czystego, młodego świata pięknych ideałów romantycznych[33].

Reżyserskie uwagi dla aktorki →

Zdarzenia, zdarzenia

1975–1977

URZĄD
MIASTA STOŁECZNEGO WARSZAWY
Wydział Kultury Fizycznej i Turystyki
ul. Rozbrat 26
00-429 Warszawa

....
pieczątka Wydziału
Kultury Fizycznej i Turystyki

Załącznik nr 3

05. LUTY 1974

................., dnia .... 197...r.

Ob. GUSTAW
HOLOUBEK

Wniosek nr 311/K

ZAWIADOMIENIE

Z upoważnienia Komisji Społecznej powołanej zarządzeniem Prezydium Rady Narodowej, Komitet Kultury Fizycznej i Turystyki uprzejmie zawiadamia, że decyzją Komisji -

- ~~przydzielono Obywatelowi/ce dewizy na indywidualny wyjazd za granicę,~~ x/

- wniosek Obywatela/ki o przydział dewiz na indywidualny wyjazd za granicę rozpatrzony został negatywnie. x/

Przydzielone środki dewizowe winny być wykupione przez Obywatela/kę

w .... SPORTS-TOURIST

/pieczątka oddziału biura podróży/

najpóźniej w terminie 90 dni od daty otrzymania niniejszego pism. Nie wykupienie dewiz w tym terminie rozumiane będzie jako rezygnacja z przydzielonych środków dewizowych.

SPOŁECZNA KOMISJA
d/s Rozdziału Dewiz
przy Wydziale Kultury
Fizycznej i Turystyki

....
podpisy i pieczątka
Wydziału Kultury Fizycznej i Turystyki

"Orbis" zam. 2099/73 nakł. 200.000 A4-1

Odkrycie Ameryki

Jesienią siedemdziesiątego piątego roku Teatr Dramatyczny zostaje zaproszony do Stanów Zjednoczonych i Kanady z *Zemstą* Fredry. Gustaw, reżyser i aktor (rola Milczka), ma po raz pierwszy w życiu jechać w tak daleką podróż – uczuciu ciekawości towarzyszy lęk przed wyprawą w ten owiany legendą świat. Byłoby mu raźniej, gdybyśmy jechali razem, niestety, nie gram w *Zemście*. Czeka nas wielotygodniowe rozstanie. A tu niespodziewanie dobry los znowu się do nas uśmiecha. Małgosia Niemirska dowiaduje się, że zostanie matką. W planowanym terminie wyjazdu jej stan byłby tak bardzo zaawansowany, że nie mogłaby już grać dziewczęcej, niewinnej Klary. Zastępstwo stało się koniecznością. Organizujący tournée teatru znany polonijny impresario Jan Wojewódka proponuje mnie do roli Klary. Nie bez znaczenia jest zapewnie okoliczność, że po dwukrotnych występach na drugiej półkuli jestem już popularna wśród polonijnej publiczności. Oglądali tam też moje filmy, głównie *Pana Wołodyjowskiego*. Na przygotowanie roli Klary mam około miesiąca. Nie jest to więc nagłe zastępstwo, ale pierwsze w życiu i bardzo się denerwuję. W Ameryce, po pierwszych reakcjach rodaków, spragnionych polskiej kultury, żyjących na obczyźnie, nerwy natychmiast ustępują. Piękna polszczyzna, humor, wdzięk spektaklu, a przede wszystkim znakomite aktorstwo mistrzów sceny[34] czynią cuda. Publiczność ze wzruszenia na przemian śmieje się i płacze. W tym czasie tournée renomowanego, profesjonalnego polskiego teatru należy tu do rzadkości. Za daleko i za drogo. Częściej zapraszane są kabarety, estradowe składanki i piosenkarze.

← Bez przydziału dewiz w świat nie pojedziesz!

Mimo nieustannych podróży i występów mamy czas na przyjemności i zwiedzanie. Po kilka dni mieszkamy w tak dużych miastach, jak Chicago, Nowy Jork, Montreal czy Toronto. Gustaw jest Ameryką i Kanadą zaszokowany, tak jak ja siedem lat wcześniej. Ogrom bogactwa i potęga tych państw przechodzi jego wyobrażenia. Patrzenie oczami Gucieńka na wszystko, co już widziałam, jest dla mnie nowym odkryciem Ameryki. Zjawiskowo piękne cuda przyrody, zabytki liczące zaledwie dwieście lat, różnorodność i otwartość społeczeństwa są dla krakusa wychowanego u stóp ponadpięciusetletniego Wawelu zadziwiające, a niekiedy zabawne.

W Toronto poznaje rodzinę Elżbiety Dobis, bliskich krewnych ze strony mojej mamy, mieszkającą tam od powojennych lat. Cieszą się, że tak wybitny, a równocześnie skromny człowiek, którego od pierwszego momentu polubili, wszedł do naszej rodziny. W Nowym Jorku choć przez chwilę poczuliśmy się cząstką tego niesamowitego, pędzącego do przodu świata. To gigantyczne miasto nie pozostawia nikogo obojętnym. Gustaw pod wrażeniem, że nareszcie może dotknąć sercem i umysłem jego atmosfery, wtopić się w niepowtarzalny rytm i co dla przybysza ważne – nie czuć się obco. Lubimy spacerować po ulicach i przyglądać się wszystkiemu, bo jest inne niż gdziekolwiek na świecie. Właśnie w Nowym Jorku Jan Świderski namawia Gucia na męskie zakupy. Udają się na Piątą Aleję. W słynnym „Saksie" Gustaw kupuje sobie tweedową marynarkę. Opowiada mi z niedowierzaniem, że personel potraktował go jak króla. Jest szczęśliwy niczym dziecko – kupił sam dla siebie prawdziwą angielską marynarkę, o której zawsze marzył.

Pospolitość skrzeczy zaraz po wylądowaniu w Warszawie. Na lotnisku rewidują Gustawa i mnie na oczach tłumów czekających na przyjezdnych. Wyciągają rzeczy z walizek, odpruwają podszewki w kurtkach i w nowej marynarce z „Saksa". Najwyraźniej szukają czegoś podejrzanego. Tuż przed wyjazdem z Nowego Jorku ktoś podrzucił nam do pokoju hotelowego antysocjalistyczne broszury i ulotki. Liczył pewnie, że zechcemy przemycić je do Polski. Wyrzuciliśmy je do kosza. Przełykamy upokorzenie rewizji, pozostaje smutek i rozczarowanie, że podczas tej wspaniałej podróży towarzyszył nam donosiciel i że na wolność i swobody obywatelskie będziemy jeszcze długo czekać.

Przyjaciele. Słynny stolik

Mimo kilku wspólnie przeżytych lat wciąż zaskakujemy siebie nawzajem. Zaczynamy tworzyć domową bibliotekę, zdobywając gdzie się da interesujące nas książki. Dzięki znajomościom w księgarniach gromadzi się spory zbiór klasyki polskiej i światowej. Oboje lubimy literaturę faktu, biografie i autobiografie sławnych ludzi. Uwielbiam powieści psychologiczne i podróżnicze, Gustaw pasjonuje się historią. Ku mojemu zaskoczeniu namiętnie czyta kryminały. Mnie powieści kryminalne słabo pociągają. Proszę Gucia o wyjaśnienie, dlaczego tak bardzo lubi je czytać. Tłumaczy, że czyta głównie klasyków tego gatunku, że dobry kryminał jest skarbnicą wiedzy, że poznaje nie tylko psychologię postaci, język, obyczaje, ale też historię i geografię miejsc, w których rzecz się dzieje. Towarzyszy mu dreszcz emocji i wysiłek intelektualny, a rozwiązywanie wraz z autorem zagadki, przy której trzeba się nieźle nagłowić, daje ogromną satysfakcję. Dobry kryminał może być sumą wiedzy, której szukamy w innych książkach, i często zasługuje na miano wielkiej literatury. Podzieliłam opinię Gucieńka, gdy za jego namową przeczytałam Agathę Christie, Conan Doyle'a, Chandlera. Gustaw ceni również naszą rodzimą literaturę kryminalną, a ze sławnym Joe Alexem – Maciejem Słomczyńskim, znakomitym tłumaczem literatury angielskiej i irlandzkiej, od lat się przyjaźni. Uwielbiam Maćka od pierwszej chwili poznania. Jest czarująco dowcipny i mądry. Mogę bez końca słuchać jego opowieści i wcale nie przeszkadza mi to, że ponoć większość z nich jest wytworem jego bujnej wyobraźni. Z opowieści o drugiej wojnie światowej, w której uczestniczył w różnych wcieleniach, można by sądzić, że trwała dwadzieścia pięć lat. Równie tajemniczy był jego ojciec. W relacjach syna raz był to Henry Ford, innym razem mniej znany, ale Japończyk. Gdy zapytano o to Stanisława Dygata, z powagą odpowiedział, że wyjechał na dwa tygodnie z Polski i teraz nie wie, kto jest ojcem Maćka... W tych niesamowitych gawędach Maciek jest do szpiku kości wiarygodny i ja chcę mu wierzyć. Podziwiam go za przetłumaczenie wszystkich dzieł Szekspira i piekielnie trudnego *Ulissesa* Jamesa Joyce'a.

Powoli wchodzę w krąg przyjaciół i znajomych Gustawa: są nimi literaci, dziennikarze, politycy, wydawcy, plastycy, muzycy, adwokaci, sportowcy i oczywiście ludzie świata teatru, filmu i telewizji, w większości z jego pokolenia. Z najbliższym przyjacielem i bratem duchowym Gucia, wybitnym pisarzem Tadeuszem Konwickim, znają się od dawna. Ich przyjaźń oparta jest na bezinteresowności i naturalności w obcowaniu ze sobą i światem, a spotkania i rozmowy, których podstawę stanowią te same poglądy, system wartości, wrażliwość na sztukę i poczucie humoru, są napędem do pokonywania twórczych oraz codziennych problemów. Tadeusz Konwicki napisał, że łączyła go z Gustawem inteligencja i świetnie się ze sobą porozumiewali. Dlatego mogli stworzyć nierozłączną parę przy słynnym stoliku w kawiarni warszawskiego wydawnictwa Czytelnik, przy którym gromadziła się literacka i artystyczna Warszawa, a stałymi bywalczyniami były dwie wspaniałe panie – redaktorka wydawnictwa Irena Szymańska oraz pisarka i tłumaczka Mira Michałowska.

Gucio oprócz Tadzia ma jeszcze jedną bratnią duszę, również świetnego pisarza, Stanisława Dygata. Tworzą od lat nierozłączną trójkę przyjaciół. Telefonują do siebie bez przerwy i omawiają wszystko, co dzieje się w Warszawie i świecie. Najwytrwalszym telefonistą jest Staś, który w przeciwieństwie do Gucia i Tadzia nie lubi ruszać się z domu. Zaprasza więc wszystkich do siebie. Dopiero kiedy związałam się z Guciem, poznałam, jak wyjątkowym miejscem na mapie Warszawy, na Żoliborzu, jest otwarty dom

Przyjaciele na zawsze, Tadeusz Konwicki i Gustaw Holoubek

Stolik w kawiani Czytelnika. Od lewej: Antoni Marianowicz, Irena Szymańska, Gustaw Holoubek, Mira Michałowska

państwa Dygatów, czyli Kaliny Jędrusik i Stasia. Przyjaciele, bliżsi i dalsi znajomi znajomych mogą tam wpaść o każdej porze, zjeść coś dobrego, bo Kalina z zamiłowaniem gotuje dosłownie gary przysmaków, a najważniejsze – pogadać o wszystkim i o każdym, naturalnie wartym uwagi. Gospodarze tworzą nieskrępowaną, pełną tolerancji towarzyską atmosferę, której istotą jest twórcza, efektowna, skrząca się dowcipem rozmowa. Panują wesoły zgiełk i swoboda, które otwierają najbardziej nieufne dusze. Gustaw uwielbia towarzystwo. Wśród przyjaznych ludzi rozkwita, gaśnie w samotności. Jest więc tam częstym i kochanym przez wszystkich gościem.

Do historii przeszła sytuacyjna anegdota związana z obydwoma paniami. Stanisław Dygat, też bywalec, choć nie tak częsty, Czytelnikowskiego stolika, ulubieniec kobiet i odnoszący sukcesy pisarz, pewnego dnia, wiodąc z Guciem rozmowę przy owym stoliku, z satysfakcją spostrzegł, że jakaś dama wpatruje się w niego uwodzicielsko. Dumny ze swojej sławy i wrażenia, jakie wywarł na eleganckiej kobiecie, zmienił się w oczach, kiedy nagle dama podeszła i szepnęła mu coś do ucha. Zaczął się przesuwać z krzesłem, na głos ostentacyjnie pytając: – Tyle? Wystarczy? Bardzo proszę. Może jeszcze

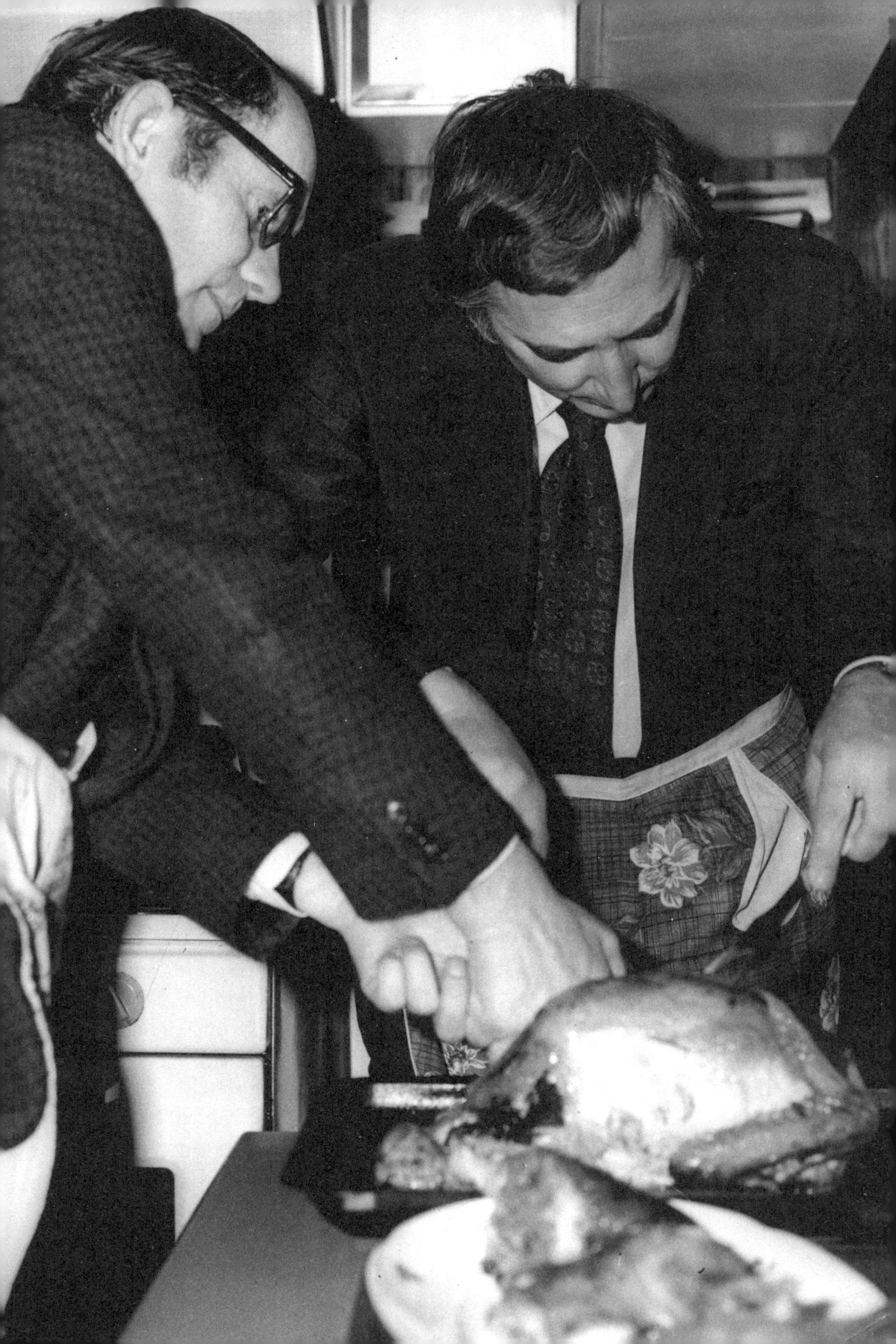

trochę? – Koledzy nie wytrzymali z ciekawości: – Stasiu, co ta dama szepnęła ci na ucho? – Prosiła, żebym się przesunął, bo jej zasłaniam Holoubka.

Staś, który mówił, że najpierw umierają nasi przyjaciele, potem my, nagle odszedł. Gucio i Tadzio poczuli się osieroceni. Jednak nadal trzymają się razem, kontynuując w Czytelniku stolikowe spotkania, które rozsławiają to miejsce i z biegiem lat skupiają uwagę władz. W czasach zakłamania i nachalnej propagandy znajomi spragnieni błyskotliwej wymiany myśli, żartu, trafnego komentarza, a przede wszystkim kultury bycia i prawdy, garnęli się do „stolika" i czuli się zaszczyceni, gdy przyjęto ich do grona stałych bywalców. Nie każdemu jednak było to dane, bo główni założyciele stosowali ostrą selekcję. Głupota, fałsz i nuda nie miały wstępu. Dominowała błyskotliwa rozmowa przeplatana ploteczkami i zabawnymi anegdotami. Gustaw miał więc pole do popisu i był w swoim żywiole. Janusz Hellich, o którym później więcej opowiem, najpierw Gustawa, a później i mój przyjaciel, „dopuszczony" do stolika, wspominał w audycji radiowej, że choć „goście się zmieniali, wciąż rządziły żelazne zasady: nie wolno opowiadać snów i filmów ani o sobie. Poza tym należy wykazać się poczuciem humoru. Gustaw żarty opowiadał w powiązaniu z toczącą się rozmową. Były albo puentą, albo komentarzem, albo wywołaniem nowego tematu. Kiedy na przykład wspominano Antoniego Słonimskiego, Gustaw przytaczał historię spotkania Słonimskiego z Leonem Schillerem podczas próby, która trwała od dziewiątej rano do północy. W pewnej chwili Schiller zapytał Słonimskiego, która jest godzina. – Nie mam zegarka, mam kalendarz – odpowiedział pan Antoni. A kiedy rozmowa zeszła na teatry krakowskie, mogliśmy usłyszeć od Gustawa, jak dziewięćdziesięcioletni Ludwik Solski na swoim jubileuszu zapytany, na jak długo wystarczy mu oszczędności, zatroskany odparł: – Na dziesięć lat, a co będzie potem, Bóg raczy wiedzieć...".

W latach siedemdziesiątych i później ten skromny stolik, przy którym siedziało zaledwie kilka osób, jest uważany w kołach partyjnych za bastion antypaństwowej działalności. Prawda i żart bywają groźną bronią.

Mam szczęście, że dzięki rozległym znajomościom Gucia mogę obcować z wyjątkowymi i tak różnorodnymi postaciami. Łączy je wiedza, kultura, dobre wychowanie i wspaniałe poczucie humoru, więc uczę się od najlepszych. Gustaw natomiast poznaje moje towarzystwo, młodsze od niego

← Wspólnie zastanawiali się nad Polską, toczyli najróżniejsze spory, żartowali i plotkowali. Urzędowali nie tylko „przy stoliku", ale i w kuchni: Tadeusz Konwicki i Gustaw Holoubek

o pokolenie, bo kiedy on wyruszał na wojnę, nas jeszcze nie było na świecie. Różnica wieku nie ma jednak znaczenia, nikt jej nie odczuwa. Gucio jest zawsze młody, otwarty na wszelkie nowiny. Wspólne wyjazdy, zabawy, wymiana poglądów, inne postrzeganie świata są bardzo pouczające dla obu stron.

Poznaję też rodzinę Gucia, głównie tę mieszkającą w Warszawie, przyrodniego brata Józefa Słysza z żoną i córką. Gustaw pochodzi z Krakowa i większa część licznej rodziny nadal tam mieszka. Natomiast moja rodzina to rdzenni warszawiacy, niemający na szczęście uprzedzeń do Krakowa. Gustaw zostaje zaakceptowany bez zastrzeżeń. Powoli zaczyna stawać się warszawiakiem, naturalnie z miłością i sentymentem do swoich rodzinnych stron. Nasz warszawski dom staje się dla niego przystanią, z której nie chce już wracać do przeszłości. Chyba że we wspomnieniach. Zauważył kiedyś, że najlepsze wspomnienia piszą ci, którzy niczego nie pamiętają. Cudownie prawdziwy paradoks, ale co mam robić, kiedy pamiętam? Sprawy ważne i błahe, miłe i nieprzyjemne, umilające lub utrudniające codzienność. Jak w kalejdoskopie...

Na przykład ni stąd, ni zowąd rzucono, jak się wtedy mówiło, do sklepów kolorowe telewizory z importu marki Sony. Ludzie ustawiają się w kolejkach, my także i udaje się nam kupić to luksusowe cudo. „Zdobi" teraz pokój Gustawa i poza elegancką obudową podziwiamy wyrazisty, o pięknych kolorach obraz. Nareszcie Gucio ma wyłącznie swój telewizor, może do woli oglądać imprezy sportowe, przede wszystkim piłkę nożną. Gdy trwają ważne rozgrywki, na przykład mistrzostwa świata, nie mówiąc już o olimpiadach, nawet w teatrze tak planuje godziny spektakli, żeby nie pokrywały się z meczami. W ten sposób uszczęśliwia siebie, aktorów i widzów. Miłość do sportu upiększa mu rzeczywistość, a w kibicowaniu szuka ucieczki od codzienności. Bardzo emocjonalnie przeżywa każdy mecz, każde zawody. W gorączkowym zapamiętaniu wykrzykuje do telewizora niecenzuralne uwagi pod adresem zawodników i sędziów, kłóci się z nimi, łamie poręcze fotela, dzwoni do takich samych jak on kolegów kibiców i na gorąco wymieniają komentarze. Wypala przy tym po dwie paczki papierosów, niestety sportów, twierdząc, że są najzdrowsze, bo nieperfumowane. Dla mnie, osoby nigdy niepalącej, to istne tortury. Na nic zdają się tłumaczenia i prośby. Rozum śpi, a ja godzinami wietrzę mieszkanie, tyle tylko mogę zrobić dla naszego zdrowia. Cały świat wtedy pali bez opamiętania. Wystarczy popatrzeć na filmy. Na ekranie snują się kłęby dymu i im bardziej skomplikowaną psychikę ma postać, tym więcej pali, nim wypowie choć jedno słowo. Gustaw, mimo że dużo pali, nie uznaje papierosa jako aktorskiego środka wyrazu i unika palenia na scenie.

Inna wielka przyjemność, której oddaje się z upodobaniem, to karty. Gucio, znakomity gracz, nie siada do kart z przygodnym partnerem. Lubi brydża i pokera w doborowym towarzystwie. Traktuje karty jako wspaniałą rozrywkę, przy której odpręża się i ćwiczy umysł. Ulega nieodpartej magii talii kart. Nawet gdy jedzie w jednodniową podróż, zabiera je ze sobą. Namiętnie stawia pasjanse. Nigdy nie pytam, czy układa je po to, żeby rozwiązywać karciane łamigłówki, czy szuka w nich odpowiedzi na dręczące go pytania. Dopiero po latach odkrywam, że pasjans jest murem, który odgradza go od rzeczywistości, przenosi do innego świata. Stawia karty, a w myślach powtarza teksty sztuk, zastanawia się nad koncepcją ról, publicznymi wystąpieniami czy udzielanymi wywiadami. Nie przeszkadza mu, że siedzi przy kuchennym stole, a naokoło pulsuje domowe życie. Karty przenoszą go w inny wymiar. Ja natomiast nie znam się na kartach i mnie nie porywają. Wolę spędzać czas w inny sposób. Rzadko więc towarzyszę Guciowi na brydżowych spotkaniach. Idę tylko wówczas, gdy mnie o to prosi, zresztą Gustaw nie gra w karty często, dużo przecież pracuje.

Nasz zawód jest bardzo zaborczy. Wymaga psychicznej i fizycznej kondycji, podporządkowania się rygorowi i dyscyplinie. – W aktorstwie tak jak w sporcie – porównywał Gustaw – aby osiągnąć dobry wynik, trzeba przysposobić psychikę i wytrenować ciało. – Szczególnie w teatrze trzeba pogodzić indywidualne ambicje artystyczne i życiowe z istnieniem w zespole. Jedna z przedwojennych aktorek na pytanie, dlaczego nie ma rodziny, męża i dzieci, odpowiedziała: „Moim kochankiem jest teatr". W tej z pozoru żartobliwej odpowiedzi jest sporo prawdy. Trzeba poświęcać część prywatnego życia, żeby spełnić się zawodowo. Teatr też wiele daje: możliwość uczenia się i doskonalenia umiejętności w kontakcie z „żywą" widownią, pracę z ludźmi, z którymi osiąga się wspólny cel, poczucie, że nie jesteś sam, że w razie twórczych czy życiowych zawirowań masz na kogo liczyć. Dramatyczny jest takim teatrem, naszym drugim domem, inspirującym do pracy.

W połowie lat siedemdziesiątych Gustaw zaprasza do współpracy wybitnego reżysera Jerzego Antczaka. Miałam przyjemność poznać go wcześniej przy realizacji filmu *Noce i dnie*, w którym grałam Ksawunię Woynarowską. W Dramatycznym przygotowuje sztukę laureata Nagrody Nobla, O'Neilla, *Przyjdzie na pewno*. Nierealna, jak ze złego snu knajpa pełna niesamowitych ludzkich typów jest apoteozą świata czekającego na wybawiciela z nędzy, upodlenia i przeciętności. Główną postać, Teodora Hickmana, gra Gustaw, a w licznej, pozostałej obsadzie również ja, w roli prostytutki Cory. Pierwszy raz i jedyny zagrałam córę Koryntu. Przedstawienie, mimo tematyki traktującej o ludzkiej nędzy, jest pełne delikatnego humoru i poetyckiej siły, a rola Gustawa wysoko oceniona. Jerzy Antczak okazuje się nie tylko znakomitym, pełnym entuzjazmu w pracy reżyserem, lecz także świetnym kolegą i człowiekiem, z którym obcowanie jest prawdziwą przyjemnością. W trakcie pracy, z potrzeby serca, zaczynamy widywać się prywatnie z Jurkiem i jego żoną, świetną aktorką, Jadwigą Barańską, niezapomnianą hrabiną Cosel i Barbarą Niechcic z *Nocy i dni*. Nie wiedzieć kiedy zaprzyjaźniamy się na całe życie. Tak oddanej przyjaciółki jak Jadzia mógłby mi każdy pozazdrościć. Podstawą naszej przyjaźni jest lojalność, brak zawiści i autentyczna wzajemna troska i zrozumienie. Państwo Antczakowie mieszkają od lat w Ameryce i mimo dzielącej nas odległości czuję ich bliskość i serdeczność.

W Dramatycznym zaczyna też reżyserować Witold Zatorski. Według własnego scenariusza realizuje *Kubusia Fatalistę* Diderota. Pomysł oparł na kanonie komedii dell'arte. Główni bohaterowie to Kubuś – Zbigniew Zapasiewicz i Pan – Mieczysław Voit. Pozostali to kilkuosobowa obsada – Małgorzata Niemirska, Wiesław Gołas, Marek Kondrat, Marek Bargiełowski, Karol Strasburger, Maciej Damięcki i ja. Każde z nas ma grać po kilka różnych ról[35]. Ozdobą są piękne piosenki z tekstami reżysera i muzyką Stanisława Radwana. Jesteśmy pełni zapału i radości. Zabawa ze sceny przenika na widownię i nasz spektakl cieszy się ogromnym powodzeniem, trudno jest o bilety. Znam widzów, którzy wielokrotnie przychodzą na *Kubusia* – bawią się i jednocześnie słuchają mądrej filozofii Diderota. Przy pełnej widowni graliśmy ten spektakl przez sześć lat. Jego żywot przerwał dopiero stan wojenny.

Wituś Zatorski zajmuje w moim sercu specjalne miejsce. Serdeczny przyjaciel mój i Gustawa, wspaniały człowiek, świetny reżyser, któremu nasz teatr zawdzięcza kilka wybitnych przedstawień[36]. Praca z nim jest przyjemnością, a nie ciężkim mozołem. Nie wiem, na czym polegała tajemnica jego zawodowego podejścia, bo na pierwszy rzut oka nie reżyseruje. Nie męczy nadmiarem uwag, nie żąda szybkiego rezultatu, nie wymusza niczego, tylko jakby niechcący, bez nerwów, wydobywa z człowieka to, co jest najwłaściwsze dla danej roli. Tyle ma planów na przyszłość[37]...

Ról zagranych przeze mnie w telewizji są dziesiątki[38], Gustawa naturalnie więcej, ponad setka, a jeszcze spektakle przez niego wyreżyserowane. Kolosalna praca, a przecież wcale nie jest ani pilny, ani utrudzony. Jak to się zatem dzieje? Jakim cudem z tej niechęci do zabrania się do roboty od razu, z tego odkładania na ostatnią chwilę uczenia się na pamięć tomów tekstów, z tego wewnętrznego oporu do intensywnego próbowania na scenie powstają tak wielkie kreacje?

Kiedyś kolega po fachu zwierzył się Gustawowi z dręczącego go dylematu: – Wiesz, Guciu, umiem już rolę doskonale na pamięć, ale nie wiem, jak ją grać. – Gustaw ripostował: – Ja wprost przeciwnie, wiem, jak grać, ale nie umiem na pamięć. – Tajemnicę jego lenistwa trafnie i oryginalnie scharakteryzował Tadeusz Konwicki: „Jest właściwie cały czas w stanie spoczynku, na luzie. Akumulator ma wyłączony. Holoubek nawet nie lubi próbować, to znaczy kolektywnie przygotowywać spektaklu czy sceny filmowej. Gdzieś tam po swojemu uczy się roli, myśli o niej. Zresztą sądzę, że on myśli o pewnych rolach cały czas, ma je w sobie, ma je przygotowane do przedstawienia. Dlatego wymiguje się od normalnej, warsztatowej, rzemieślniczej roboty. Wykręca się bagatelizowaniem chwili. A wszystko po to, żeby w momencie wyjścia na scenę czy na plan filmowy uruchomić cały akumulator do końca. Porównywałbym Holoubka, niezbyt stosownie, do samochodu wyścigowego. Jest to maszyneria obliczona na ogromną moc w krótkich odstępach czasu"[39]. Gustaw uzupełnia, że najpierw dużo go kosztuje, żeby cokolwiek zrobić, a później w dzikiej desperacji rzuca się na pracę, aby wykonać ją jak najlepiej i jak najszybciej. Najchętniej jednak oddałby się przyjemnościom i związanej z nimi wygodzie, ale na szczęście, jak w walce karnawału z postem, drzemiącego w nim patentowanego lenia, jak o sobie mówi, pokonują wielki talent i osobowość. Czuwa nad nim i go prowadzi znak zodiaku – Byk. Ja, nieustający w walce wojownik – Skorpion, etapy tych zmagań obserwuję z wielkim zainteresowaniem.

Zatem przez całe lata nie wychodzimy z telewizji. Wrze tam jak w wielkim tyglu: programy teatralne, rozrywkowe, poetyckie, dokumentalne... Realizują wybitni twórcy, a wszyscy rozgorączkowani pracą, której efekty obejrzą miliony ludzi, a są przecież tylko dwa kanały. W „jedynce" ewenementem na skalę światową jest Teatr TV: różnorodność repertuaru, wyróżniająca się jakość premier, znani aktorzy. Na ten teatr czeka cała Polska. Poza bardziej poważnymi przedstawieniami teatru poniedziałkowego, we czwartki jest Teatr Sensacji, a w inne dni tygodnia farsy, komedie i powtórki. – Wydarzenie za każdym razem wyjątkowe – wtóruje mi we wspomnieniach Janusz Hellich. – Atrakcyjny, upamiętniający wybitne kreacje aktorskie, przyciągał przed telewizory niemal całą Polskę, sprawił, że rósł w narodzie zapał do teatru. Teatry były pełne, a aktorzy niezwykle popularni i podziwiani.

Gustaw znajduje w telewizji przystań, może realizować się jako aktor i reżyser. Pozycje, które wybiera, są ambitne i znakomicie przygotowane. Jedna z nich, dramat *Mieszczanie* Maksyma Gorkiego[40], to w pewnej mierze powrót Gustawa do swojego debiutu w katowickim Teatrze Śląskim, roli starca Pierczychina[41], która wówczas okazała się porywającą kreacją. Tym razem Pierczychina gra Bronisław Pawlik, a Gustaw przedstawienie reżyseruje.

W studiu telewizyjnym

W teatrze Ateneum, od lewej: Barbara Bursztynowicz, Gustaw Holoubek, Aleksander Bardini

Od czasów, gdy jako nastolatka występowałam „na żywo" w Młodzieżowym Studiu Poetyckim, uwielbiam pracę w telewizji. Otrzymuję interesujące role i cieszę się z możliwości zagrania wielu postaci, których nie dane jest mi zaprezentować na deskach tradycyjnego teatru. Tym razem telewizyjny teatr spełnia moje skryte marzenie – zagram córkę króla żebraków, Polly, w *Operze za trzy grosze* Bertolta Brechta. Po raz pierwszy song Polly śpiewałam w szkole teatralnej, w przygotowywanym pod kierunkiem profesora Aleksandra Bardiniego dyplomowym spektaklu muzycznym złożonym z piosenek i musicalowych arii[42]. Edward Dziewoński widział ten dyplom mojego roku i teraz, kompletując obsadę do telewizyjnego przedstawienia, które reżyseruje, spełnia moje marzenie. Gram Polly u boku Piotra Fronczewskiego – Mackie Majchra. Muzyka Kurta Weilla z *Opery* od zawsze mnie zachwyca, a Polly ponownie zagrałam kilka lat później w Teatrze Polskiego Radia.

Fascynacja Szekspirem

„Być teatrem – wielokrotnie mówił i pisał Gustaw – to nic innego, jak tylko powołać do życia iluzję. Zgoda na jej zaistnienie jest tak spontaniczna, że wystarczy ograniczyć się do umownych znaków, aby porozumieć się co do czasu i miejsca dziejącej się rzeczy. Tak było w teatrze greckim, w teatrze szekspirowskim i tak jest do dziś". Dlatego podstawą w teatrze jest dla niego klasyka, w której utworach bez względu na czas i temat można odnaleźć naczelne wartości: rozum, honor, prawdę, piękno, poezję i miłość oraz tajemnicę ludzkiego losu. Gustaw najpierw znajduje je w *Dziadach* Mickiewicza. Jest tym romantycznym dramatem zafascynowany. Od młodzieńczych lat marzy o zagraniu Gustawa-Konrada: uczy się na pamięć monologów i recytuje młodym przyjaciołom. Mimowolnie żyje tą postacią, nie przeczuwając, że to największe marzenie kiedyś się spełni w Teatrze Narodowym Kazimierza Dejmka.

Drugą wielką fascynacją jest twórczość Szekspira. Gustaw uważa tego jednego z najwybitniejszych dramatopisarzy i reformatora teatru za geniusza, który przybył na ziemię z innego wymiaru, a bogactwo wiedzy o człowieku zawarte w jego sztukach przekracza, Gustawa zdaniem, możliwości twórcze śmiertelników z naszej planety. Jak każdy młody aktor marzył o zagraniu Hamleta. Wcielił się w tę postać na deskach Dramatycznego[43]. Nie był jednak z rezultatów tej pracy zadowolony, mimo, a może dlatego, że przedstawienie sam także reżyserował. Twierdzi, że rozminął się z tragedią Szekspira i z rolą i nie wie, dlaczego tak się stało. Miał w sobie wielki potencjał artystyczny, intelektualny i emocjonalny, a mimo tego się nie udało. Tak bywa.

Po piętnastu latach od *Hamleta*, znowu w Dramatycznym, mierzy się z marzeniem aktorów w wieku średnim – z *Królem Learem*, dziełem o nieprzeniknionej tajemnicy ludzkiego losu, o bezsilności i kruchości szczęścia. Spełnienie tego marzenia proponuje Jerzy Jarocki, który w siedemdziesiątym piątym roku wyreżyserował w Dramatycznym *Rzeźnię* Sławomira Mrożka z Gustawem w roli Skrzypka. Szekspir to zawsze dla teatru wielkie święto i zapowiedź wytężonej pracy całego zespołu. Znajduję się także w obsadzie sztuki, w roli złej córki Leara, Regany. Czuję się wyróżniona – możliwość

Zapowiedź prasowa nowego przedstawienia w Teatrze Telewizji... →

EDMUND FIDLER

WŁODZIMIERZ PRESS

KAROL STRASSBURGER

EDWARD DZIEWOŃS

Szekspira WSZYSTKO DOBRE CO SIĘ DOBRZE KOŃCZY

w reżyserii Edwarda Dziewońskiego ● ze scenografią Małgorzaty Spychalskiej-Komar

13 maja w Teatrze TV

DANUTA SZAFLARSKA I JAN KOBUSZEW

Zdjęcia: Z. Januszewski

MAGDALENA ZAWADZKA I EDMUND FIDLER

WŁODZIMIERZ PRESS, JERZY MOLGA I CZESŁAW LAS

współpracy z tym reżyserem uważam za zaszczyt. Jerzy Jarocki wiele wymaga od tych, z którymi pracuje, ale przede wszystkim największe wymagania stawia sobie. W jego słowniku nie ma pojęć „nie mogę", „nie umiem", „nie dam rady". Gdy ktokolwiek z zespołu artystycznego czy technicznego używa takiego argumentu, reżyser osobiście udowadnia, że jest to możliwe. Trzeba tylko chcieć. Wymaga precyzyjnego wykonania stawianych zadań, zarówno od nas, młodych, jak i od starszych, wybitnych aktorów. Dążenie do doskonałości formy, perfekcja wykonania, w połączeniu z wielką wyobraźnią, są znakiem firmowym reżyserskich osiągnięć Jerzego Jarockiego. Cały zespół zgodnie się podporządkowuje, bo czuje, że z tej pracy narodzi się nadzwyczajny spektakl. I tak jest rzeczywiście. Wszyscy mamy ogromną satysfakcję, jak zawsze, gdy po trudach i zwątpieniach odnosi się sukces.

Lear Gustawa przechodzi do historii teatru jako jego wielka kreacja. Recenzenci podkreślają, że „Holoubek swą wielką sztuką pokazuje ponadczasowość Szekspira, usprawiedliwia potrzebę grania *Króla Leara* teraz i zawsze, dopóki człowiek będzie ulegał namiętnościom, dopóki będzie zdolny do podłości i do poświęceń"[44]. Chwalą, że „Lear w obłędzie to popisowe minuty Gustawa Holoubka: kruche, lekkie gesty, pastelowe wyciszenia, subtelność, niuanse, ledwie muśnięcia, ledwie kontury..."[45]. Zachwycają się polscy i zagraniczni widzowie, w rozmowach czy listach wyrażają podziw dla tej roli Gustawa, którą są zafascynowani. Rzeczywiście swą grą wręcz magnetyzuje publiczność. Jestem świadkiem, kiedy po jednym ze spektakli odwiedza Gustawa w garderobie brytyjski aktor i reżyser Peter Ustinov[46]. Z niekłamanym podziwem gratuluje mu tak oryginalnej i przejmującej interpretacji. Wiele scen ze spektaklu zapadło mi głęboko w pamięć: Lear buńczuczny i pewny siebie, Lear oszukany, Lear obłąkany. Do dziś brzmi mi w uszach pełen bólu i czułości głos Gustawa, który, niosąc na rękach martwą Cordelię[47], mówi: „I nie powrócisz już nigdy, nigdy, nigdy...". Zdarzają się również elementy rozrywkowe, które najbardziej śmieszą w tragedii. Gdy Lear władczym tonem zadaje pytanie: „Która z córek najbardziej mnie kocha?", zgodny chór młodych wesołków Dramatycznego niesłyszalnym dla widowni szeptem odpowiada: „Zocha". Jak Gustaw jest w stanie dalej grać, nie wiem, jednak nie pociąga to za sobą żadnych konsekwencji dyscyplinarnych. Śmiertelna powaga, z jaką co poniektórzy traktują swój sceniczny byt, jest mu całkowicie obca. *Król Lear* to piękne zwieńczenie trzydziestolecia pracy scenicznej Gustawa.

...cjalizmu jest

...n roku
produkcja
...cna" dla inwalidów

Samochodów Mało-
w Bielsku-Białej u-
się wysokie tempo
. Załoga FSM pomyśl-
zuje zadania planowe,
wartale br. dostarczyła
00 sztuk samochodów
9,5 tys. sztuk samocho-
, z czego 2,1 tys. sztuk
dostawczych dla potrzeb
myślnie zrealizowano
eksportowe, wysyłając
„Fiatów 126p" do RFN,
i Jugosławii.

w fabryce trwa ba-
unowocześnienie i po-
wyrobów oraz uspraw-
ooperacyjnych do pro-
a". Większość poczy-
kolektywu inżynieryj-
idzie w kierunku dal-
lenia „Fiata 126p".
użenia i estetyki wnę-
oraz stosowania no-
materiałów tapicer-
korzystnych w eksplo-

z FSM usilnie pra-
dłuższego czasu nad
ol „Fiata 126p", m. in.
Prace te prowadzone
bitnych specjalistów z
ilitacji, m. in. prof.
nstancina i ergono-
ogromne zaintereso-
isku ludzi kontuzjo-
u wypadków i scho-
dysfunkcji kończyn

fazie opracowano
których wybrano
ązanie techniczno-
technologiczne. W
ochód ten przej-
y i próby homolo-
cem br. można by-
ło wykonać już pierwszą serię infor-
macyjną.

Produkcję seryjną samochodów „Fiat 126p" dla inwalidów rozpocznie się z początkiem przyszłego roku.

JÓZEF KLIŚ

...zne święto 1-majow... roku 60 rocznicy W... ...listycznej Rewolucji Paź... ...nikowej. Będzie więc w tym ... 1-majowy pochód kolejną okazją zamanifestowania naszej solidarno... z międzynarodowym ruchem robot... czym, ze Związkiem Radzieckim, kr... jami socjalistycznymi i wszystkim... innymi państwami miłującymi pokój.

Jednym z ważniejszych momentów przygotowań do 1-majowego święta jest utrzymanie i umacnianie planowanego rytmu pracy. Wszystkie załogi zakładów pracy doskonale wiedzą, że najlepszą wizytówką ich fabryk jest dobry wynik produkcyjny. On

Dziś premiera!

Gustaw Holoubek król Lear

Dziś stołeczny Teatr Dramatyczny występuje z premierą słynnej tragedii Williama Szekspira „Król Lear". Dramat, któremu autor dał podtytuł „wiernie spisane dzieje żywota i śmierci króla Leara i jego trzech córek" nieczęsto gości w repertuarach teatralnych.

Na scenę Dramatycznego wprowadza Szekspirowskie dzieło (w nowym przekładzie Macieja Słomczyńskiego) reżyser Jerzy Jarocki. Scenografia Kazimierza Wiśniaka, muzyka Stanisława Radwana.

W tytułowej roli oglądamy Gustawa Holoubka w roli córek Leara — Jolanta Fijałkowska, Magdalena Zawadzka, Joanna Szczepkowska. Grają też m. in. Marek Bargiełowski, Piotr Fronczewski, Marek Obertyn, Józef Nowak, Marek Walczewski, Zbigniew Zapasiewicz.

Na zdjęciu — Gustaw Holoubek (Lear). (peg)

Fot. A. Szarkowski

Z „E...
dni...
w „E...
(Al. J...
wernisa...
NARF...
Wiecz...
ZBIGN...
UWAGA:
zamies...

...i w Teatrze Dramatycznym w Warszawie

Właśnie z *Królem Learem* i *Rzeźnią*, ku radości całego zespołu, nasz teatr zostaje zaproszony na tournée po Republice Federalnej Niemiec. Żeby obniżyć koszty wyjazdu, dyrekcja rezygnuje z udziału statystów, którzy w *Rzeźni* grają orkiestrę symfoniczną. Zastępują ich podczas tego tournée aktorzy i obsługa techniczna *Leara*. W *Rzeźni* zatem, w scenie koncertu, na pierwszym planie solista – Skrzypek Gustaw Holoubek, a wokół niego aktorzy z *Leara*, garderobiani i rekwizytorzy w galowych strojach z instrumentami w rękach. Gustaw w obu przedstawieniach święci triumfy. Gra dwie wielkie, diametralnie różne role. Widzowie Hamburga, Kolonii czy Essen podziwiają nie tylko jego talent, lecz sprawność fizyczną i siłę, które pozwalają mu „ciągnąć" te dwa olbrzymie spektakle.

Nigdy nie narzeka, ignoruje zmęczenie związane z podróżą i pracą, robi zwyczajnie swoje. Perfekcyjnie. Znajduje jeszcze czas na oficjalne spotkania, wywiady, bankiety, żarty, ma siłę i ochotę biegać ze mną po mieście w poszukiwaniu prezentów, wysiadywać w knajpkach, zajadając się pyszną niemiecką golonką z kapustą. Tak, Gustaw kocha życie i cieszy się każdym nowym dniem.

Wakacje, podróże

Od kiedy jesteśmy ze sobą, pewien problem rodzą wakacyjne wyjazdy. Gucio nie lubi niczego planować. Ma lęk przed ustaleniem czegokolwiek na parę miesięcy naprzód. Nie kieruje się żadną strategią, intuicyjnie czuje, że powinien być otwarty na wszystkie zadziwienia i zdarzenia, jakie niesie ze sobą życie. Kpi z Dudka Dziewońskiego, który w październiku całkiem serio pyta, co będziemy robić w maju. „Podchorąży zawsze zdąży", mawia Gucio beztrosko i zostawia wszystko na ostatnią chwilę, bo „jakoś się ułoży". Nie wytrzymuję ciśnienia i podgotowuję realizację wakacji nieco wcześniej.

Staramy się wyjeżdżać natychmiast po rozpoczęciu urlopu, żeby nie uronić ani jednego dnia. Zwykle rankiem pakujemy bagaże do samochodu i w drogę. Gustaw naturalnie prowadzi. Samochód był przez długie lata jego wymarzoną i nieosiągalną zabawką. Dostał ją, będąc już „dużym chłopcem", więc ma prawo cieszyć się jak mały chłopiec. Podczas jazdy odpoczywa. Lubimy zatrzymywać się po drodze na kawę i ciastko, bo Gucio uwielbia słodycze. Potem już, rytualnie, w Krakowie obiad i spacerek po rynku. To jest od kilku lat nasza stała trasa, latem bowiem przynajmniej na miesiąc jeździmy do Zakopanego. Pobyt w jego ukochanych Tatrach[48] zawsze pełen atrakcji: zjeżdża wyśmienite towarzystwo, z którym Gustaw zna się od lat, więc spotkaniom, wspomnieniom, różnym opowiastkom i naturalnie anegdotom nie ma końca. Głównymi animatorami rozmów są jak zwykle Gucio i Maciek Słomczyński. Chodzimy do kina i na kremówki do kawiarni na Krupówkach, oglądamy gościnne imprezy, obowiązkowo z corocznym Festiwalem Folkloru Ziem Górskich, na którym występują zespoły góralskie z całego świata i tak rewelacyjnie śpiewają i tańczą, że aż dech zapiera. Często wybieramy się na wycieczki w góry albo koczujemy nad strumykiem w Dolinie Chochołowskiej. Zbieramy jagody i maliny, czytamy, opalamy się. Ja, jak zwykle, do granic wytrzymałości mojej jasnej karnacji, bo wtedy nikt nie słyszał o dziurze ozonowej, a Gustaw umiarkowanie, w cieniu, na oliwkowo. Nigdy i nigdzie nie smakują mi tak poziomki ze śmietaną, jak w górskich schroniskach, gdy wracamy z wycieczek do domu. Przyjaciele Gustawa dziwią się, wręcz nie dowierzają, że tak chętnie i dużo chodzi. Cytują go z przeszłości: „Chodzą tylko pielgrzymi", i pamiętają, że przedtem całymi dniami siedział z nimi w kawiarni albo grał w karty do późnej nocy. Wiem, że wiele rzeczy robi dla mnie, ale sam też na tym korzysta: szczupły, sprawny, pełen energii, opalony i dużo młodszy niż wskazuje metryka. Te głupie cyfry i daty nijak się mają do prawdziwego, wewnętrznego wieku człowieka. Gustaw zawsze jest młody.

Zakopiańskie wakacje są najlepszym wypoczynkiem po całorocznej pracy i nerwach. Wprawdzie oboje lubimy ich powtarzalność, ale szukamy też innych wrażeń. Gustaw do tej pory niewiele jeździł po świecie. Wczesna młodość przypadła mu na lata wojenne. Potem zamknięte żelazną kurtyną lata pięćdziesiąte, ciężka choroba i ciągła praca. Ponadto w głębi duszy ma naturę krakusa, który nie lubi opuszczać „grodu ojców". Dopiero w Warszawie nabrał wiatru w żagle i pojechał na olimpiadę do Rzymu[49]. Wspominał ją jako niezapomniane przeżycie. Był jeszcze gdzieś na Zachodzie z Teatrem Narodowym, na festiwalach filmowych w Locarno i w Karlovych Varach, może gdzieś prywatnie... Chyba dopiero moja podróżnicza pasja wzbudziła w nim chęć do poznawania świata. W siedemdziesiątym szóstym roku jedziemy do Splitu w Jugosławii. Tam przekonuję się, jak bardzo Gucio jest konserwatywny w upodobaniach kulinarnych, wcale mu nie zależy na

poznawaniu innej kultury przez specjalności jej kuchni. Co sobota dyrekcja hotelu zaprasza gości na okazjonalną uroczystą kolację. Przy dźwiękach muzyki wychodzi w szyku bojowym sztab kucharzy w białych uniformach i wysokich czapach. Serwują wykwintne dania miejscowej kuchni. Na głównym stole pyszni się olbrzymi jak młyńskie koło homar, malowniczo ugarnirowany, obok zaś owoce morza. Wszyscy rzucają się na to dzieło sztuki, tylko Gustaw nawet nie patrzy w tę stronę. Nie znosi pływających w morzu „paskudztw", więc odchodzi do kącika sali, gdzie w wielkim naczyniu skromnie pyrkocze duszona wołowina. Jest odosobniony w swoim upodobaniu. Raz próbuję tego specjału z domowymi kluseczkami i przyznaję Guciowi rację – krab i sałatki z owoców morza przegrywają z przepyszną wołowiną.

Przede wszystkim jednak urzekają nas ślady starożytności. Rzymskie akwedukty, pałac Dioklecjana, stare miasto. Pojechaliśmy też zwiedzić Dubrownik, który w całości jest cudem ocalałą starożytnością. Wspaniale jest poczuć dotyk gładziutkich kamiennych płyt chodnika, po których lubię chodzić boso, daleką przeszłość, która niewzruszenie trwa do dziś.

Gustaw kochał góry i morze...
Magda też →

← Wierna ilustracja cytatu z *Wesela* Stanisława Wyspiańskiego: „Ubrałem się, w com ta miał"

Następnego roku wybieramy się samochodem do Włoch. Nie męczą nas ani podróż, ani zmiany miejsca pobytu, zwiedzanie czy dokuczliwy upał, bo jesteśmy zachwyceni wszystkim, co widzimy. Zastanawia jedynie dziwna senność, która ogarnia mnie nawet w środku dnia. Nie wiem dlaczego akurat we Florencji, której patronem jest święty Jan Chrzciciel, zaczynam przypuszczać, że nie podróżujemy już tylko we dwoje. Gdy wychodzimy z opery po spektaklu *Salome*, jeszcze pod wrażeniem śpiewu solistów i piękna wieczoru nad rzeką Arno, przeczuwam, że stało się coś nadzwyczajnego. Jestem w ciąży!? Dzielę się tą wiadomością z Gustawem. Z radości na zabytkowym moście, Ponte Vecchio, kupuje mi dwa pierścionki: jeden z kameą, drugi z owalnym koralem. Z cudowną niepewnością jedziemy w dalszą podróż, do Rzymu.

Gustaw wiedział, co kobiety lubią najbardziej...

Ale się dzieje...

1978–1979

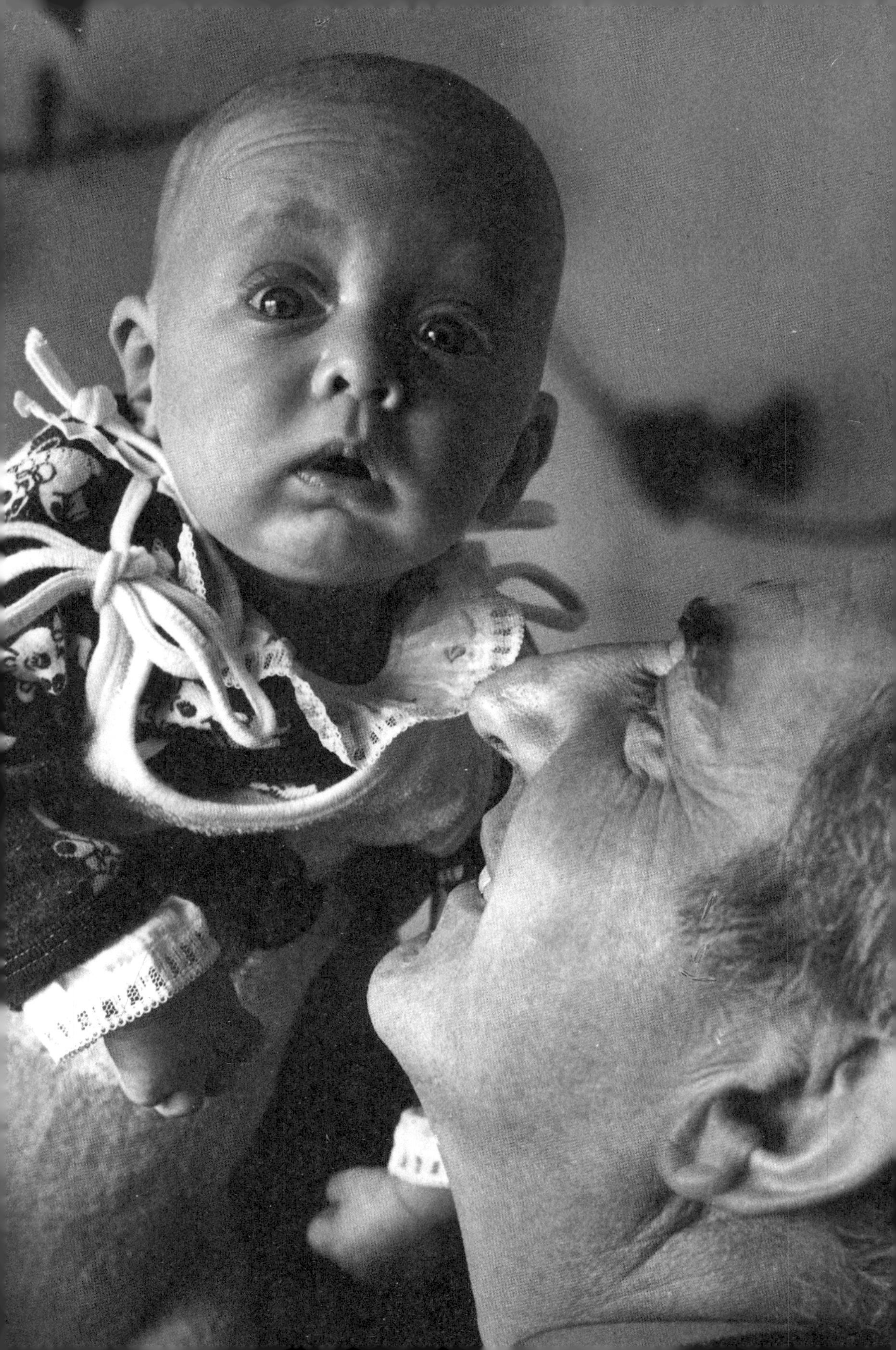

Witaj, Jasiu!

Po powrocie do Polski lekarz potwierdza moje przypuszczenie. Dopiero teraz możemy cieszyć się naprawdę. Gucieniek daruje mi wtedy chyba najbardziej wartościowy w życiu prezent – rzuca palenie!!!

W końcu siódmego miesiąca ciąży rezygnuję z pracy w teatrze. Wprawdzie miewam się świetnie, a kostiumy zgrabnie tuszują zaokrąglające się kształty, ale chcę mieć dwa miesiące oddechu, żeby tak naprawdę poczuć, co to znaczy być w błogosławionym stanie. Zapominam tylko o swoim charakterze – nie potrafię leżeć bezczynnie, żądać dla siebie ulg albo szczególnego traktowania. Uważam ciążę, jeśli nie jest zagrożona, za naturalny objaw zdrowia. Czuję się tak dobrze, że raz nawet zapominam o swoim odmiennym stanie i pcham samochód, który niespodziewanie zepsuł się na środku ulicy Książęcej, do tego pod górkę. Dopiero przechodnie włączają się do pomocy i uświadamiają mi lekkomyślność. Wszystko przez tę od lat zakodowaną w mojej głowie maksymę: „Najpierw poradź sobie sama. Dopiero gdy nie dajesz rady, proś o pomoc". Przy tym ta piekielna samodzielność, której uczono mnie od dziecka! Ta zdobyta przeze mnie w harcerstwie sprawność „sobieradka obozowego", brzmiąca dziś tak komicznie, jak co najmniej „turkuć podjadek". Jednym słowem: sama sobie szkodzę. Bo czyż nie wygodniej nic nie potrafić, być malutka i bezbronna? Pozorną bezradnością wymuszać wszelkie możliwe względy? Należeć do kobiet, które, jak pisał Eliot, wierzą, że dwa i dwa zmieni się w pięć, jeśli będą długo płakać i zrobią awanturę...

Te dwa miesiące poświęcam na przygotowania związane z przyjściem na świat dziecka, wiedząc, że potem nie będę miała na nic czasu.

← Jan i Gustaw Holoubek

Wypucowałam dosłownie wszystko, kupuję mebelki, sprzęty i wyprawkę dla Jasia, bo według Gucia, jeżeli urodzi się syn, żadne inne imię nie wchodzi w grę, a ja też je lubię, więc obydwoje nie zastanawiamy się ani minuty. Przeczytałam mnóstwo książek i nawet pierwszy raz w życiu udaje mi się obejrzeć angielski serial w całości, bo nareszcie mam wolne wieczory. Właśnie takiego miłego wieczoru, trzeciego marca siedemdziesiątego ósmego roku, gdy Gustaw poszedł grać w teatrze, poczułam się dosyć marnie. Zaczęły się bóle, które powtarzają się coraz częściej. Gustaw dzwoni co kilka minut, prosząc, żebym zaczekała, bo został mu do zagrania jeszcze ostatni akt *Króla Leara*. Jestem sama i boję się, że zacznę rodzić. Dzwonię do opiekującego się mną lekarza z prośbą o zawiezienie mnie do szpitala[50]. Gustaw, wiedząc, że nie ma mnie już w domu, jedzie po spektaklu do Halinki Friedmannowej i... płacze z bezradności, że właśnie wtedy, gdy jest tak bardzo potrzebny, nie może mi pomóc.

Nazajutrz, czwartego marca, w wolną gierkowską sobotę, o godzinie piętnastej, ujrzał świat nasz syn. Gdy tuż po porodzie widzę jego buzię z zamkniętymi oczkami, wzruszam się do łez, bo jest miniaturką twarzy Gucia. Na malutkiej łapeczce ma opaskę z napisem „Jan – syn Magdaleny" i aż chce się dopisać: „Jan – syn Gustawa". Natychmiast gnam do telefonu, żeby

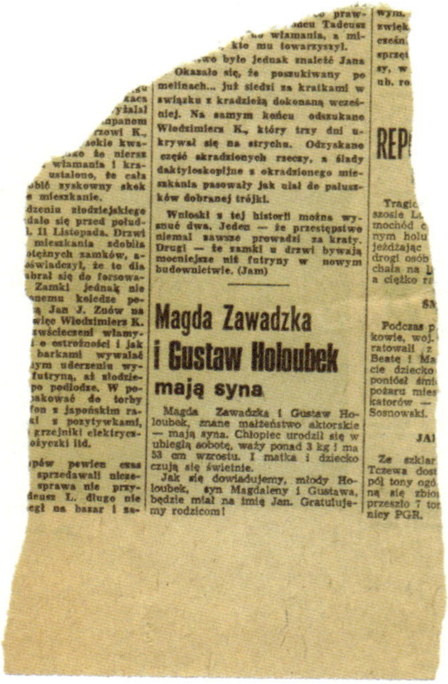

Magda Zawadzka i Gustaw Holoubek mają syna

Magda Zawadzka i Gustaw Holoubek, znane małżeństwo aktorskie — mają syna. Chłopiec urodził się w ubiegłą sobotę, waży ponad 3 kg i ma 53 cm wzrostu. I matka i dziecko czują się świetnie.

Jak się dowiadujemy, młody Holoubek, syn Magdaleny i Gustawa, będzie miał na imię Jan. Gratulujemy rodzicom!

Magda z Jaśkiem →

sama powiedzieć Guciowi, że ma synka. Studenci szkoły teatralnej, w której wykłada, opowiedzieli mi później, że szedł do telefonu, jakby mu się ziemia usuwała spod nóg. Wrócił w euforii. Gustaw nigdy o tym nie mówił, ale wiedziałam, że będąc ojcem dwóch córek, w skrytości ducha marzy o chłopcu, o kontynuacji rodu. I marzenie się spełniło. W tamtych czasach płeć dziecka jest nieznana do chwili porodu. Narodziny to moment wielkiej, prawdziwej niespodzianki. Gustaw nie może doczekać się ujrzenia synka, a wstęp na porodówkę surowo wzbroniony. Przemyca się jakimś cudem przebrany za salowego i widzi Jaśka przez szybę w drzwiach. Dopiero teraz czujemy się prawdziwą rodziną. Wariujemy ze szczęścia.

Moi rodzice i Halinka Friedmannowa natychmiast zgłaszają pomoc. Cały dom zaczyna się kręcić wokół małej istotki i wszyscy mamy pełne ręce roboty. A mała istotka całe noce płacze. Dopiero wspaniały pediatra, doktor Jerzy Kansy, ordynuje Jasiowi zupę. Nie żadną zmiksowaną papkę, przypominającą krem do golenia, tylko prawdziwą zupę z posiekanymi drobinkami mięsa i warzyw. Jasiek, mrużąc z rozkoszy oczka, połyka ją jak diabeł duszę i od tej pory normalnie zasypia, a my wraz z nim.

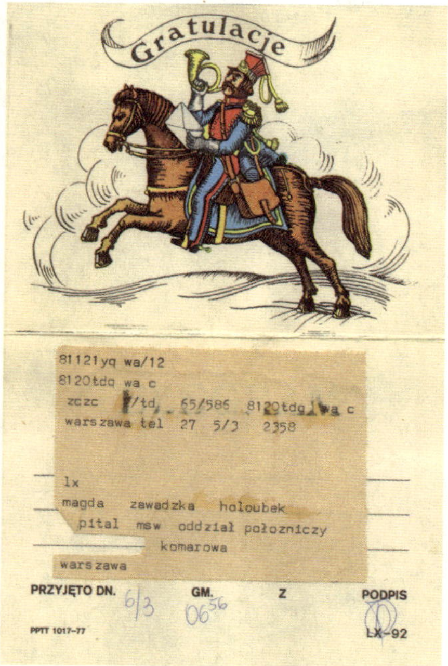

81121yq wa/12
8120tdq wa c
zczc /td 65/586 8120tdq wa c
warszawa tel 27 5/3 2358

lx
magda zawadzka holoubek
pital msw oddział położniczy
komarowa
warszawa

PRZYJĘTO DN. 6/3 GM. 06⁵⁶ Z PODPIS

PPTT 1017–77 LX–92

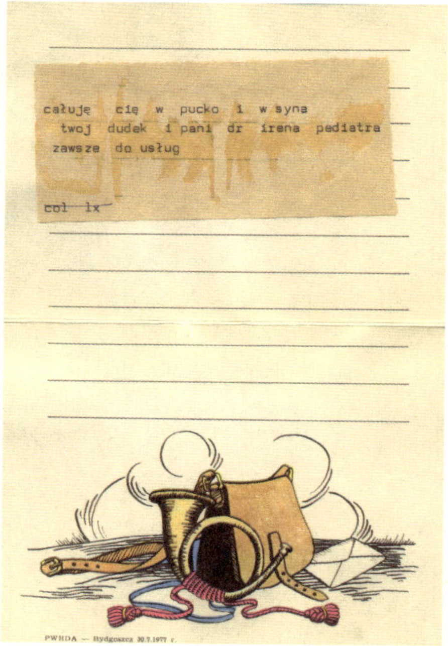

całuję cię w pucko i w syna
twoj dudek i pani dr irena pediatra
zawsze do usług

col lx

Gratulacje od Ireny i Edwarda Dziewońskich

s. 143–144 Szczęśliwe chwile →

Mam komfortową sytuację. Urlop macierzyński i następujące tuż po nim letnie wakacje w teatrze dają mi możliwość bycia z dzieckiem przez sześć miesięcy. Cieszę się tym bardziej, że przypadają na dwie najpiękniejsze pory roku – wiosnę i lato. Mieszkamy tuż koło Łazienek, więc spacery z dzieckiem w tym urokliwym parku, gdy wszystko kwitnie, pachnie i wabi kolorami, są samą przyjemnością. Gustaw bardzo mi pomaga w opiekowaniu się Jasiem, ale pracuje i nie ma zbyt wiele wolnego czasu. Dla telewizyjnego teatru przygotowuje rolę Chłopickiego w *Warszawiance* Wyspiańskiego[51]. Oboje zdajemy sobie sprawę, że gdy wrócę do pracy, potrzebna będzie na stałe pomoc do dziecka. Gustaw nie wyobraża sobie, że mogłabym zostać w domu i zrezygnować z zawodowych ambicji. Wręcz nalega, żebym jak najprędzej wróciła do grania. Dzieje się to szybciej, niż się spodziewałam.

Jeszcze podczas ciąży dostałam od Teatru TV propozycję zagrania Poli Negri w spektaklu napisanym przez Wiesławę Czapińską i Barbarę Wachowicz[52]. Ponieważ pisały *Politę* z myślą o mnie, zapowiedziały, że poczekają, aż urodzę, ale zaraz potem się przypomną. I tak się stało. Od pieluch, zupek i gaworzenia przenoszę się w fascynujący świat bogini ekranu, która z maleńkiego Lipna zawędrowała aż do Hollywood i dzięki talentowi i urodzie stała się prawdziwą gwiazdą o światowej sławie.

Chrzest Jaśka. Od lewej: Danuta Zawadzka, Stefan Friedmann, Jadwiga Barańska z małym Jasiem, Magdalena i Gustaw Holoubkowie, Warszawa 1978

Zdjęcia z uroczystości, która odbyła się w letnim domu Stefana Friedmanna, uwiecznionej na kolorowym filmie ORWO, już po kilku latach straciły prawdziwe kolory

Pola Negri jest moją pierwszą rolą zagraną w nowym życiu, bo od narodzin Jasia oboje z Guciem i całą rodziną jesteśmy inni. W czerwcu, w imieniny Jana, ksiądz Kazimierz Orzechowski chrzci naszego synka w kaplicy zakonu Sióstr Urszulanek. Na drugie imię dajemy mu Gustaw. Mimo niecałych czterech miesięcy podczas uroczystości zachowuje się nienagannie i ku naszemu zdumieniu w trakcie ceremonii polewania wodą nie płacze, tylko ziewa, a potem najzwyczajniej zasypia. Wraz z Jasiem przyjmują chrzest dwaj mali synowie Stefana Friedmanna – Wojtek i Filip. Stefan, syn naszej przyjaciółki Halinki, jest ojcem chrzestnym Jasia, a mamą chrzestną Jadzia Barańska.

Gdy wspominam te pierwsze miesiące życia dziecka, chciałabym cofnąć czas, czekać na każdy dzień przynoszący nowe niespodzianki – pierwszy ząbek, pierwszy kroczek, pierwsze słowo. Chciałabym znowu przytulić małą łysą główkę, spojrzeć w szeroko otwarte, ufne oczka, jakich już nie ma żaden dorosły. Trudno porównać przeżyte chwile szczęścia, ale przyjście na świat dziecka jest jedną z najcudowniejszych.

Z nowym sezonem wracam do swoich teatralnych ról, a Gustaw występuje w przejmującym filmie Edwarda Żebrowskiego *Szpital przemienienia*.

Zdjęcia realizowane są w szpitalu dla psychicznie chorych w Drewnicy. Gustaw w przerwie zdjęć poszedł na spacer do parku. Jedna z odwiedzających chorego zobaczywszy go, wykrzyknęła ze współczuciem: – Panie Holoubek, pan także?! – Nie chciała uwierzyć, że spotkanie w tym traumatycznym miejscu jest tylko przypadkiem.

Pewnie życie toczyłoby się swoim naturalnym rytmem, gdyby nie wydarzenie, które podniosło ducha w narodzie i spowodowało zbiorową radość i wzruszenie – wybór kardynała Karola Wojtyły na papieża. Szesnasty października siedemdziesiątego ósmego roku stał się symboliczną datą narodzin pokolenia Jana Pawła II, rocznika naszego Jaśka. Uroniliśmy z Guciem łzy szczęścia, wierząc, że nie spotka już nas, Polaków, nic złego, że jesteśmy pod tak wyjątkową opieką, że możemy mieć tylko nadzieję na lepsze jutro. A tu zbliża się tęga zima. Porobiłam na drutach śliczne malutkie czapeczki i sweterki dla Jasia, nie przypuszczając nawet, jak bardzo się przydadzą. W noc sylwestrową nadszedł potworny atak zimy, którego nie przewidziała nawet wszechwiedząca władza. Warszawę skuł mróz, a śnieg zasypał ulice i drogi. Brniemy przez wysokie pryzmy do niemal niewidocznego pod białym puchem samochodu, ale nie możemy nigdzie dojechać, bo drogi są nieprzejezdne. Kraj zostaje całkowicie sparaliżowany. Okazuje się również, że mimo propagandy sukcesu nie istnieje żadne bezpieczeństwo energetyczne państwa. Nagle przestają grzać kaloryfery, nie ma światła, gaz ledwo tli się w palniku. W ciągu krótkiego czasu przyjazne kąty naszego mieszkania stają się wrogie, betonowe ściany zieją lodowatym chłodem, przez nieszczelne okna wwiewa śnieg. Zalegają ciemności. Dopiero teraz rozumiem, w czym utwierdzili mnie rodzice, dlaczego kiedyś, mimo wojen i powstań, ludziom łatwiej było przetrwać. Mieszkali w prawdziwych domach budowanych z cegieł, kamienia czy drewna, a grube ściany, podwójne solidne okna, piwnice, w których przechowywało się przetwory, warzywa, węgiel do palenia w piecach, dawały gwarancję przetrwania ciężkich chwil. A my? Byle krach pogodowy – kompletne załamanie.

Oddajemy Jasia do Halinki Friedmannowej – mieszka ona w domu zbudowanym z cegieł i ma cieplutki kaflowy piec, przy którym stawiamy łóżeczko synka. Kryzysowa sytuacja jest dla nas sygnałem, że wcale nie będzie lepiej. Mimo że bardzo lubimy nasze mieszkanie, postanawiamy je zamienić na bezpieczniejsze, w starym budownictwie.

TATA

Rozsypały się szkiełka kalejdoskopu, błysnęły nowe wspomnienia...

Podróż życia

Z nastaniem wiosny Gustaw dostaje propozycję wyjazdu do Ameryki na stypendium Departamentu Stanu. Cieszy się, że będzie mógł zwiedzić Stany Zjednoczone na prawach gościa, którego wszystkie życzenia będą spełnione. Pierwszym jest uzyskanie zaproszenia i wizy również dla mnie. „Bez ciebie nigdzie nie pojadę", powtarza cichutko, raczej do siebie niż do mnie. Rzucamy się do studiowania mapy Ameryki i wytyczamy trasę podróży. Już na miejscu, w Waszyngtonie, w biurze Departamentu Stanu, ustalamy dalsze szczegóły. Początkiem naszego pięciotygodniowego pobytu mają być Waszyngton i Nowy Jork. Ograniczę się do kilku obrazów z tej podróży życia...

Waszyngton. Eleganckie miasto pełne zieleni, pomników chwały i bohaterstwa, szlachetnych w stylu rządowych budynków, z których najładniejszy, bo dosyć mały i przytulny, to Biały Dom. Zabytkowe stare miasto, Georgetown, przypomina dekorację z filmu. Wielkie wrażenie robi na nas posiadłość George'a Washingtona Mount Vernon nad Potomakiem: piękny stary dom, ogród, pod drzewem rodzinny grób prezydenta i ta niezwykła rzeka, płynąca niedaleko domu przez zielone łąki i szuwary. Podczas pobytu w Waszyngtonie towarzyszą nam nasi przyjaciele mieszkający tam od roku, Jadzia Barańska i Jurek Antczak.

W Nowym Jorku Gustaw marzy o zobaczeniu pierwszy raz w życiu musicalu na słynnym Broadwayu. Największe triumfy święci wtedy *Chorus Line*. Przedstawienie znakomite, w tej dziedzinie Amerykanie nie mają sobie równych. Po obejrzeniu zaś spektakli w tamtejszych teatrach dramatycznych

← Nad zatoką San Francisco ciągle wieje, a zdjęcia robione na filmie Kodaka po wielu latach zachowują kolory!

Przystanek: Kalifornia

Gustaw orzekł, że polscy aktorzy, reżyserzy i scenografowie nie muszą mieć kompleksów. Spotykamy się ze znajomymi, z Elą Czyżewską, Magdą Dygat z Andrzejem Dudzińskim, a wieczorami słuchamy muzyki w jazzowych klubach. Do niezapomnianych należy wspaniały koncert Urszuli Dudziak i Michała Urbaniaka, którzy wtedy mieszkali i pracowali w Nowym Jorku. Znowu jak przed czterema laty biegamy po mieście, odwiedzamy muzea i znajomych.

Na zachodnim wybrzeżu wybieramy trzy stany: Nevadę, Kalifornię i Arizonę. Gdy lądujemy w Las Vegas, w Guciu budzi się duch hazardzisty. Już przy wysiadaniu, w rękawie samolotu, dopada dosłownie „jednorękiego bandytę", ale to drobiazg w obliczu pokus, do jakich zachęca hotel Cezar. W recepcji, wielkiej jak hala lotniska, wśród świateł, aksamitów, złoceń i „antycznych" marmurów, zgromadzono wszystkie możliwe urządzenia do gier hazardowych. Wisząca w powietrzu gęsta, podniecająca atmosfera

Gustaw nie lubił morskich podróży, ale tu wygląda na zadowolonego →

wygranej i klęski wprawiała w wibrację nerwy ludzi skazanych na łut szczęścia. Gustaw odważnie siada do rulety, ale na szczęście od razu przegrywa i opamiętuje się, bo moglibyśmy stracić pieniądze na dalszą podróż. Najważniejsze, że posmakował gry w królestwie hazardu. Las Vegas jest również stolicą rozrywki. Właśnie w hotelu Cezar wybieramy się na rekomendowany przez wszystkich show Burta Bacharacha. Pełna widownia, miła atmosfera, wygodne kanapy, bezszelestni kelnerzy, a na scenie świetna orkiestra i główny gwiazdor. Dźwięk, światło – perfekcyjne! W porównaniu z tą techniką możliwości naszego Dramatycznego przypominają raczej manufakturę, w której tylko dzięki wytrwałości i pomysłowości dokonuje się cudów. Wychodzimy na ulicę i oślepieni zostajemy tysiącami, a może nawet milionami kolorowych świateł. Las Vegas żyje nocą i tylko nocą jest zjawiskowo piękne. W dzień, w ostrych promieniach słońca, czar pryska. Wszystko wygląda jak makieta, jakby cyrk odjechał.

My też odjeżdżamy do Kalifornii znanej nam z książek i filmów. Była dla nas przez wiele lat nieosiągalną krainą marzeń. W Los Angeles gościmy w rezydencji Belvedere znanej popularyzatorki sztuki i kultury polskiej Joli Czaderskiej-Hayek i jej męża Edwina Hayka, pilota samolotów pasażerskich. Jak głosi legenda, willa należała do Rudolfa Valentino. Usytuowana na jednym ze wzgórz Hollywood, tuż pod słynnym napisem, z widokiem na panoramę rozległego, niekończącego się miasta. Leżąc w wielkim łożu z baldachimem, które podobno należało kiedyś do boskiego Rudolfa, Gucieniek zadumał się. – Jakie to cudowne, że wszystko w życiu jest możliwe, że świat jest taki mały – podsumował. Przed wojną oglądał filmy z Valentino. Gwiazdor był daleki i nieosiągalny, Guciowi nawet przez myśl nie przeszło, że kiedyś, na drugim końcu świata, będzie spał w jego łóżku. Co rano schodzimy ze wzgórza na Hollywood Boulevard i stąpamy po słynnym chodniku, na którego płytach odcisnęły dłonie wielkie gwiazdy kina. Przymierzam swoją dłoń do ręki Poli Negri. Jest tak samo drobna. Odwiedzamy Akademię Oscara i poznajemy kilku jej członków. Jednym z nich jest nasz rodak, znakomity kompozytor, zdobywca Oscara za muzykę do filmu *Lili* – Bronisław Kaper. Gości nas w swoim domu, opowiada dziesiątki anegdot z planów filmowych, a przede wszystkim otacza typowo polską serdecznością, dzięki której czujemy się w Hollywood jak u siebie.

Zaproszono nas na plan aktualnie kręconego filmu, wydano wielki bankiet na naszą cześć z udziałem hollywoodzkich sław. Mamy przyjemność

W Hollywood

poznać słynnego przedwojennego polskiego reżysera Józefa Lejtesa. Zwiedzamy też giganta, jakim wraz z należącymi do niego terenami jest Universal Studio. Oglądamy zabytkowe już dekoracje ze słynnych filmów, jak chociażby z *Przeminęło z wiatrem*, kowbojskie miasteczka, popisy kaskaderów, różnorodne plenery, wodospady, groty i góry. Wszystko do dyspozycji wytwórni. Ciekawy jest pokaz trików technicznych użytych w *Supermanie* i *Szczękach*. I mimo że rozstępują się przed nami wody jeziora, a sztuczny rekin wyskakuje ponad taflę i rzuca się na łódź, którą płyniemy, największe wrażenie robi na nas osobista przyczepa należąca do Telly'ego Savallasa. Mieszczą się w niej trzy gustownie urządzone pokoje, kuchnia i łazienka. Pan Savallas mógł w każdej wolnej chwili, z dala od zgiełku i problemów ekipy, udać się do siebie, odpocząć w miłym i wygodnym otoczeniu, popatrzeć na rodzinne fotografie. W tamtych czasach dla naszej kinematografii jest to nieosiągalny luksus.

Jedziemy później krajobrazową autostradą wzdłuż wybrzeży Pacyfiku, mijamy bogate kurorty, przepiękne puste plaże, bo ludzie wolą opalać się w ogrodach własnych rezydencji i pływać we własnym basenie. A my lubimy pobyć na tej pustej plaży, patrzeć późnym wieczorem na ogromny, pomarańczowy księżyc świecący nad Santa Barbara, do połowy zanurzony w wodzie. Bardziej przypomina reklamę niż znanego z naszej półkuli bladego, pucołowatego gościa z zaświatów.

Podziwiamy stare, jak na Amerykę, hiszpańskie misje i kościoły, pozornie prostą i dlatego piękną konstrukcję mostu Golden Gate w San Francisco. Po wzburzonych falach zatoki San Francisco płyniemy wycieczkowym statkiem do owianego złą sławą, w przeszłości groźnego więzienia Alcatraz. Przekonuję się, że Gustaw, który obiecywał mi podróż statkiem dookoła świata, nie podoła takiej eskapadzie. Rozkłada go choroba morska, choć na zdjęciach wygląda na zadowolonego.

Ameryka jest krajem wspaniałej przyrody. Zwiedzamy rezerwat sekwoi i Park Narodowy Big Sur, gdzie góry wyrastają wprost z Oceanu Spokojnego, przez kilka dni oglądamy niesamowite miejsce, którego nie da się opisać słowami – Grand Canyon, jego potęgę i oszałamiające piękno o wszystkich porach dnia i nocy. Rozbawia nas Indianin w dżinsach i pióropuszu, który przyjeżdża samochodem z dołu kanionu po jedzenie do supermarketu. Przez pustynię Arizony, wśród kaktusów i kolorowych kwiatów, mkniemy samochodem do Phoenix. Pustyni, o której zobaczeniu marzyłam, prawdę mówiąc, prawie nie oglądam, ponieważ nieopatrznie, żeby móc przespać noc, o co trudno przy ciągłych zmianach stref czasowych, połknęłam pół malutkiej pastylki nasennej. Mój organizm, nieprzyzwyczajony do tego rodzaju leku, zareagował w sposób nieprzewidywalny: spałam na tylnym siedzeniu samochodu przez cały dzień, mimo przespanej nocy, i Gustaw wniósł mnie uśpioną do hotelu na własnych plecach. W mieście upał tak straszny, że wyjście z klimatyzowanego hotelu na ulicę graniczy z bohaterstwem.

Phoenix to ostatni etap naszej wielkiej wyprawy. Atrakcyjna, nowoczesna, pełna rozmachu, ogromna i młoda Ameryka zrobiła na nas wrażenie. Gustaw przez długi czas nie może się otrząsnąć z bogactwa doznań, jednak w obojgu nas obudziła się tęsknota za naszą starą Europą, za jej kruchym pięknem: zabytkami, starymi domami, strzelistymi kościołami, wąskimi uliczkami, za tym, co przetrwało tysiące i setki lat i ma duszę.

Na letnie wakacje chcemy wyjechać na tydzień na Majorkę. Moją mamę z Jasiem wysyłamy na całe lato do Bukowiny, a my po powrocie do nich dołączymy. Spędzenie wakacji w Bukowinie, a nie tradycyjnie w Zakopanem, uznaliśmy za lepsze dla Jasia. Zakopane to miasto, a dla dziecka zdrowsze i pożyteczniejsze są świeże powietrze, domowe jedzenie i swoboda. Chcemy, żeby Jasiek zobaczył rosnące na polu zboże, łąki, maliny i jagody w lesie, zwierzęta w gospodarstwie i żeby bawił się z dziećmi pod góralską chałupą. I zaznajomił się z górami, „wędrując" na naszych plecach w specjalnym nosidełku.

Dwa dni przed wylotem na Majorkę Gustaw prosi mnie, żebyśmy zrezygnowali z podróży. Nawiedził go w nocy zły sen i zląkł się, że to jakieś ostrzeżenie. Mimo że nie jestem ani uległa, ani zabobonna, w przypadku Gucia zawsze ustępuję. Nie chcę, żeby dręczył go niepokój. Odwołuję wyjazd w ostatniej chwili, choć przepada nam znaczna suma wpłaconych

Jasiek od dzieciństwa chodził po górach

pieniędzy. Od razu decydujemy się jechać do Jaśka i mojej mamy, do Bukowiny, w ciemno, nie mamy przecież wynajętego pokoju. Pakujemy do walizek dobytek na całe lato: ubrania na każdą pogodę, proszki do prania, książki, słowem wszystko, bo w sklepach nie można przecież niczego kupić. Radośnie wsiadamy do auta i odjeżdżamy... Bagaże zostają na ulicy... Dopiero w Krakowie, gdzie planujemy obiad, spostrzegamy, że mamy jedynie to, co na sobie. Jestem w szpilkach, Gucio w garniturze. Pozostawione bagaże oczywiście ktoś ukradł. Czeka nas ponura perspektywa nie tylko znalezienia mieszkania na wakacje, ale mozolnego zdobywania w sklepach najpotrzebniejszych rzeczy. Znowu dotkliwie odczuwamy skutki naszego roztargnienia. Chyba nas polubiło...! Zamiast czynić sobie wyrzuty, zaśmiewamy się z siebie samych.

Nieraz zastanawiałam się, jaką rolę w życiu pełni przypadek. Właściwie go nie ma, każde zdarzenie czemuś służy, po coś się dzieje i dlatego nie wolno go lekceważyć. Jest dotknięciem losu. Krzysztof Kieślowski powiedział kiedyś, że „na przypadek trzeba sobie zasłużyć".

Gustaw z przyjaciółmi u przyjaciół na wakacjach w Bukowinie Tatrzańskiej. Po lewej stronie w białych koszulach Hanna i Janusz Hellichowie, po prawej Zofia i Jan Budzyńscy

Stoimy w Bukowinie na zakurzonej ulicy, rozglądając się za mieszkaniem. Tak spotyka nas góralka. Nie ma już wolnych pokoi, jednak oddaje nam dwa swoje prywatne, dla nas i dla mamy z Jaśkiem, a sama zamieszkuje z rodziną w ciasnocie w bocznych pomieszczeniach. Od chwili tego przypadkowego spotkania Zosia i jej mąż Jasiek są bezustannie naszymi wielkimi przyjaciółmi. Ich dom, dzieci i cała rodzina są nam tak bliskie jak własne. Wrośliśmy w ich rodzinę, a oni w naszą. Prawdziwi przyjaciele, dar od Boga. A gdyby Gustaw nie miał złego snu, nigdy nie spotkalibyśmy na naszej drodze życia państwa Budzyńskich. I nie tylko ich. Akurat w tym czasie spędzają u nich wakacje goście z Warszawy z małymi dziećmi. Poznajemy Joannę i Janusza Kindlerów oraz ich kuzynkę Maję Lipowską. Nawiązujemy znajomość tak serdeczną, że przeradza się w przyjaźń, która trwa bez przerwy, również między naszymi dziećmi, już dorosłymi. Z racji sąsiedztwa na Mokotowie nazywamy siebie „grupą mokotowską". I jak tu nie wierzyć w przeznaczenie?

Po pełnych zabaw i radości wakacjach półtoraroczny Jasiek wygląda jak pączek w maśle, a my wracamy do pracy. Gustaw otrzymuje główną rolę w telewizyjnej realizacji *Kartoteki* Tadeusza Różewicza. Reżyseruje Krzysztof Kieślowski. Gustaw po raz pierwszy spotyka się z panem Krzysztofem i od pierwszych chwil ceni sobie tę współpracę. Podziwia jego twórcze interpretacje. Kieślowski wprowadza główną postać dramatu, Bohatera, w aktualnie istniejący świat: Pałac Kultury, ciasne mieszkania w bloku, ponure ulice pełne szarych, zagonionych ludzi. To prawie dokument, tak bliski reżyserowi. W tym do bólu realistycznym świecie pojawiające się z przeszłości Bohatera postacie i rozmowy z nimi tworzą klimat absurdu. Na tym tle Bohater, na przemian śmieszny i tragiczny, jest bardziej niż kiedykolwiek zrozumiały i przejmujący. Gustaw uważa tę rolę za bardzo ważną w swoim dorobku.

Ja natomiast rozpoczynam próby z reżyserem Romualdem Szejdem, który przygotowuje spektakl *Białych nocy* Fiodora Dostojewskiego. Gram Nastieńkę. Partneruje mi Andrzej Seweryn. Do tego romantycznego tekstu, odzwierciedlającego najdelikatniejsze i najczulsze odcienie miłości, Jonasz Kofta napisał do muzyki Jerzego Maksymiuka niezwykłe, przejmujące romanse. *Białe noce* graliśmy na różnych scenach w Warszawie, ale tak naprawdę są pierwszym przedstawieniem powstającego wtedy i działającego nadal teatru Scena Prezentacje.

W naszym domu panuje odświętny podniosły nastrój. Gustaw dostał zaproszenie na prywatną audiencję u Papieża i zaszczytną propozycję nagrania napisanych przez Ojca Świętego wierszy. Jest wzruszony perspektywą spotkania i rozmów z człowiekiem, z którym znał się jeszcze z czasów młodości, z Krakowa. Obaj panowie studiowali aktorstwo. Kochali teatr i Kraków, po którym chodzili – jak mawiał Papież – tymi samymi dróżkami. Mieli więc co wspominać. Wyjazd Gustawa do Rzymu jest także dla mnie przeżyciem, choć nie jadę do Watykanu. Z przejęciem więc słucham relacji po jego powrocie. Opowiada o szczególnym uczuciu zbliżenia z Bogiem, jakiego doznał, patrząc na Rzym z dachów Watykanu i spacerując z Ojcem Świętym po watykańskich ogrodach. Gdy gratulował Ojcu Świętemu pięknych wierszy, Karol Wojtyła z właściwym sobie poczuciem humoru odpowiedział: „Gdybym nie był papieżem, nikt by tego nie czytał". Jan Paweł II natchnął Gustawa wiarą i siłą. Dał mu błogosławieństwo na dalsze życie. To błogosławieństwo Ojca Świętego ma dla Gustawa ogromne znaczenie. Mimo ciężkich zdrowotnych zapaści i poważnych problemów potrafi cieszyć się życiem, kocha je i uważa za najwyższą wartość. Nawet teatr nie jest tak ważny jak życie. To właśnie codzienność z wszystkimi radościami, smutkami i obowiązkami daje mu twórczą siłę i pasję do pracy. Śmieje się z aktorów, którzy uważają się za pępek świata i wywyższają nad innych. Napisał kiedyś: „Teatr nie jest wszystkim. Jest pasjonującą przygodą, lecz nie warto dla niej porzucać życia. Trzeba żyć normalnie, a teatr traktować jako zjawisko odświętne, wielką przygodę, podczas której aktorzy i widzowie na moment zapominają o świecie realnym".

Paradoksalne, ale przy chęci korzystania z przyjemności, jakie daje życie, i utajonym lenistwie, o czym już wspominałam, jest tytanem pracy, jednym z najbardziej zapracowanych ludzi, jakich znam. I znów najtrafniej i pięknie napisał o nim Tadeusz Konwicki w *Kalendarzu i klepsydrze*: „Gucieńko był Gustawem – czarodziejem. Gucieńko nigdy nie próbował ról, to znaczy próbował, bezwstydnie markując. Gucieńko lenił się, a owo lenistwo było stanem ogromnej mobilizacji do czarodziejskiego seansu. Gucieńko lenił się, opowiadając krakowskie wice, grając w karty, chodząc na spacery, pogadując z przyjaciółmi. Gucieńko lękał się jak zarazy mieszczaństwa,

Z Kaliną Jędrusik w Castel Gandolfo, 1985

lękał się jak anemii pozy artystycznej, lękał się jak kalectwa pracowitej profesjonalności".

Wszystko udaje mu się pogodzić. Jakim cudem? Może dlatego, że jest spod znaku Byka, którego cechują odwaga, aktywność i pomyślność. A pewnie też z tego powodu, i tu następny paradoks, że mimo entuzjazmu towarzyszącemu wszelkim jego działaniom, w głębi duszy jest stoikiem. Do wszystkiego ma zdrowy dystans, którego uczy mnie przez całe życie. „Nie ma takiego nieszczęścia, które nie byłoby mniejsze od tego, które nastąpi", mawia. Dotyczy to również pojęcia szczęścia. Kieruje się zdrową zasadą Lwa Tołstoja: „Jeżeli chcesz być szczęśliwym, to bądź". Któregoś razu przysłuchuję się, jak pociesza koleżankę, którą porzucił mąż. Radzi, żeby nie płakała, tylko już zaczynała się cieszyć, bo wszystko ma złe i dobre strony. Zależy od punktu widzenia. Gdy się czymś zamartwiam, podpowiada: – Nie myśl o tym, samo się ułoży. – I się układa. Choroba, śmierć bliskiej osoby, wojna – to są dla niego prawdziwe problemy. Reszta rozwiązuje się sama. Nie przywiązuje też zbytniej wagi do wyrządzonych mu krzywd i świństw. Zapomina urazy i jest życzliwy dla tych, od których ich doznaje, a nawet im pomaga. Wierzy, że może uczynić ludzi lepszymi, dając im dobro w zamian za zło, oczywiście do czasu, bo gdy przebiera się miarka, kończy znajomość. Nie jest naiwny, widzi fałsz, ale jest ponad to, nie pielęgnuje złych wspomnień. W ten sposób uwalnia się od niepotrzebnych emocji, oczyszcza umysł i duszę. – Co mi z tego przyjdzie, że będę o tym pamiętał? – mawia. Ma rację, nic, ale nie każdego stać na taką wielkoduszność. Mnie nie.

Jestem zupełnie inna. Ponosi mnie. Rządzą mną emocje typowe dla Skorpiona. Nie umiem pogodzić się z nielojalnością, z zawiścią, niesprawiedliwością, agresywnością, dwulicowością. Buntuję się, męczę, wściekam. Pewnego razu, podczas wycieczki, Gustaw nagle zauważa: – Właśnie

Castel Gandolfo, 1985

mijamy miejsce twojego urodzenia. – Na drogowskazie widnieje napis: Piekielnik. Rozbawia mnie, śmieję się z siebie, gdy ponoszą mnie nerwy. Tak, Gucio jest życiowym filozofem, w prosty sposób we wszystkim potrafi znaleźć złoty środek. Bardzo staram się być pojętną uczennicą, ale mimo że chwali mnie za osiągnięcia, ciągle daleko mi do nauczyciela.

Hamlet i nasza codzienność

W Dramatycznym rozpoczynają się próby *Hamleta* w reżyserii Gustawa, z Piotrem Fronczewskim w roli tytułowej. Po raz drugi w życiu mam grać Ofelię. Doceniam, że Gustaw chce ze mną pracować. Nie musi, jak to bywa w parach reżyser–aktorka, ale chce. Jest to moja pierwsza i jedyna, jak się po latach okazuje, rola grana w teatrze pod kierunkiem Gustawa Holoubka.

Hamlet nie dawał mu spokoju. Po raz trzeci postanawia zmierzyć się z arcydziełem, które wymyka się jednoznacznej definicji. Dramat porusza tak wiele najważniejszych, uniwersalnych i ponadczasowych tematów, że istnieje pokusa interpretacji wszystkiego. Co to jednak znaczy – wszystko? Gustaw wyznaje zasadę, że „mniej znaczy więcej", że ograniczenie jest bardziej twórcze, gdyż zmusza do dokonywania wyboru. Za przykład podaje Flauberta, który więcej czasu poświęcił skreślaniu niż napisaniu *Madame Bovary*. Gustaw jest przeciwny umieszczaniu w dziele autora wszystkich pomysłów, jakie wpadną do głowy „twórczemu" reżyserowi, szczególnie wszelkiego rodzaju udziwnień. Treść sztuki jest podstawą, na której on, reżyser, i każdy z nas, aktorów, buduje swoją osobistą interpretację, niczym muzycy opierający się na stworzonej przez kompozytora partyturze. Szukamy formy dla wyrażenia treści, o co najtrudniej. Przeciwny jest przypisywaniu autorowi tego, czego nie ma w tekście, a już za zbrodnię uważa dopisywanie, szczególnie klasykom, współczesnych tekstów i komentarzy. To tak jakby dorzucić Mozartowi tu i ówdzie kilka nut na użytek obecnych wymagań i gustów. Nie znosi też efekciarstwa, często wyrażanego przez uwspółcześnianie na siłę dzieł, które przez swą wartość są zawsze i w każdej epoce współczesne i przez wieki czerpie się z nich odpowiedzi na dręczące ludzkość pytania. Nie wolno więc traktować widza jako głupszego od siebie i w celu przybliżenia tematu wkładać Hamletowi na głowę kask hokejowy, a Ofelię przedstawiać jako narkomankę. Tego rodzaju wybiegi Gustaw uważa za bardziej nikczemne niż twórcze. Cytuje bliskie mu słowa Stanisława Witkiewicza, ojca Witkacego: „Ludziom patrzącym z zewnątrz wydaje się, że sztuka jest to coś, z powodu czego trzeba ryczeć, przewracać oczami, upijać się i udawać rozpustnych. Tymczasem trzeba żyć, trzeba postępować po ludzku, żeby w ogóle móc uprawiać sztukę"[53].

Według mnie fenomen jego reżyserii i pracy z aktorem polega głównie na rozmowie. Nie reżyseruje, w dosłownym tego znaczeniu, choć zawsze jest doskonale przygotowany, tylko prowadzi dialog, i to często na tematy, wydawać by się mogło, luźno powiązane ze sztuką oraz interpretacją roli. Poszukuje metafory, poetyckiego uogólnienia ludzkich losów. Prosi, żeby uważnie czytać tekst, a potem mówić, mówić... Słowo, zawarte w nim treść i energię, uważa za najważniejsze. Żąda jego wyrazistości, a o graniu, we wstępnym etapie prób, lepiej żebyśmy zapomnieli. Nie wiadomo jeszcze wówczas, co ma się grać, zamyka się w ten sposób pole dla wyobraźni, która w miarę upływu czasu naprowadza na właściwy trop. Nie czeka więc na natychmiastowe efekty, nie wymusza ciągłej gotowości, bo rozumie naturalny wstyd i przeszkody, które trzeba najpierw w sobie pokonać. Rozmawiając i żartując, ośmiela. Tłumaczy, robi profesjonalne uwagi, proponuje sytuacje sceniczne i sprawia, że dylematy samoistnie się rozwiązują. Reżyserując, uczy. Pedagogiem jest świetnym! W niewytłumaczalny sposób aktorzy czują twórcze zamierzenia Gustawa. Powoli powstaje spójna całość.

W takiej atmosferze powstaje *Hamlet* kończącej się dekady lat siedemdziesiątych. Gustaw gra w nim postać Aktora. Jest na scenie podczas premiery, mimo że na dwie godziny przed spektaklem łamie prawą rękę. Ukrywa gips pod luźną szatą. W trzy dni po grudniowej premierze wkraczamy w lata osiemdziesiąte. *Hamlet* w reżyserii Gustawa Holoubka, bez szoków i udziwnień, naturalnie, biologicznie spójny z treścią i myślą autora, zwracający się do widzów jak do partnerów, znowu okazuje się dziełem na wskroś współczesnym, skrojonym na miarę naszych pełnych zdrady, hipokryzji i zniewolenia czasów. Święci triumfy nie tylko w Polsce, ale potem także za granicą, w Stuttgarcie. Zostaje wysoko oceniony przez europejską krytykę. Nasz teatr, mimo coraz bardziej widocznego rozkładu państwa i wszechobecnej cenzury, ma się nieźle.

Z każdym rokiem na urodzinowym torcie Gustawa ubywało świeczek →

Czas niepokoju

1980–1982

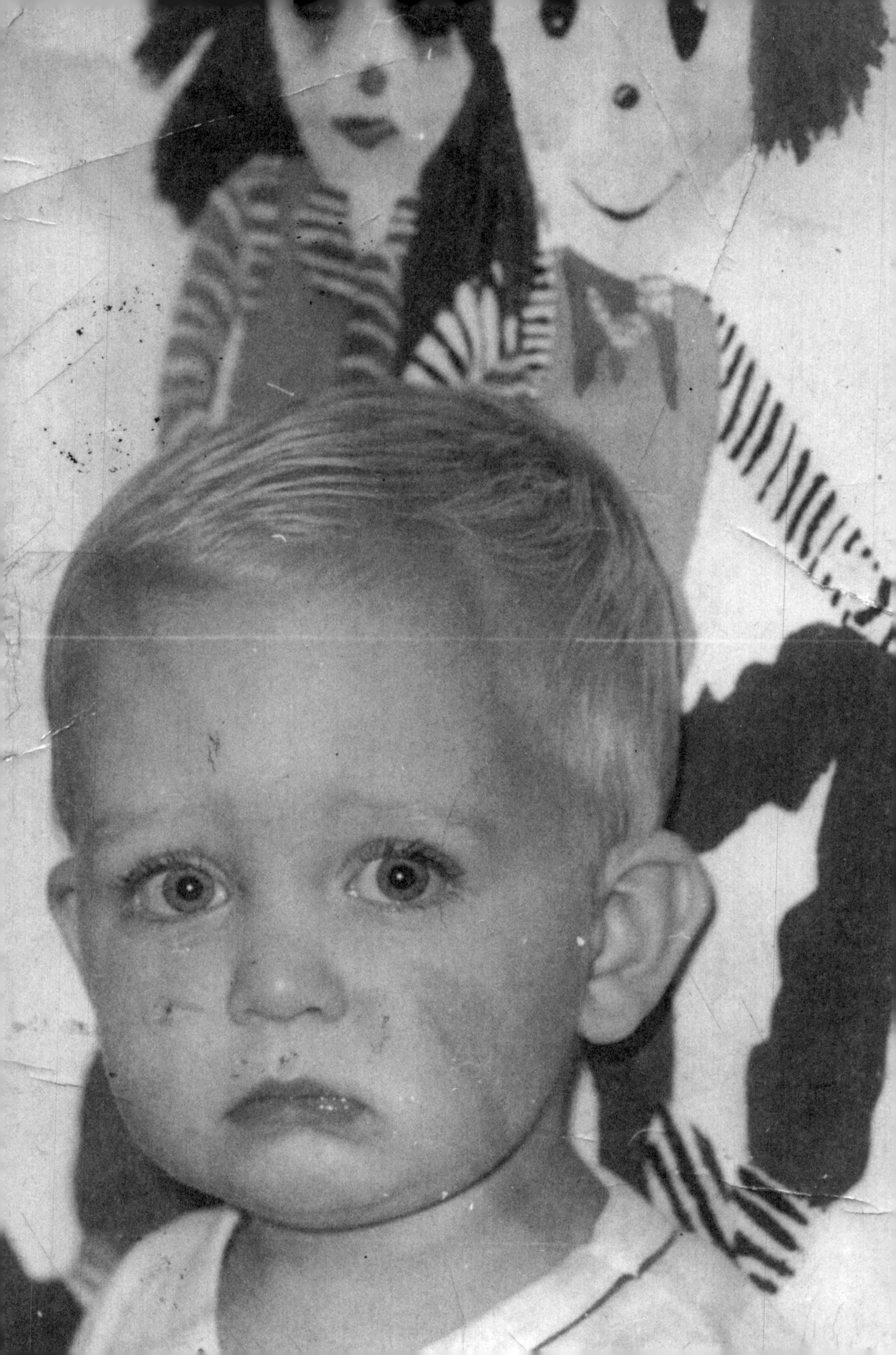

Szary dzień Peerelu

W pełnym niepokojów i zawirowań społecznych czasie początku lat osiemdziesiątych nasza praca jest najlepszym lekarstwem na niepewność i strach przed jutrem. Daje poczucie wartości, schronienie przed rzeczywistością i zapewnia materialny byt.

Gustaw brawurowo gra rolę Mistrza Fiora w *Operetce* Witolda Gombrowicza[54], którego sztuki po raz trzeci wystawia Dramatyczny. Nie udaje się stłamsić, skazać na milczenie i unicestwienie twórczości tego wielkiego pisarza. Okazuje się silniejsza od reżimu. Mnie natomiast radość i zadowolenie sprawia telewizyjna rola Kasi w pełnej naiwnego wdzięku i ludowej mądrości komedii Jana Drdy *Igraszki z diabłem*[55]. Gustaw w tym czasie reżyseruje dla Teatru TV jedno ze swoich ukochanych dzieł, *Kordiana* Słowackiego, i gra w nim postać Doktora. Nieraz mówił, że obcując z klasycznymi tekstami, czuje się tak, jakby zanurzał się w oczyszczającym, życiodajnym źródle.

Naszym źródłem szczęścia i radości jest Jasiek. Ukończył już dwa latka. Mamy z czego i dla kogo żyć w nie najweselszej dla Polaków rzeczywistości – braku poczucia bezpieczeństwa i stabilności. Dzięki Bogu jesteśmy zdrowi. „Życzę Wam zdrowia, a resztę kombinujcie", składa nam życzenia przy różnych okazjach Stasiek Tym. Zaczynamy więc nie tyle kombinować, ile myśleć o odskoczni od zagmatwanej codzienności Peerelu. Chcemy bliżej poznać okres starożytności, epokę ładu i harmonii. Gucieniek przywołuje czasy wczesnej młodości, kiedy to w krakowskiej szkole teatralnej historii sztuki uczył wybitny profesor Karol Frycz. Jego wykłady fascynowały

← Jan Holoubek, 1979

i rozbudzały wyobraźnię. Gucio wciąż pamięta jego opowieść o architektonicznym kształcie Bazyliki Świętego Piotra w Rzymie – kojarzył się profesorowi z młynkiem do kawy. Sugestywnie też mówił o barwach budowli starożytnej Grecji, teraz trudnych do odtworzenia, bo te, które ocalały, wyblakły aż do białości. Zachwycał się niezwykłą, tajemniczą przyrodą, w której żyją bogowie i są tak realni, że w każdej chwili z mgiełki i morskiej piany może wyłonić się Afrodyta, a Zeus, gdy się rozgniewa, ciska piorunami z Olimpu.

Jedziemy więc latem do Grecji, żeby to wszystko zobaczyć na własne oczy. Nie wiem, jakim cudem nasza łada, w której co chwila coś się psuło, wytrzymuje tę daleką podróż. Widocznie bogowie nam sprzyjają. Mimo jednak bogactwa wrażeń i zachwytu Gustaw w głębi duszy pozostaje lokalnym patriotą i żadne gaje oliwne, szafirowe morza czy spalone słońcem góry nigdy nie są dla niego piękniejsze od polskiej pełnej kwiatów i zapachów łąki, soczystej zieleni lasów czy ośnieżonych szczytów naszych gór. Mówi, że obce kraje podobają mu się tylko na chwilę, a potem tak bardzo tęskni do tego wierzbowo-kapuścianego zaścianka, że nie wyobraża sobie życia poza nim. Gdy ktoś narzeka na codzienność w Peerelu i ma wszystko za złe, prosi:
– Nie obrzydzaj mi mojej Polski.

Jasiek nie lubił się fotografować

← Zwykłe zdjęcie paszportowe Magdy i Jasia, wykonane „z marszu"
w renomowanym zakładzie fotograficznym, stało się ulubionym zdjęciem rodziny

A w naszej kochanej Polsce już od dawna dzieje się nie najlepiej, mimo że nachalna propaganda zapewnia o nieustannym rozwoju i sukcesie. Według statystyk należymy do czołówki gospodarczej Europy, a może nawet świata. Tyle tylko, że z Grecji przywozimy cały bagażnik podstawowych środków sanitarnych, rzeczy dla dziecka, banany i pomarańcze. Gdy wpływał do portu statek z cytrusami, ogłaszano tę wieść w Dzienniku Telewizyjnym. W naszych sklepach nie ma prawie nic, a jeżeli „rzucą" cokolwiek, ustawiają się kilometrowe kolejki. Zaczyna kwitnąć handel wymienny, a kupowanie „spod lady" staje się już wieloletnim zwyczajem. „Bierze" się wszystko, co wpada w ręce, na wszelki wypadek i na zapas, bo na pewno się przyda. Nasz Jasiek ma ubranka i buty, które będą pasować na niego dopiero za kilka lat. W jego przyszłościowej kurtce, którą przysyła mu z Ameryki Jadzia Barańska, jeżdżę na nartach przez kilka zimowych sezonów. W wielkiej cenie są krewni i znajomi na wsi, bo dostarczają brakującej żywności, a „baba z cielęciną", przynosząca ją wprost do domu, na wagę złota. Wprowadzono kartki

Bez ukochanego pluszowego Ciapka Jasiek nigdzie się nie ruszał

na cukier i regularne wykupywanie go sprawia, że mam w domu ogromne, zupełnie niepotrzebne zapasy. Mimo to Polacy nie tracą humoru. Krąży żart, że majtki będą mogły kupić tylko te kobiety, które pracują na drabinie.

Ci, którzy mają bony dolarowe, namiastkę obcej waluty, mogą zaopatrywać się w sklepach Baltony i Pewexu. Tam wszystko piękne, pachnące, nie tylko zagraniczne, jednak mało kogo stać na luksusy – szynkę w puszce, czyli naszego „Krakusa", francuskie perfumy czy oryginalne dżinsy. Jasiek jeszcze przez wiele lat myśli, że każdy sklep na Zachodzie, również kolorowy, pełen różnych drobiazgów kiosk z gazetami, to pewex. Wyjazd za granicę też jest swoistą loterią, bo paszport przetrzymują w biurkach urzędnicy Ministerstwa Spraw Wewnętrznych i oni decydują, czy zostanie przyznany obywatelowi. Na szczęście Gustawowi i mnie paszportu nie odmawiano.

Nienawidzę polityki, bo bez pytania włazi w nasze życie. Nie chcę mieć z nią do czynienia, ona pcha się do mnie, strasząc z gazet, radia, telewizora, ulicznych haseł i plakatów. Marzę, żeby spokojnie żyć i pracować. Gustaw też nie ma ambicji bycia politykiem, jest raczej politycznym kibicem. Nie zabiega o zaszczyty, co poniektórzy chcą mu wmówić. Same do niego przychodzą z racji wybitnego talentu i szacunku, jakim jest darzony. Nie wikła się w żadne koterie i układy. Posłem na sejm zostaje tylko dlatego, że jako wybitnego artystę, niekwestionowany autorytet i prezesa SPATiF-u desygnują go do władz przedstawiciele naszego środowiska. „Jestem przedstawicielem środowiska artystycznego – wypowiada się jako kandydat na posła. – Chciałbym, aby moja praca w sejmie przyniosła jakiś pożytek w tej sferze działalności, którą nazywamy twórczością (...). Aby obcowanie ze sztuką stało się nawykiem społecznym, aby twórczość artystyczna mogła stać się potężnym narzędziem, służącym humanizowaniu jednostki"[56].

Ma znaczne doświadczenie w działalności społecznej oraz talent dyplomatyczny. W rozgrywkach z władzą kieruje się intuicją i sumieniem. Rządowi zależy na dobrych kontaktach ze światem artystycznym, przedstawiciele władzy wręcz snobują się na twórców. Kultura staje się pewnego rodzaju wentylem dla społeczeństwa. Mimo że Gustaw jest posłem bezpartyjnym, cieszy się szacunkiem władz. Potrafi dotrzeć do rozsądnych ludzi, którzy naprawdę starają się mu pomóc, dlatego tak wiele może zdziałać dla naszego środowiska. Mandat posła nie powoduje zawrotów głowy, nie zmienia jego cech: skromności i uczciwości. Nawet mało korzysta z przysługujących mu przywilejów. Po paszport, zamiast zlecić załatwienie go kancelarii sejmu, stoi w kolejce w biurze paszportowym komendy milicji. Nie dolatuje na czas na pierwszą audiencję do Jana Pawła II, bo spóźnia się kilkanaście minut na odprawę celną i paszportową i nie wpuszczają go do samolotu. Nie przychodzi mu do głowy, żeby posłużyć się legitymacją poselską, która gwarantuje mu miejsce w samolocie i możliwość przybycia na lotnisko nawet w ostatniej chwili. Tłucze się potem przez wiele godzin pociągiem. Taki już jest Gustaw!

Nie mamy prawa narzekać. Dzięki dziesiątkom ról jesteśmy rozpoznawalni, otacza nas życzliwość i często otrzymujemy od ludzi bezinteresowną pomoc jako wyraz szacunku i wdzięczności za wzruszenia, których dzięki nam doznali. Na tym polega nasze uprzywilejowanie.

Pewnego dnia rodzina Holoubków znacznie się powiększyła, a Jasiek nauczył się pisać

Solidarność

Sierpniowy wielki solidarnościowy zryw, jednoczący cały naród, wsparty modlitwą i błogosławieństwem Papieża podczas jego pierwszej pielgrzymki w Polsce, „ruszył z posad bryłę świata". I te niezapomniane słowa, które Jan Paweł II wypowiedział do zgromadzonych tłumów: „Niech zstąpi Duch Twój i odnowi oblicze ziemi – tu genialna aktorska pauza – tej ziemi". Pełni wiary i nadziei na lepsze jutro zapisujemy się do Solidarności. Ani Gustaw, ani ja nie należeliśmy nigdy do żadnej partii, dopiero w tym autentycznym zrywie społecznym odnajdujemy swoje miejsce. Chcąc wesprzeć Solidarność, poseł Holoubek wygłasza we wrześniu osiemdziesiątego roku pamiętne przemówienie w sejmie. Wstrząsające nie tylko z racji intelektualnej i emocjonalnej treści, ale także pięknego słowa. Składa w nim hołd ludziom, którzy dali przykład całemu krajowi, formułując postulaty i żądając wywiązania się z nich przez władze. Analizuje przyczyny determinacji i buntu, wynikającego nie tylko z sytuacji ekonomicznej, w której nie istniał sprawiedliwy podział dóbr materialnych, ale także z zakłamania, pustych haseł, korupcji i pogardy dla rozumu oraz wiedzy człowieka pracy. „Skąd zebrało się w narodzie tyle bólu i buntu? – pyta dramatycznie. – Z utraty zaufania do rządzących. Propaganda ogłupiała naród. Wartości i ideały – patriotyzm, humanizm, socjalizm – sprowadzono do pustych haseł. Język propagandy był świadectwem pogardy dla narodu. Sfałszowano rzeczywistość. Wizyta Papieża wzmogła w narodzie tęsknotę za sprawiedliwością i prawdą i wywołała cud solidarności i siły. Zacznijmy budować ład". I końcowe przesłanie tego pełnego prawdy i nadziei wystąpienia: „Jedno dobre, prawdziwe słowo, jeden gest szacunku i miłości wobec siebie nawzajem Naród ten przekształca. Ujawniła to wizyta Jana Pawła II, który stał się dla Polaków uosobieniem tęsknoty za sprawiedliwością, prawością, duchową prawdą i który wywołał ów cud solidarności i siły. Niechże obecność owych cnót stanie się codziennością rządzących, a Polska odpowie obfitością plonów".

Przemówienie Gustawa wywołuje ogromny oddźwięk społeczny. Nagrane na taśmach magnetofonowych krąży po całej Polsce. Nieznane nam osoby przysyłają listy z podziękowaniami, a nawet telegramy. Oto jeden z nich: „Gratulujemy pięknej mowy w sejmie wyrażającej to, co myślą miliony Polaków – Zofia i Tadeusz Wyrzykowscy z Warszawy".

Święta, święta...

Nadeszły święta Bożego Narodzenia, przez Gucieńka najbardziej ukochane. Dopóki nie pojawił się na świecie Jasiek, wyjeżdżaliśmy do Zakopanego. Teraz postanawiamy spędzać je w domu z całą naszą rodziną, mieć własną choinkę, domowe, tradycyjne potrawy. Choinka musi być duża, bogato przystrojona, a pod nią pełno prezentów. Liczy się choćby najmniejszy drobiazg.

Choinkę kupuje pan domu i sam ją ubiera w Wigilię, przy zamkniętych drzwiach. Jasiowi przez kilka ładnych lat mówi się, zwyczajem krakowskim, a więc tradycji jego ojca, że to Aniołek stroi choinkę. Aniołek nieźle przy tej robocie bałagani i tłucze niejedną bombkę. Jasiek szaleje z ciekawości ujrzenia tego niebiańskiego przybysza. Podgląda przez dziurkę od klucza i szpary w drzwiach, ale nigdy mu się to nie udaje, dlatego dość długo w niego wierzy, tak jak w Świętego Mikołaja wchodzącego kominem z worem prezentów. Każdy z nas, także moi rodzice, stara się sprawić swoim podarunkiem jak największą radość. Nieważna cena, liczy się tylko wartość emocjonalna niespodzianki. Jeżeli chodzi o wigilijne potrawy, to hołdujemy tradycji, obowiązkowo muszą być śledzie pod wszelkimi postaciami, karp w galarecie i smażony, za którymi Gucio wprost przepada. Nie przyrządzamy tylko klusek z makiem, bo nikt z nas ich nie lubi.

Największy kłopot, i to przez szereg lat, sprawia Jasiek – w ogóle nie lubi jeść. Nie chce nawet spojrzeć na uszka i pierogi z kapustą, nie wspominając o grzybowej. W drodze wyjątku godzi się na czerwony barszcz, do którego specjalnie gotuję jego ulubione ziemniaki. Jak zaczarowany wpatruje się w leżące pod choinką prezenty. Raz dostaje dziecięcy rower. Tak się nim cieszy, że zabiera go na noc do łóżka. Koło czwartej nad ranem zajeżdża nim do mojego pokoju i parkuje przy komodzie. Gdy ma już kilkanaście lat, przywożę mu z Ameryki wymarzony żołnierski strój moro. W pełnym bojowym rynsztunku przesypia w nim kilka nocy. Ostatnim zabawkowym prezentem jest statek piracki z klocków lego. Wraz z nim Jasiek żegna dzieciństwo.

Wprowadzamy miły zwyczaj, że po kolacjach wigilijnych w swoich domach na herbatę, słodycze i śpiewanie kolęd przychodzi do nas córka Gustawa z mężem i synem. Jasiek urodził się, gdy Ewa była już dorosłą, zamężną kobietą. Jej syn Piotr przyszedł na świat dwa lata wcześniej niż

Jasio. Zatem Gustaw ma wnuka starszego od syna. Ta nietypowa konfiguracja rodzinna jest doprawdy zabawna. Jasiek jest wujkiem Piotrusia i szwagrem męża Ewy. Piotrek, mając około czterech lat, podczas wizyty u nas, popłakując, oznajmił: „Nie będę więcej przychodził do wujka Jaśka, bo wujek mnie bije". Na szczęście w ferworze zabawy szybko zapomniał o tej deklaracji i zawsze z okazji świąt, rodzinnych uroczystości albo tak po prostu bez okazji goszczą w naszym domu. Jasiek uważa Piotrka za swojego brata. Niestety, kontakty z drugą córką Gustawa, Magdą, nie są tak bliskie.

Jasiek nastolatek

Jej matka z mężem tuż przed stanem wojennym wyjechała do Niemiec, podjęła decyzję pozostania tam i szybko sprowadziła córkę. Gustaw bardzo przeżył wyjazd Magdy, bo w 1982 roku znaczyło to na zawsze. Przez następne lata listy, telefony i sporadyczne spotkania za granicą są namiastką więzi rodzinnych. Święta Bożego Narodzenia najdotkliwiej przypominają nam o jej nieobecności.

Wpadają też przyjaciele i znajomi, bez specjalnego zaproszenia, bo drzwi są dla wszystkich otwarte. Jedną z Wigilii uświetnia swoją obecnością z mężem i małą córeczką wybitna pianistka, Ewa Pobłocka. Na kupionym specjalnie dla Jasia pianinie Ewa przepięknie akompaniuje przy śpiewaniu kolęd. Gustawa ulubiona to *Bóg się rodzi*. Słuchając jej lub ją śpiewając, nie może oprzeć się wzruszeniu.

Gdy Jasiek trochę podrósł, w dzień po świętach wyjeżdżamy do Bukowiny, do naszych przyjaciół górali. Spędzamy w górach ponad tydzień, łącznie z sylwestrem i Nowym Rokiem. Nastrój sylwestrowej nocy w domu Zosi i Jaśka Budzyńskich jest zawsze niecodzienny i niezobowiązujący. Tuż przed dwunastą wychodzi się na stok i przy świetle pochodni i rac pije szampana, witając Nowy Rok z wszystkimi, którzy tam przychodzą. Rano idziemy z naszymi góralami, ubranymi w odświętne stroje, na uroczystą noworoczną mszę do kościoła. Przedpołudnia spędzamy na powietrzu, chodzimy na spacery, Jasiek i ja uczymy się jeździć na nartach. Po obiedzie Gustaw lubi posiadywać w ciepłej kuchni na pogaduchach z naszymi gospodarzami. Dobrze się z nimi rozumiemy, łączy nas poszanowanie wartości, poczucie humoru i te same poglądy polityczne. Dla Gustawa, jak sam mówi, to czas przebywania w innym, bardziej prawdziwym świecie, gdzie nie zmieniają się kryteria, co jest ważne, a co nieistotne. Czuje, że oddala się od niego wszystko, co zostawił w Warszawie. Prawdziwie odpoczywa. Ten rytuał letnich, zimowych i wielkanocnych wyjazdów w góry trwa przez wiele lat.

s. 179–180 Męska wyprawa w Tatry i nauka jazdy na rowerze w Stavanger, 1984 →

Chwytam wzrokiem rozproszone, mało barwne obrazki kalejdoskopu...

Strach myśleć, jak tu żyć

Po podpisaniu postulatów sierpniowych, mimo budzących nadzieję przemian, nie dzieje się lepiej. Choć mija już kilka miesięcy, nadal jesteśmy wstrząśnięci zamachem trzynastego maja 1981 roku na życie Jana Pawła II, za którego wciąż się modliliśmy, żeby wrócił do pełnego zdrowia. Jest dla wszystkich wzorcem moralnym, duchowym przywódcą i gwarantem nadziei na lepsze jutro dla Polski. Ta niepewna przyszłość i teraźniejszość stają się coraz bardziej zatrważające.

Ludzie nie mają perspektyw. Sklepy nadal świecą pustkami, rosną ceny, wprowadzono kartki na dodatkowe artykuły spożywcze, a nawet higieniczne. Pojawiają się pogłoski o zakręceniu kurka gazowego i możliwej wojnie. Zaczynamy się bać zamknięcia granic. W codzienność wkradł się strach o najbliższą przyszłość. Trzeba jednak jak zwykle sprawować obowiązki rodzinne, wychowywać dziecko, utrzymywać dom, pracować. W tym nerwowym osiemdziesiątym pierwszym roku Teatr Dramatyczny wystawia *Skiz* Gabrieli Zapolskiej w reżyserii ogromnie lubianego przez cały zespół Witka Zatorskiego. Cztery genialnie napisane role to Lulu – Barbara Kraftówna, Tolo – Gustaw Holoubek, Wituś – Piotr Fronczewski i Muszka – czyli ja. Witek Zatorski intuicyjnie czuje, że unowocześnianie *Skiza*, odczytywanie go na nowo jest tylko psuciem doskonałego, na wskroś współczesnego dzieła. Błyskotliwy, pełen mądrości, humoru i erotyzmu dialog, znakomita znajomość ludzkiej psychiki i genialnie skonstruowana intryga to podstawowe wartości sztuki. Na Festiwalu Sztuk Polskich w Opolu zgarniamy wszystkie nagrody: za cztery główne role, reżyserię, scenografię i muzykę. Żartowano,

← U Papieża z pielgrzymką środowisk twórczych, 1985

że tylko mały epizod lokaja nie został nagrodzony. Ogólnopolska prasa nie raczy odnotować tego wydarzenia, bo nasz teatr jest już źle postrzegany przez władze. Właściciele Polski Ludowej – tak nazywał ich Gustaw – doskonale znają jego poglądy polityczne i wiedzą, że nigdy nie był, nie jest i nie będzie ich człowiekiem. Jako prezes SPATiF-u i dyrektor teatru, chcąc cokolwiek załatwić dla tych instytucji, jest zmuszony do kontaktów z tą władzą, bo innej nie ma. Odważnie robi swoje, jest naprawdę kimś znaczącym, więc stanowi dla niej zagrożenie.

Gustaw poza *Skizem* gra Tartuffe'a w *Świętoszku* Moliera w reżyserii Marka Walczewskiego i Superiusza w *Pieszo*, najnowszej, świetnej sztuce Sławomira Mrożka w reżyserii Jerzego Jarockiego, a Teatr Telewizji wprost zarzuca go propozycjami ról[57]. Cieszy nas ta mała stabilizacja, daje poczucie spokoju. Staramy się wbrew wszystkiemu myśleć optymistycznie. Nie na długo nam tego optymizmu starcza...

Niespodzianka pana generała

Czujemy, że coś nadciąga. Niby każdy dzień jak co dzień... Nawet udało się nam wreszcie zamienić nasze mieszkanie na większe, w przedwojennym budownictwie. Niestety, wymaga generalnego remontu. Porywamy się z motyką na słońce. Skompletowanie ekipy, która w miarę uczciwie wykona to zadanie, zakrawa na cud. Przez kilka miesięcy trwa koszmar pilnowania placu budowy, zdobywania w sklepach potrzebnych materiałów i sprzętów, użerania się z fachowcami. Zaczynamy odczuwać brak pieniędzy, bo remont pochłania każdą kwotę. Los nam tu też sprzyja: drugiego grudnia osiemdziesiątego pierwszego roku wprowadzamy się do nowego mieszkania. Wpadamy w wir sprzątania, rozpakowywania rzeczy i ustawiania mebli. Miłe, ale bardzo męczące zajęcie. Wieczorem dosłownie padam z przemęczenia. Przez dziesięć dni jestem wyłączona z życia. Jaśkiem w tym czasie zajmują się moi rodzice. Dwunastego grudnia mieszkanie jest na tyle uporządkowane, że idę spać z poczuciem dobrze spełnionego obowiązku. Gustaw natomiast przez całą noc pisze referat, który ma wygłosić nazajutrz, w niedzielę rano, na Kongresie Kultury Polskiej, trwającym od dwóch dni w Teatrze Dramatycznym. Umawiamy się, że przyjdzie do domu na obiad. Wraca niemal natychmiast i od progu wypowiada groźnie brzmiące słowo: „Wojna!". Kongres rozwiązany, teatr zamknięty, na ulicach wojsko i czołgi. Rzucamy się do telefonu – nie działa, radio charczy niezrozumiałe komunikaty, na ekranie telewizora z pasków i mrówek wyjarza się generał Jaruzelski i w krótkim, wojskowym raporcie do narodu wyjaśnia konieczności i dobrodziejstwa wprowadzenia stanu wojennego. Nie rozumiemy, co to znaczy i co nam wszystkim grozi. Gustaw jest tak roztrzęsiony, że pierwszy raz po czterech latach zapala papierosa. Od tej chwili już nie przestaje palić.

Przyjeżdżają moi rodzice z Jasiem i oddychają z ulgą, że widzą Gustawa ze mną w domu. Dopiero od nich dowiadujemy się, że w nocy zabrano ludzi z mieszkań i aresztowano. Bardzo się bali, że spotkało to również Gustawa. Wymiana informacji następuje szybko, co chwila odwiedzają nas znajomi. Z braku benzyny rozpoczyna się wędrówka ludów. Wszyscy wyruszają na zwiady. My też. Pod wieczór mamy już rozeznanie, jaki zgotowano nam koszmar. Nie wiadomo tylko, na jak długo. Pierwsze dni upiorne. Nie wiemy, jak żyć w nakazach i zakazach, zawartych w groźnych dekretach stanu wojennego. Zamknięte teatry, rozwiązany ZASP i inne stowarzyszenia oraz związki twórcze. Z powodu remontu jesteśmy zadłużeni, do drzwi pukają robotnicy czekający na zapłatę, a banki nie wypłacają pieniędzy. Resztki prawa i wolności przestają istnieć, demolują ludziom życie: zakaz wyjazdu z miasta, godzina milicyjna, telefon na podsłuchu z hasłem „rozmowa kontrolowana", na co Gustaw zawsze uprzejmie odpowiadał: „Kto rozmowę kontroluje, niech mnie w d... pocałuje". Drogę ku socjalistycznej, szczęśliwej przyszłości wyznaczają nam świecące węgielki stojących na przystankach koksowników, a grzejące się przy nich wojsko i ZOMO strzegą porządku.

Zbliżają się, tym razem smutne, święta Bożego Narodzenia. Spotyka nas niezwykle miła, podnosząca na duchu niespodzianka – natychmiastowa pomoc zaprzyjaźnionego z Dramatycznym teatru Thalia z Hamburga. Jego dyrektor, Boy Gobert, przysyła ogromny transport paczek żywnościowych z najpotrzebniejszymi produktami, nawet możemy upiec chleb. Przyjaciele Hania i Janusz Hellichowie też ślą nam z Norwegii dary, które zapewniają byt przynajmniej na miesiąc. Ponadto załatwili transporty paczek dla całego zespołu Teatru Dramatycznego. Ludzie zaczynają sobie bezinteresownie pomagać, rozumieć i czuć dużo więcej niż dotychczas. Nieszczęście ustawia właściwą hierarchię wartości – nagle doskonale rozróżniamy, co jest naprawdę ważne, a co powinno zejść na plan dalszy. Wyzwalają się pokłady wrażliwości, siły i odwagi, uczucia, o które niejeden mógł siebie nie podejrzewać. W tych trudnych czasach sprawdza się nasze człowieczeństwo.

Prawie wszystko już jest na kartki, nawet buty i słodycze. Prawdziwą czekoladę trudno zdobyć, a moi dwaj chłopcy – mały Jasio i duży Gucio – są łasuchami. W domu zawsze mieli jakieś łakocie albo choćby bombonierkę z nadziewanymi czekoladkami zwanymi przez Gucia pralinkami, a w stanie wojennym można kupić jedynie brązowo-szary gniot ulepiony z odpadów cukierniczych, oficjalnie zwany wyrobem czekoladopodobnym. Jasiek błaga: – Babciu, mamo, nie kupujcie mi czekolady ze sztucznego włókna.

Jeszcze pod koniec listopada rozpoczęłam w telewizji próby do spektaklu dla dzieci składającego się z wierszy. Liczna obsada, świetne teksty wybitnych poetów. Do trzynastego grudnia odbyło się kilka prób. Myślałam, że wprowadzenie stanu wojennego automatycznie rozwiązuje umowę z telewizją. Niestety, po pewnym czasie zostajemy wezwani na spotkanie. Przed wejściem do gmachu legitymują nas umundurowani i uzbrojeni żołnierze. W środku czujemy się prawie jak w koszarach, tak wiele osób chodzi w mundurach. Budzi to nasze przerażenie. Na próbie, bez wstępnych uzgodnień, każde z nas odmawia pracy w zmilitaryzowanej instytucji. Decyzje są indywidualne, nikt nas do tego nie namawia ani nie przymusza. Nie stosujemy się do żadnej odgórnej dyrektywy. Po prostu czujemy, że nie możemy pracować, udając, że nie widzimy tego, co się wokół dzieje. Ta odmowa to naturalny bunt przeciwko zakłamaniu i manipulacji, sprawa sumienia. Musimy zająć stanowisko: nie jesteśmy tylko ludźmi do wynajęcia, ale odpowiedzialnymi obywatelami. Kieruje nami zwykła ludzka uczciwość i sumienie. Ten odruch jest powszechny, postępujemy tak jak większość kolegów i koleżanek współpracujących z telewizją. Władze stanu wojennego określają tę postawę mianem bojkotu!!!

Każdy ma swoje zainteresowania... →

SPORT

Uroki stanu wojennego
1982–1983

Jednak to bojkot

W połowie stycznia pozwolono kilku warszawskim teatrom, w tym Dramatycznemu, wznowić działalność. Naturalnie pod nadzorem – po kątach czai się jakiś dziwny człowiek, niby komisarz wojskowy, ale nikt się nim nie przejmuje. Jesteśmy zadowoleni, że możemy pracować, że powracamy do jakiejś normy. Szczęśliwa jest też publiczność. Przychodzi do teatru tłumnie, jako do źródła prawdy, jakby na znak protestu przeciwko środkom masowego przekazu. Brawa i kwiaty rzucane na scenę są oznaką poparcia i szacunku za postawę wobec radia i telewizji. Tych, którzy wspierają stan wojenny obecnością w mediach, publiczność karze „odrzuceniem": w momencie ukazania się na scenie nie wygwizduje, tylko wyklaskuje. Kara perfidna, ale elegancka. Aplauz trwa tak długo, aż aktor musi zejść ze sceny. To dla niego śmierć cywilna. Na szczęście w naszym teatrze nie dochodzi do takich incydentów.

Gramy dotychczasowe spektakle i rozpoczynają się próby do kolejnych. Premiery, mimo na pozór odległej tematyki, wymownie przylegają do naszych obłąkanych czasów. Poetycki dramat *Mord w katedrze* T.S. Eliota nawiązuje do średniowiecznego misterium. Niezwykłość pomysłu reżysera Jerzego Jarockiego polega na zainscenizowaniu spektaklu nie w teatrze, lecz w warszawskiej katedrze Świętego Jana. Teatr Dramatyczny ma pozwolenie na zagranie tam tylko sześciu przedstawień. Do trudności związanych z wystawieniem sztuki w naturalnym wnętrzu dochodzą organizacyjne: godzina milicyjna i związane z nią przepustki dla aktorów, obsługi teatralnej

← Kabaret „Pod Egidą" na występach w Sopocie odwiedzili Lech Wałęsa i ksiądz Henryk Jankowski

i publiczności. Warto jednak ponieść wszelkie koszta i znieść niedogodności. Atmosfera spektaklu wprost niesamowita: połączenie nuty świeckiej z religijną. Treść sztuki, mówiąca o przemocy władzy, wpisuje się w obecną rzeczywistość, napięcie rośnie w miarę rozwijającej się akcji. Znakomici aktorzy, wśród nich w głównej roli Thomasa Becketa, arcybiskupa Canterbury, który stanął na czele opozycji przeciwko królowi Henrykowi II – Gustaw Holoubek. Gdy wygłasza płomienne kazanie z ambony, publiczność wstrzymuje z wrażenia oddech – brzmi, jakby mówił do obecnej władzy własnym tekstem, nie Eliota. Paniczny strach ogarnia nas wszystkich, gdy słyszymy walenie w żelazne drzwi katedry. Dobijają się do nich królewscy rycerze, jednak nam nasuwa się jedno skojarzenie – ZOMO. Opowiada Andrzej Łapicki, grający w tym spektaklu Rycerza I Reginalda Fritza Urse: – Z drużyną rycerzy łomotaliśmy w drzwi katedry mieczami, a stojący na ulicy zomowcy krzyczeli: Co się tam dzieje?! Mordowałem Holoubka i wygłaszałem przemówienie, że wprowadzamy teraz twarde prawo: rozejdźcie się do domów i słuchajcie zarządzeń władzy. Te cytaty z Eliota były jakby przeniesione z rozporządzenia o stanie wojennym, ludzie to wspaniale odbierali"[58]. Spektakl jest naprawdę wyjątkowy i niezapomniany. Potwierdza jeszcze jedną starą prawdę, że historia lubi się powtarzać[59].

Któregoś wieczoru na spektakl *Pieszo*[60], w którym Mrożek w sposób groteskowy i tragiczny pokazuje początki powstawania Polski Ludowej i rodzący się komunizm, przyszedł zwolniony z interny Lech Wałęsa z towarzyszącymi mu osobami. Jeszcze przed spektaklem publiczność wita go owacją. Przedstawienie robi na nim duże wrażenie i chcąc wyrazić swoje uznanie, wchodzi do nas na scenę. Brnie przez błoto, stanowiące główny element dekoracji, żeby uścisnąć nam dłonie. Na koniec podnosi palce w znaku zwycięstwa i pozdrawia publiczność. Victoria! Widzowie szaleją z entuzjazmu, a my, schodząc ze sceny za kulisy, prawie płaczemy, wiedząc, że nie zostanie to ani Gustawowi, ani teatrowi darowane.

Duchowy azyl, gdzie rozbrzmiewają poezja, piosenka i muzyka, tworzy w stanie wojennym ksiądz Andrzej Przekaziński w Muzeum Archidiecezji Warszawskiej przy kościele pod wezwaniem Świętej Trójcy na Powiślu. Oboje należymy do grupy artystów bliskich sercu księdza, więc zaprasza nas na występy poetyckie. Gustaw specjalnie dla muzeum przygotowuje, wraz z grupą kolegów, w reżyserii Marii Chwalibóg, *Beniowskiego*, z którym potem jeździ po Polsce. Ja występuję w wieczorze poświęconym poezji Mickiewicza.

Muzeum Archidiecezji jest czymś ważniejszym niż tylko miejscem przeżyć kulturalnych. Dzięki księdzu Andrzejowi i Hani Skarżance tworzy się przyjazny, ciepły dom, w którym spotykamy się, żeby po przyjacielsku pogadać, pomodlić się, poświętować. Tu rozmawiamy o tym, o czym nie wolno mówić oficjalnie. Tu odnajdujemy kontynuację atmosfery Teatru Dramatycznego. Nasz Jasiek uwielbia przychodzić z nami, ponieważ ksiądz ze stoickim spokojem i czułością znosi jego ognisty temperament. Tu spędzamy kilka niezapomnianych sylwestrów i w atmosferze wybaczenia i radości witamy z księdzem kolejne nowe lata. A występy w przytulnych salach muzeum, w otoczeniu dzieł sztuki i przed doborową publicznością są wielką nobilitacją.

Od pewnego czasu odczuwamy, że nasz teatr jest na indeksie. Gustaw uchodzi za reakcjonistę, teatr uważają za siedlisko kontrrewolucji – gra się tu kontrowersyjne sztuki, absolutnie nie po linii partii. – Czujemy się jak na mini-Titanicu – dzieli się refleksją Gustaw. Jesteśmy świadomi, że zostaniemy rozbici. Gramy w atmosferze pożegnań i schyłku. Na dodatek spreparowano pogłoskę, że Holoubek gromadzi w podziemiach Pałacu Kultury broń. Równie idiotyczna, jak niebezpieczna plotka. Mimo to pozwolono teatrowi wyjechać z *Pieszo* na festiwal teatralny do Berlina Zachodniego. Władza bywa łaskawa. Odnosimy tam sukces. Jesteśmy też z Gustawem szczęśliwi, ponieważ na berlińskie przedstawienie przyjeżdżają z Norwegii jego dawno niewidziani przyjaciele – Hellichowie, którzy w siedemdziesiątym trzecim roku wyjechali z Polski, a których teraz poznaję. Po spektaklu zapraszają nas do polskiej restauracji. Rozmowom i wspomnieniom nie ma końca. Kiedy chcą zapłacić, okazuje się, że jesteśmy gośćmi właściciela restauracji, który wielbi Gustawa. „To był niezapomniany weekend – pisał potem w liście do nas Janusz Hellich. – Znów widzieliśmy i podziwialiśmy was wszystkich na scenie".

Nie zawsze jednak podczas tego pobytu jest nam radośnie i miło. Zza muru berlińskiego, od strony zachodniej pomalowanego na kolorowo, widać pas ziemi niczyjej, zasieki, strażników pod bronią i smutne bloczydła Berlina Wschodniego. Towarzyszy nam świadomość, że wracamy do naszego świata, który wygląda tak samo. Wprawdzie w osiemdziesiątym drugim roku zawieszono stan wojenny, ale nie bardzo wiadomo, co to znaczy – czy jeszcze jest, czy już go nie ma. Nasze prywatne życie też naznaczone jest przykrymi incydentami. W nocy budzą nas telefony z pogróżkami. Dostajemy pismo z prokuratury, kwestionujące własnościowe prawo do naszego

Letnie wakacje w Tatrach z przyjaciółmi Hanną i Januszem Hellichami

mieszkania. Grożą nam eksmisją albo dokwaterowaniem lokatorów. Dokumenty zamiany i kupna mieszkania w dziwny sposób zniknęły z biura administracji. Kradną nam spod domu samochód, który po pewnym czasie odnajduje się ni stąd, ni zowąd na milicyjnym parkingu. Szukano jakiegokolwiek pretekstu, żeby utrudnić nam życie. Na początku lat siedemdziesiątych, gdy jeszcze nie byłam żoną Gustawa, kupiłam kawałek ziemi pod Warszawą. Leżała odłogiem, nawet jej nie ogrodziłam. Zarosła krzakami i chwastami, a okoliczni mieszkańcy zaczęli tam wysypywać śmieci. Któregoś dnia w stanie wojennym pod dom sołtysa zajechał samochód z miejscowymi władzami i prokuratorem. Zażądano wskazania posiadłości i willi pana Holoubka. Sołtys pokazuje im zaniedbany skrawek ziemi i uprzejmie wyjaśnia, że należy on nie do pana Holoubka, tylko do pani Zawadzkiej. Nie wiem, co jest powodem tej inspekcji, ale rozczarowani i wściekli przedstawiciele władz odjeżdżają z piskiem opon. Ten incydent tak nas mobilizuje, że z czasem na złość porządkujemy działkę, a dużo później stawiamy na niej letniskowy domek.

s. 195–197 List dyrektora Teatru Dramatycznego w Warszawie Gustawa Holoubka
do prezesa Rady Ministrów Wojciecha Jaruzelskiego w sprawie likwidacji teatru, 1982 →

1.XII 82

Prezes Rady Ministrów
Polskiej Rzeczypospolitej Ludowej
Generał Armii Wojciech Jaruzelski

Warszawa

1395/82

Szanowny Panie Premierze!

W związku z zamierzoną likwidacją Teatru Dramatycznego Miasta Stołecznego Warszawy i przekazania jej pomieszczeń na rzecz "Teatru Rzeczypospolitej", pozwalam sobie zwrócić uwagę Pana Premiera na następujące fakty i okoliczności:

Teatr Dramatyczny m.st. Warszawy zajmuje w geografii teatralnej naszego kraju miejsce szczególne. Nie będzie mi, mam nadzieję, poczytane za nieskromność stwierdzenie, że w opinii społecznej, a także w opinii środowiska teatralnego, krytyki i teatralnych ośrodków zagranicznych uchodzi on za jedną z najwybitniejszych polskich instytucji teatralnych. W ciągu trzydziestoletniego bez mała istnienia związany był mocno zarówno z historią powojennej Warszawy - której był pierwszym, reprezentacyjnym teatrem miejskim jak i, ogólniej, z historią Polskiej Rzeczypospolitej Ludowej; jej przeobrażenia w działalności swojej najściślej wyrażał i odzwierciedlał. Teatr ten w stopniu większym niż jakikolwiek inny ma prawo mienić się współtwórcą i dziedzicem tej tradycji, gdyż na podstawie jego losów, rozwoju i przeobrażeń można prześledzić i scharakteryzować dzieje kultury teatralnej w minionych latach trzydziestu.

Na deskach tego teatru występowali najwybitniejsi aktorzy - Irena Eichlerówna, Zofia Rysiówna, Ryszarda Hanin, Jan Świderski, Zbigniew Zapasiewicz, Andrzej Łapicki, Wiesław Gołas, Józef Nowak, Piotr Fronczewski; prezentowali swoje prace znakomici reżyserzy - Konrad Swinarski, Kazimierz Dejmek, Jerzy Jarocki, Ludwik René; scenografowie - Jan Kosiński, Zofia Wierchowicz, Ewa Starowieyska; kompozytorzy - Witold Lutosławski i Tadeusz Baird. W chwili obecnej skupia on wybitny, dobrze zharmonizowany i wyważony zespół, zarówno artystyczny jak i techniczny, stanowiąc wzorcowy poniekąd model dla innych teatrów polskich. Osiągnięcia tego teatru a także panująca w nim atmosfera dobrych stosunków koleżeńskich, wydajnej i pełnej poświęcenia pracy, wysuwają go na poczesne miejsce w życiu teatraln naszego kraju. Stan ten nie został osiągnięty wysiłkiem jednego czło wieka, w przeciągu krótkiego czasu; narastał on latami, jest owocem pracy wielu oddanych mu ludzi, ich wspólnym dorobkiem i chlubą.

Sprawdzianem jego osiągnięć jest wysoka frekwencja, jed z najwyższych w kraju, sięgająca w chwili obecnej, tak przecież dla życia teatralnego niełatwej, 90%. Zawdzięcza to Teatr Dramatyczny zarówno kształtowi artystycznemu prezentowanych spektakli, jak i zw zanej z nim własnej publiczności, którą - wypracowując swój kształt i oblicze - równocześnie wykształcał i pozyskiwał.

Zamiaru likwidacji tej właśnie, tak mocno wrośniętej w tradycje powojennej Warszawy placówki, niesposób ocenić inaczej, niż jako wielkiej krzywdy wyrządzonej Miastu, Teatrowi, związanej z nim publiczności. Tryb powiadomienia dyrekcji i zespołu naszego tea o zamierzonych decyzjach - lakoniczny komunikat w Dzienniku Telewiz nym - wywołać musi nasz głęboki sprzeciw i wzmocnić poczucie krzywd

Nie jest rzeczą naszą wnikać w zasadność decyzji o p wołaniu nowej placówki teatralnej pod nazwą "Teatr Rzeczypospolitej" Niemniej jako wieloletni gospodarze i współorganizatorzy "Warszaws kich Spotkań Teatralnych" mamy, jak sądzę, prawo zauważyć, że dokłada liśmy wszystkich wysiłków i starań, aby na naszej scenie prezentowa najwybitniejsze spektakle teatralne z ośrodków pozawarszawskich; zadanie to, w odczuciu społecznym, spełniliśmy rzetelnie i dobrze. Wszystkie w zasadzie godne uwagi spektakle przez te ośrodki przygot wane prezentowane były ponadto na innych scenach stołecznych, w ramach występów gościnnych. Jest moim głębokim przekonaniem, podziela tak przez znaczną część krytyki jak i środowiska teatralnego, że ni jest problemem brak możliwości prezentowania tych teatrów w Warszaw lecz wręcz przeciwnie - skąpy i incydentalny jedynie udział teatrów warszawskich w ożywieniu kulturalnym ośrodków pozastołecznych.

Na koniec pozwalam sobie zauważyć, że projekt likwida Teatru Dramatycznego, którym od lat dziesięciu kieruję, zbiega się z 35-leciem mojej działalności artystycznej i zaiste gorzką stanowi nagrodę za trud i wysiłek jaki w kształtowanie tego teatru, być może zaś i ogólniej, w kształtowanie współczesnego teatru polskiego - włożyłem.

Szanowny Panie Premierze!

Biorąc pod uwagę dobro opisanej placówki, a tym samym, ośmielam się stwierdzić - dobro teatru polskiego, instytucji, która jest przedmiotem naszej najwyższej troski i najgłębszych patriotycznych uczuć, proszę uprzejmie o wpłynięcie na zmianę decyzji likwidującej działalność Teatru Dramatycznego m.st. Warszawy. Znając Pana, Panie Premierz osobiste zainteresowanie sprawami kultury, czemu tak często i tak owocnie dawał Pan wyraz, pozwalam sobie wyrazić nadzieję, że i tym razem zechce Pan odnieść się do naszej prośby z uwagą i życzliwością. Gdyby Pan Premier zechciał uznać to za wskazane i możliwe, jestem gotów udzielić osobiście wszelkich dodatkowych wyjaśnień tyczących okoliczności powyższej sprawy .

Proszę przyjąć wyrazy szacunku

Holoubek

/Gustaw Holoubek /

SPATIF–ZASP
STOWARZYSZENIE POLSKICH ARTYSTÓW TEATRU I FILMU
WARSZAWA, Al. Ujazdowskie 45. Adres telegr. SPATIF–ZASP WARSZAWA
Tel. 28-78-08, 29-32-71, 29-32-72

L. dz. ..../..........
Warszawa, dnia 1. 04. 1980 r.

Towarzysz JERZY ŁUKASZEWICZ

Członek Biura Politycznego
Sekretarz Komitetu Centralnego
Polskiej Zjednoczonej Partii Robotnic

Szanowny Panie Sekretarzu,

W związku z niewyrażeniem zgody na udział kol. Zbigniewa Zapasi wicza w proponowanym mu filmie produkcji angielskiej, opartym n biografii Johna Reeda pragnę wyjaśnić co następuje.
Pertraktacje między produkcją filmu, zainteresowanym Zbigniewem Zapasiewiczem a przedsiębiorstwem Film Polski na temat możliwoś podpisania umowy trwały 4 miesiące. Nie widząc szczególnych prz czyn aby decyzja mogła być negatywna Zbigniew Zapasiewicz poświ większość wolnego czasu na przygotowanie się do roli, przeprowa szczegółowe rozmowy z reżyserem filmu panem Warrenem Beaty na t interpretacji artystycznego i ideowego jej charakteru, odmówił wszelkich prac w kraju, które mogłyby kolidować z czasem przezna czonym na pracę w filmie.
Zważywszy powyższe okoliczności a przede wszystkim fakt niezrozu miałych obaw dotyczących jakoby wymowy filmu, obaw, których sce nariusz pod żadnym względem nie nasuwa, zważywszy wysoką pozycj jako artysty i ogromne poczucie odpowiedzialności Zbigniewa Zapasiewicza, wreszcie fakt, że przy okazji powyższej pracy mia się spotkać z wybitnymi twórcami filmu światowego i że o wydarze tym poinformowana jest opinia środowiskowa na Zachodzie – prosz uprzejmie o możliwość zrewidowania negatywnej decyzji. Czuję si w obowiązku dodać, że o propozycji udziału Zbigniewa Zapasiewicz w owym filmie wie także większość naszego środowiska i że zrozu łym zainteresowaniem śledzi ostateczne jej rozwiązanie.

Proszę przyjąć wyrazy szacunku

PREZES SPATiF – ZASP
(Gustaw Holoubek)

.. wiadomości:
.ogdan Gawroński
.ierownik Wydziału Kultury
KC PZPR

Nasze kłopoty są niczym w porównaniu z więzieniem, chorobą, dramatami i zagrożeniem życia, dotykającymi wielu Polaków, którzy nie chcą myśleć i postępować według wymagań „przewodniej siły narodu". Gustaw na znak niezgody na taki stan rzeczy składa na ręce marszałka sejmu Stanisława Gucwy rezygnację z mandatu poselskiego. Pisze: „W związku z (...) pozbawieniem internowanych możliwości obrony, mnie zaś, jako posła, możliwości skutecznego upominania się o ich prawa (...) nie widzę możliwości dalszego pełnienia funkcji (...). Niniejszym składam mój mandat poselski"[61].

Zemsta Gustawa

Spotyka nas radosna niespodzianka – dyrektor Théâtre de Carouge z Genewy pan Georges Wod-Wodzicki wymarzył sobie wystawienie *Zemsty* Fredry po francusku w reżyserii Gustawa Holoubka. Próby mają rozpocząć się w styczniu 1983 roku, w sześć tygodni potem premiera. Pomysł ze wszech miar fantastyczny, ale czy władze zgodzą się na wyjazd i pracę za granicą? Wielu znanym mi osobom odmówiono tego peerelowskiego przywileju, zmarnowano im życiowe szanse, które nigdy potem się nie powtórzyły. Dziwimy się, że nam nie stawia się żadnych przeszkód. Polska Agencja Artystyczna PAGART bardzo szybko załatwia wszelkie formalności. Oboje dostajemy paszporty i wizy do Szwajcarii. Na dzień przed wyjazdem zawiadomiono Gustawa, że następnego dnia ma się stawić w Ministerstwie Kultury i Sztuki. Gdy tam przychodzi, dwóch giermków generała Jaruzelskiego, jak nazwał ich Janusz Hellich, minister kultury Kazimierz Żygulski w milczącym towarzystwie sekretarza KC PZPR Waldemara Świrgonia, wręcza mu dymisję ze stanowiska dyrektora Teatru Dramatycznego. Bez „dzień dobry", „proszę usiąść", słów wyjaśnienia, „przepraszam". Świstek papieru do ręki jak gońcowi i już...

Gustaw wraca do domu po walizkę na wyjazd. Jest śmiertelnie blady. Głęboko dotknięty i upokorzony prostacką formą potraktowania, o ironio, w Ministerstwie Kultury i Sztuki. Ponadto obawia się, że skoro stracił pracę, nie poradzimy sobie. Jego stan mnie przeraża, szukam sposobu, żeby

← List Gustawa Holoubka, prezesa SPATIF-u i ZASP-u, do towarzysza Jerzego Łukaszewicza z prośbą o cofnięcie aktorowi Teatru Dramatycznego Zbigniewowi Zapasiewiczowi odmowy na wyjazd z kraju, 1980

doraźnie go wesprzeć, zaraz przecież wyjeżdża. Tak po babsku zapewniam, że mogę nawet zamiatać ulice, tylko niech przestanie się zadręczać. Tłumaczę, że celowo zrobiono wszystko, żeby go poniżyć i załamać psychicznie. Twórcza praca w Genewie i sukces będzie, nomen omen, najsłodszą zemstą. Za dwa tygodnie przylecę do Genewy i, jak zawsze, razem damy radę. Gucio odlatuje do normalnego świata, a wkrótce zamiast szyldu z napisem „Teatr Dramatyczny" widzę zamontowany nowy: „Teatr Rzeczpospolitej". W okamgnieniu zacierano ślady.

Wyrzucenie Gustawa ze stanowiska dyrektora teatru powoduje odejście głównych aktorów tej sceny, wśród nich: Haliny Łabonarskiej, Małgorzaty Niemirskiej, Piotra Fronczewskiego, Andrzeja Łapickiego, Marka Walczewskiego, Zbigniewa Zapasiewicza i naturalnie Holoubka i mojego. Odchodzimy na znak protestu przeciwko politycznej zbrodni, dokonanej na żywym organizmie, jakim jest teatr, i w imię przyjaźni i solidarności z Gustawem. Jednym podpisem bezdusznego aparatczyka unicestwiono wieloletni dorobek tak bardzo kochanej przez widzów sceny. Czternastego kwietnia osiemdziesiątego trzeciego roku zostaje powołany do życia Teatr Rzeczpospolitej. Podczas ostatniego pożegnalnego spektaklu każdy wychodzący do ukłonów aktor wręcza stojącemu na scenie Gustawowi kwiat. Płaczą aktorzy, zespół techniczny, obsługa widowni. Ciężko przeżywam odejście z mojego pierwszego w życiu teatru, gdzie znam każdy kąt i zakamarek. Ten teatr stał się moim drugim domem i nigdy nie chciałam zamienić go na inny. Było mi tu dobrze. Pracowałam ze wspaniałymi ludźmi, tu przeżywałam swój debiut sceniczny, a potem następne premiery. Ten teatr był dla mnie uniwersytetem, gdzie uczyłam się zawodu, dyscypliny, odpowiedzialności i życia w zespole. Tu miałam przyjaciół, tu poznaliśmy się z Gustawem. Decyzję odejścia podejmuję w sekundę i już mnie nie ma... Zamyka się pewien rozdział mojego życia. Jestem wolna, pierwszy raz od lat, kiedy dyrektor Andrzej Szczepkowski zaangażował mnie do Dramatycznego.

Małego Jaśka z otwartymi ramionami przyjmują moi rodzice, a ja lecę do Gucia, do Genewy. Wychodzi po mnie na lotnisko w towarzystwie państwa Barbary i Przemysława Turskich, niesłychanie serdecznych, którzy opiekowali się nim podczas mojej nieobecności. Nareszcie jesteśmy razem, a bycie razem oznacza bezpieczeństwo. Teatr wynajął Guciowi przytulne

List studentów Uniwersytetu Warszawskiego w obronie dyrektora Teatru Dramatycznego w Warszawie Gustawa Holoubka, 1982 →

Do Ministra Kultury i Sztuki
Pana Profesora Kazimierza Żygulskiego

W związku z bulwersującą decyzją Pana Ministra w sprawie rzekazania obiektu Teatru Dramatycznego nowo organizowanemu eatrowi Rzeczpospolitej, która to decyzja oznacza przecież praktyczną likwidację jednego z najlepszych teatrów stolicy, jesteśmy zmuszeni jako widzowie wyrazić nasze najgłębsze oburzenie.

Trudno ukryć przekonanie, że jest to polityczna decyzja sprzeczna z interesem polskiej kultury, a tym samym z interesem społecznym. Jest ona tym bardziej oburzająca, że nie sposób jej tłumaczyć względami artystycznymi, o czym wiedzą wszyscy widzowie teatralni, ani też szukać przyczyn takiego wyboru w braku popularności Teatru Dramatycznego.

Enigmatyczne stwierdzenie, że przekazanie obiektu teatralnego nie oznacza rozwiązania Zespołu nie wydaje się uspokajające. Zwracamy się więc do Pana Ministra o rewizję podjętej już decyzji, gdyż jesteśmy przekonani, że w tego rodzaju sytuacjach nie można mówić o racjach wyższych nad rzeczywiste dobro polskiej kultury i tym samym nie wolno nie wziąć pod uwagę stanowiska środowiska teatralnego i opinii publicznej.

Studenci Uniwersytetu Warszawskiego

Joanna Krakowska
Agnieszka Jaworska
Małgorzata Partyka
Magdalena Stępniewska
Małgorzata Pieniek
Ewa Teichert
Tadeusz Traskowski
Urszula Sawicka
Małgorzata Jaśkiewicz
Marta Adach
Magda Zaborowska
Grzegorz Uluba
Cezary Grzka
Joanna Bodych
Klimecka
Kosenko
M. Jadczyk
M. Przybylska
Zbaraniecka
Augustyniak
A. Sabitto
Anna Syska

Anna Widawa
Marcin Depczyk
Martyna
Beata Rychlewska
Katarzyna Koprowicz
Lidia Sobolewska
Agnieszka Dziuba
Małgorzata Staszewska
Bogna Zielińska
Katarzyna Żmuidzka
W. Trzeciak
B. Sadecka
A. Stępień
M. Kisyk
W. Ziółkowski
E. Szczepańska
K. Szw
M. Rusiecki
Sylwia Kędziera
B. A. Warszewski
M. Kiszkowska

Joanna Wasiak
Anna Maciejewska
Elżbieta Kemer
Agnieszka Drabl
Ryszard Brodziński
Ariana Oset
Robert Orzyłowski
Teresa Mularska
Magdalena Kuthan
Agata Kalinowska
Maria Żółtańska
Beata Kowalska
Monika Rodziewicz
Marta Deja
Anna Sadzik
Tomasz Polkowski
Romuald Kalicki
Dorota Wiland
J. Dąbrowski
K. Agopsowicz
Beata Mazur

BIURO PODAWCZE
dla Sądu Wojewódzkiego w Warszawie
oraz Sądu Rejonowego
dla m. st. Warszawy-Pragi
WPŁYNĘŁO
Dnia 12. MAJ. 1983 Zał. 2
Nr______ Podpis______

11.05. 83

w. B-143

510/83

Do
Sądu Rejonowego dla Warszawy - Pragi
Wydział I Cywilny
Sekcja Rejestracyjna
w miejscu

12 MAJA 1983
Skasowano znaczków sądowych na 350 zł
Sekretarz

WNIOSEK

W związku ze zmianą w dniu 15.04.1983 dyrektora Teatru Dramatycznego m.st. Warszawy wnoszę o wykreślenie z rejestru nazwiska dotychczasowego dyrektora Gustawa Holoubka i wpisanie do rejestru jako dyrektora Teatru Dramatycznego m.st. Warszawy Jana Pawła Gawlika.

Jednocześnie zwracam się z prośbą o wydanie zaświadczenia o złożeniu niniejszego wniosku i że postępowanie rejestracyjne znajduje się w toku.

W załączeniu:
- znaczek opłaty sądowej na złotych 350.-
- odpis nominacji dyrektora Jana Pawła Gawlika

Z-ca Dyrektora
mgr Mieczysław Marszycki

mieszkanko dwa kroki od swojej siedziby, w ślicznej zabytkowej dzielnicy Carouge. Rytm tamtejszego życia miły i spokojny. Po próbie w teatrze Gustaw wraca do domu, jemy obiad, a potem wyruszamy zwiedzać Genewę albo spotykamy się ze znajomymi. Grono ich powiększa się z każdym dniem. Szwajcaria od czasów drugiej wojny światowej przyjęła w ramach emigracji dużą liczbę polskiej inteligencji. Są spragnieni naszej kultury. Nazwisko Gustawa działa jak magnes. Towarzyskim spotkaniom nie ma końca, tym bardziej że Gucieniek jest przecież duszą życia towarzyskiego. Wśród ludzi rozkwita, obdarzając ich wszystkim, co ma w sobie najlepszego: mądrością, humorem i własną filozofią życia. Z wielu poznanych wtedy osób wyodrębnia się krąg przyjaciół, z którymi trzymamy się po obecne czasy.

Na premierę *Zemsty* w Théâtre de Carouge w Genewie zjeżdżają widzowie z całej Szwajcarii i okolic. To mały kraj, więc wiadomości rozchodzą się szybko, szczególnie wśród naszych znajomych. A więc Pszoniakowie z Lozanny, Olbrychscy z Paryża, towarzystwo genewskie: Danuta i Franciszek Mentha, Barbara i Przemysław Turscy, rodzeństwo Renata i Krzysztof Swinarski, Ania Bęczkowska i Basia Młynarska-Ahrens z Bazylei, jednym słowem Gustaw ma wokół siebie przyjaciół w tym tak ważnym dla kultury polskiej wydarzeniu.

Zemsta okazuje się równie zabawna po francusku, jak i po polsku, bo typy ludzkie sportretowane przez Fredrę są wszędzie i zawsze takie same. A szwajcarscy aktorzy w polskich kontuszach, przy dźwiękach poloneza, mówiący „mocium panie", bo nie daje się tego powiedzenia przetłumaczyć na francuski ani zastąpić innym porzekadłem, przeuroczy. Rozbawiona i wzruszona widownia dziękuje reżyserowi Holoubkowi wielką owacją – nie tylko za świetny spektakl, ale także za patriotyczną postawę i dokonania artystyczne. Pobyt w Szwajcarii przywraca Guciowi i mnie spokój i wiarę, że wszystko się jakoś ułoży. Nawet jednak tu nachodzą Gustawa dziwni ludzie, pracujący na peerelowskich placówkach, którzy pod pozorem troski namawiają nas na emigrację, obiecując pomoc w sprowadzeniu dziecka i znalezieniu pracy. Dziwią się, że nie jesteśmy tym zainteresowani. Dopiero wtedy rozumiemy, dlaczego tak chętnie dano nam paszporty. Chciano się nas pozbyć, ale myśl pozostania w Szwajcarii nawet nie zaświtała nam w głowie. Wracamy do domu.

← Wniosek o wykreślenie z rejestru sądowego nazwiska dyrektora Gustawa Holoubka, 1983

Życie w zawieszeniu

Nie mamy żadnych planów na przyszłość. Podczas naszej nieobecności Kazimierz Dejmek, dyrektor Teatru Polskiego w Warszawie, przyjmuje pod swoje skrzydła grupę uchodźców z Dramatycznego. Teraz nam proponuje współpracę. Gustaw bez wahania decyduje się na angaż. Po Narodowym, po latach rozłąki, będzie znowu w zespole kierowanym przez wybitnego reżysera i dyrektora, jakim jest Kazimierz Dejmek. Stworzony przez niego zespół Teatru Polskiego skupia znakomitych aktorów, a dbałość o kunszt wykonania i rodzimy język to znak firmowy dyrektora Dejmka. Ma w planach różnorodny repertuar, szczególnie uwzględniający klasykę polską. Jego kanon artystyczny jest taki sam jak Gustawa, więc dobrze, że panowie znowu się spotkali.

W szczerej rozmowie zapytałam dyrektora Dejmka, czy będzie możliwe zaangażowanie mnie w późniejszym terminie – chcę być przez jakiś czas wolna, bo mam małe dziecko, chcę poświęcić się obowiązkom i przyjemnościom rodzinnego życia. Odpowiedział, że w każdej chwili, jak tylko wyrażę zgodę. Pragnę teraz siedzieć wieczorami w domu, czytać Jasiowi na dobranoc. Chętnie z tatą i mamą słucha też audycji radiowych dla dzieci czy płytowych nagrań bajek, w których z Gustawem bierzemy udział: moje *Alicja w Krainie Czarów*, *Calineczka*, *Piotruś Pan*, a Gustawa *Muminki* są przez dzieci bardzo lubiane. Nareszcie mam czas na rozmowy z dzieckiem. Zawsze przed snem prosi, żebym położyła się obok niego, i gadamy sobie o różnych sprawach.

Swobodne życie rodzinne nie wyklucza dorywczych występów, zależnych już wyłącznie od mojej decyzji. Po zawieszeniu stanu wojennego ogromna rzesza aktorów nadal nie występuje w radiu i telewizji. Gustaw i ja także. W ten sposób zostaje przerwany najbardziej powszechny kontakt z widzami. Najtrafniejszą formą nawiązania go okazuje się estrada. Powstają grupy aktorskie, bardzo często złożone z wybitnych wykonawców, prezentujące różnorodne formy: kabaret, koncert poetycki, małe spektakle teatralne czy piosenki. Grupy te docierają do najdalszych zakątków Polski i świata,

Kabaret „Dudek" w przededniu premiery przedstawienia Jeremiego Przybory i Jerzego Wasowskiego *Gołoledź*. Od lewej stoją: Jan Kobuszewski i Wiesław Gołas; poniżej: Wiesław Michnikowski, Barbara Rylska, Edward Dziewoński, Magdalena Zawadzka, 1973 →

a występy są przyjemną pożytecznością dla publiczności i dla artystów. Reaktywuje się też kabaret „Dudek", z którym związana jestem od lat. Zapraszają nas na występy niemal w całym kraju. Mieliśmy również jechać do Szwecji, ale mnie jednej odmówiono paszportu. Przyczyny nie podano. „Dudek" więc zrezygnował z wyjazdu. Ale już dwa lata później, o dziwo, paszport dostaję i jedziemy z „Dudkiem" na występy do Stanów Zjednoczonych i Kanady.

Staranie się o paszport stało się swoistą grą w rosyjską ruletkę. W osiemdziesiątym trzecim roku nasi przyjaciele, Hania i Janusz Hellichowie, zapraszają naszą trójkę do Norwegii. Propozycja spędzenia letnich wakacji z bliskimi sercu ludźmi, w pięknym i spokojnym kraju, jest najlepszą terapią na kartki, kolejki i absurdy życia w Peerelu. Mimo podań, wniosków, interwencji z Norwegii nie mamy pewności, czy władze zgodzą się na ten wyjazd. Do ostatniej niemal chwili czekamy na wiadomość o zgodzie na wydanie paszportów. Chyba tym razem podejrzewają, że chcemy uciec z dzieckiem i całym dobytkiem (dwie walizki, ładny dobytek!). Wreszcie paszporty dostajemy, chodziło tylko o nękanie nas niepewnością. Załatwienie wiz to już tylko formalność. Gdy prom wypływa na pełne morze, oddychamy z ulgą. Znowu się udało! Co to jednak za zwycięstwo czy sukces? Wyjazd na wakacje, który jest czymś naturalnym dla milionów ludzi na świecie! U nas jednak wciąż normalność była czymś nienormalnym albo odwrotnie – nawet po zniesieniu stanu wojennego miało się wrażenie, jakby nadal istniał...

Tournée kabaretu „Dudek" po Wybrzeżu, 1968...

Na norweskiej plaży Gustaw poczuł się jak przed laty na boisku Cracovii, Stavanger 1983 →

I co dalej?

1984–1988

U Dejmka

Na wiosnę osiemdziesiątego czwartego roku dołączam do zespołu Teatru Polskiego. Dyrektor Dejmek proponuje mi efektowną rolę Damy w trzyosobowej sztuce Sławomira Mrożka *Letni dzień*, którą reżyseruje. Moimi partnerami są Andrzej Łapicki i Jan Englert.

Dopiero w czasie prób bliżej poznaję tę wybitną indywidualność – Kazimierz Dejmek jest uroczym i delikatnym człowiekiem, owszem, surowym, ale nie tylko dla aktorów, przede wszystkim sobie stawia wysokie wymagania. Różnie go postrzegano, raczej jako szorstkiego i nietaktownego, bo też różnie i często nieprzewidywalnie postępuje. Pełen sprzeczności, które czynią go jeszcze bardziej interesującym twórcą i człowiekiem. Jego wyjątkowy instynkt pozwala mu niemal bezbłędnie odróżnić fałsz i inscenizacyjne efekciarstwo od może mniej efektownych, ale szlachetnych i wartościowych pomysłów. Podziwiam jego szacunek i miłość do teatru.

Gustaw „debiutuje" w Polskim tytułową rolą w *Ja, Michał z Montaigne* Józefa Hena[62] oraz Stańczykiem w *Weselu* Wyspiańskiego[63]. Wcielanie się w postaci, których postawę, mądrość i osobowość czuł szczególnie, jak mało kto, jest dla Gustawa fascynującą filozoficzną i intelektualną przygodą.

Innym źródłem fascynacji jest praca z Wojciechem Hasem, który odkrył Gustawa dla filmu, powierzając mu główną rolę w *Pętli*[64]. Zarówno niezapomniana kreacja Gustawa, grającego alkoholika Kubę, jak i film zostały uznane za dzieła, które przeszły do historii filmu. Od czasów *Pętli* panowie pozostają w przyjaźni i odtąd zawsze już razem pracują. Ostatnio Has

← Magdalena Zawadzka i Jan Englert jako Dama i Nieud w *Letnim dniu* Sławomira Mrożka, scena kameralna Teatru Polskiego w Warszawie, 1984

powierza Gustawowi rolę profesora medycyny w *Nieciekawej historii*, filmie na podstawie opowiadania Antoniego Czechowa, oraz sędziego śledczego w czekającym na premierę *Pismaku*, psychologicznym dramacie na podstawie powieści Władysława Terleckiego.

Gustaw bardzo ceni talent, fachowość i reżyserię Wojciecha Hasa. Uważa go za wyjątkowego, znakomitego artystę, zawsze wiernego sobie, swoim przekonaniom i nigdy nieulegającego koniunkturalnym pokusom. W jego filmach zawarte jest ponadczasowe piękno, mądrość i przesłanie niepoddające się zmiennym ideologiom. Scenariusze oparte na świetnej literaturze, znakomici aktorzy i perfekcyjna reżyseria zapewniają mu miejsce pośród najwybitniejszych twórców kina. A przy tym wszystkim jest bardzo skromnym, nierobiącym wokół siebie medialnego szumu człowiekiem.

O tym, że skromność jest nieodłączną cechą wielkości, przekonujemy się też, gdy poznajemy wybitnego kompozytora – Witolda Lutosławskiego. Wituś i jego żona Danusia, tak przez nas pieszczotliwie nazywani, goszczą nas przez parę dni w swoim domu w Oslo podczas naszych wakacji w Norwegii. Obcowanie z tak czarującymi, pełnymi dobroci i prostoty ludźmi sprawia, że zakochujemy się w nich bez pamięci. Słuchanie Witka mówiącego o muzyce jest dla nas obojga odkrywaniem nieznanych nowych światów. Jego zapis partytury bardziej przypomina wykres geometryczny niż tradycyjne nuty. Oboje podziwiamy jego muzykę, raczej ją czując, niż rozumiejąc. Po objaśnieniach Witka jej zawiłości stają się dla nas zrozumiałe. Siedzimy, pijemy whisky, Gustaw opowiada anegdoty. I choć Witek chodzi spać najpóźniej o jedenastej wieczór, bo wstaje o szóstej rano i komponuje,

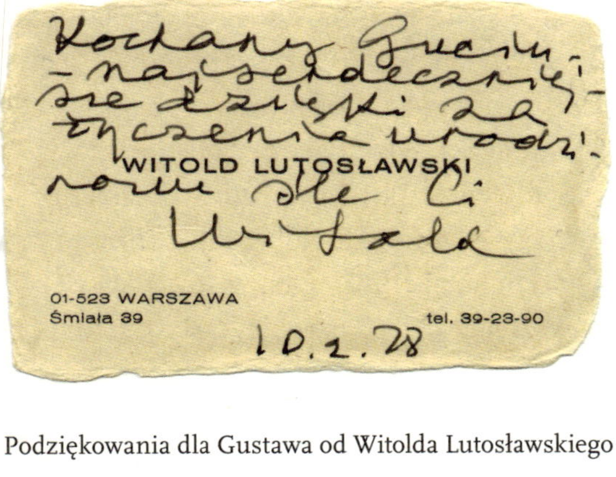
WITOLD LUTOSŁAWSKI

01-523 WARSZAWA
Śmiała 39
tel. 39-23-90

10.2.78

Podziękowania dla Gustawa od Witolda Lutosławskiego

towarzyszy nam do drugiej w nocy. To wielkie szczęście być obdarzonymi przyjaźnią przez tak niezwykłych ludzi jak państwo Lutosławscy.

Kończy się nasz pierwszy sezon w Teatrze Polskim i jedziemy na letnie wakacje do Bukowiny, do Zosi i Jaśka – naszych górali. Jak zwykle czeka na nas gościnny dom, las pełen jagód i malin, jazda traktorem i na drabiniastym wozie w pole, kąpiele w górskich strumykach. A wieczorem posiady w kuchni. Gucio, bez względu na to, co i ile zjada na kolację, zawsze prosi wtedy jeszcze o kromkę chleba z masłem i solą, największy jego przysmak. Jasiek niejadek lubi przylepkę, bez żadnych dodatków. Czasem łaskawie zjada coś w traktorze zaparkowanym przed domen, ale najchętniej nic by nie jadł, musi jednak, bo boi się przyszłości, którą roztacza przed nim Zosia: – Jak nie będziesz jadł, to wyślemy cię do Białego Dunajca pasać barany! – O, to jest prawdziwa dla Jasia groźba, chociaż i tak karmienie trwa godzinami. Raz Gustaw do tego stopnia traci cierpliwość, że zanurza buzię Jasia w talerz wystygłej już pomidorowej z kluskami (bez komentarza)...

Nie ma jak u taty!

W drugiej części wakacji postanawiamy złamać rutynę i dla zdrowia Jasia uczuleniowca i naszego spróbować wakacji nad morzem. Moje przyjaciółki z grupy mokotowskiej, Maja i Karolina, namawiają nas na Juratę. Grupa powiększa się w ostatnim czasie o małżeństwo Karoliny i Krzysztofa Niedenthalów z synem Filipem. Mieszkają w kamienicy sąsiadującej z naszą. Nie wiedzielibyśmy o ich istnieniu, gdyby nie Maja Lipowska, która postanawia poznać ze sobą naszych synów – Jasiek i Filip mogliby się ze sobą bawić. Dzięki dzieciom polubili się także rodzice i zaczynamy u siebie coraz częściej bywać, pomagać sobie w opiece nad chłopcami, spędzać wspólnie rodzinne uroczystości, zaprzyjaźniać się. Zabieramy ich do naszych górali. Wierzyć się nie chce, że wszystkie dzieci: Hania, Andrzej, Adaś Budzyńscy z Bukowiny, Filip Niedenthal i Jan Holoubek z Warszawy, są dorośli, pozakładali swoje rodziny. Byliśmy gośćmi na pięknych góralskich weselach Hani i Adama.

Natomiast w czasach, gdy mieli mało lat, wyjeżdżamy całą paczką mokotowską nad morze, do Juraty. Niezbyt wygodne warunki mieszkaniowe: ascetycznie wyposażony pokój w starym drewnianym domku, wspólna łazienka, ograniczenie zużycia wody, rekompensują spotkania towarzyskie w ogródkach okalających domki, piękna, niemal biała plaża. Dzieci szaleją cały dzień na powietrzu, kąpią się w lodowatym morzu, wymyślają zabawy: szukanie skarbu, bal przebierańców, kręcenie kryminalnego filmu. Wyprawiamy się do miasteczek Półwyspu Helskiego, wyczekujemy seansów filmowych w kinie Żeglarz w Jastarni, pijemy małe czarne w kawiarni Juratka i spotykamy się w wyśmienitym towarzystwie: państwo Szczepkowscy, Łapiccy, Englertowie, Olbrychscy, Idziakowie.

To właśnie w Juracie zapoczątkowujemy tradycję uroczystego obchodzenia imienin Gustawa, drugiego sierpnia, w plenerze lub w jakiejś miłej kawiarni czy restauracji. Po wielu latach świętujemy już elegancko, z większą pompą, w hotelu Bryza. Schodzą się znajomi, gadamy, jemy, pijemy i zawsze jest nadzwyczajnie. Szum i zapach morza przypominają mi najpiękniejsze chwile dzieciństwa i wczesnej młodości. Spędzałam wtedy wakacje nad morzem, które potem zdradziłam dla gór. Teraz na nowo się w nim zakochałam. Zaczynamy więc stosować klimatyczny płodozmian, jeździć w góry i nad morze. Uwielbiam tę powtarzalność. Jest w miarę przewidywalna i kojąca.

Przyjaciele od dziecka Filip Niedenthal i Jan Holoubek →
s. 216 W obiektywie Zofii Nasierowskiej

Znów poruszam szkiełkiem kalejdoskopu.
Pokazują się barwne wspomnienia...

ekran

NR 46 (1023) ● 14 XI 1976 ● ROK XX ● CENA 5 ZŁ

Moda i... praca

Zawsze interesowałam się modą, ale nie traktuję jej zaleceń ze śmiertelną powagą. Wybieram te elementy, które mi najbardziej odpowiadają. Każda moda jest piękna w danym czasie, gdy przemija, brzydnie. Kiedy wraca po latach, nigdy taka sama, z twórczo zmienionymi elementami, znowu nam się podoba. Z perspektywy lat łatwiej ją ocenić. Jedną z najpiękniejszych, której od początku hołduję i która trwa do dziś, jest moda mini – rewolucja w prezentacji kobiecej sylwetki, oryginalność, zabawa, lekkość, wdzięk i seksowno-dziewczęca prowokacja. Zdobi nawet średnio zgrabne dziewczyny.

Jest jeszcze inne oblicze mody. Potrafi perfidnie zaślepić, odebrać rozum, pobrzydzić. Wiem, co mówię, bo doświadczyłam tego na własnej skórze. Zobaczyłam to dopiero po latach, oglądając zdjęcia. Mam na myśli modę lat osiemdziesiątych. Nawet z chudych, wysokich kobiet robiła bardziej przysadziste. Oto kilka obowiązujących wtedy zestawów, w których wyglądam jak kopa siana: bluzka z bufiastymi rękawami, suto marszczona w talii spódnica o wyjątkowo niekorzystnej długości do pół łydki, na to dwa numery za duża marynara z wszytymi w ramiona poduchami i podwiniętymi rękawami. Z tych monstrualnie poszerzonych barów ledwie wystaje głowa utrefiona na „mokrą Włoszkę". Czesanie polega na unikaniu grzebienia i miętoszeniu rękami wyżelowanych włosów. Następny zestaw: szerokie w biodrach, jakby nadmuchane spodnie i wielkie swetrzysko z rękawami à la nietoperz. Jednak wszelkie rekordy pobiła moda na chodzenie w dresach. Był to rodzaj wyrafinowanej elegancji, bo dres stał się strojem wyjściowym.

A do Wenecji wybrała się w „lamparcie", 1981

Pamiętam, jak paradowałam po Juracie w kreszowym dresie Heada, a obok mnie podążał równie „elegancki" Jasiek w gatkach z lycry. Na szczęście ten styl przejęły inne grupy społeczne i pękam ze śmiechu na myśl, że kiedyś byłam prekursorką dresiarzy.

s. 221–237 Okładki kolorowych czasopism →

Cena zł 15

KINO

4
kwiecień
1969

MIESIĘCZNIK POŚWIĘCONY TWÓRCZOŚCI I KULTURZE FILMOWEJ

filmspiegel

ER 8 · 12. APRIL 1972 · 0,40 MARK
PZL 31 721

**gdalena
wadzka**

*ne vom
chbarn
en 6 bis 9*

NR 15 (988) 15. IV. 1973 R. CENA 6 ZŁ

Panorama

ZANIM WYRUSZĄ NA OCEANY

Szkoła morza

INNY LONDYN

Portobello -Road

Tajemniczy świ
starodruków

film
SPIEGEL
MMER 25 · 11. DEZEMBER 1968 · 0,40 MARK

walka młodych

ORGAN ZG ZM
TYGODNI
ROK ZAŁOŻENIA 19
WARSZAWA 18. II. 19
NR 7 (619) CENA 1,5

MISS

OKŁADKI "WM" 67

IRENA KAREL

głosów: 7 780

MAGDA ZAWADZKA

głosów: 7 423

URSZULA POPIEL

głosów: 4 251

(dalej na 2)

WYDANIE SPECJALNE TYGODNIKA

FILM

KWIECIEŃ 1967

AKTORZY I FILMY 1967

MAGDALENA ZAWADZKA

Fot. Z. Nasierowska

CENA 3 ZŁ

EKRAN

NR 14 (365) 5 KWIETNIA 1964 r. ROK VIII CENA 3 ZŁ

TYGODNIK FILMOWO-TELEWIZYJNY

FILIPINKA

DWUTYGODNIK
Nr 10 (308)

18 maja
1969 r.
CENA 2 zł

Fot. Marek Holzman

PERSPEKTYWY

W Caracas i nad Orinoco

NUMER 2 (228) • ROK SZÓSTY • ILUSTROWANY TYGODNIK POLITYCZNO-INFORMACYJNY • 11 STYCZNIA 1974 • CENA 6 ZŁ

FILM

MAGAZYN ILUSTROWANY
6.II.1977 ● NR 6 (1470) ● ROK XXXII
CENA 5 ZŁ

wierciadło
11 (615) • ROK XIII • 16. III. 1969 R. • CENA 3 ZŁ

ena 2 zł

RTV

ADIO I TELEWIZJA •
YGODNIK •

72 **6**

ROGRAMY 7-13 II

MAGDALENA ZAWADZKA
w „Żabusi"
Zapolskiej

Fot. Z. JANUSZEWSKI

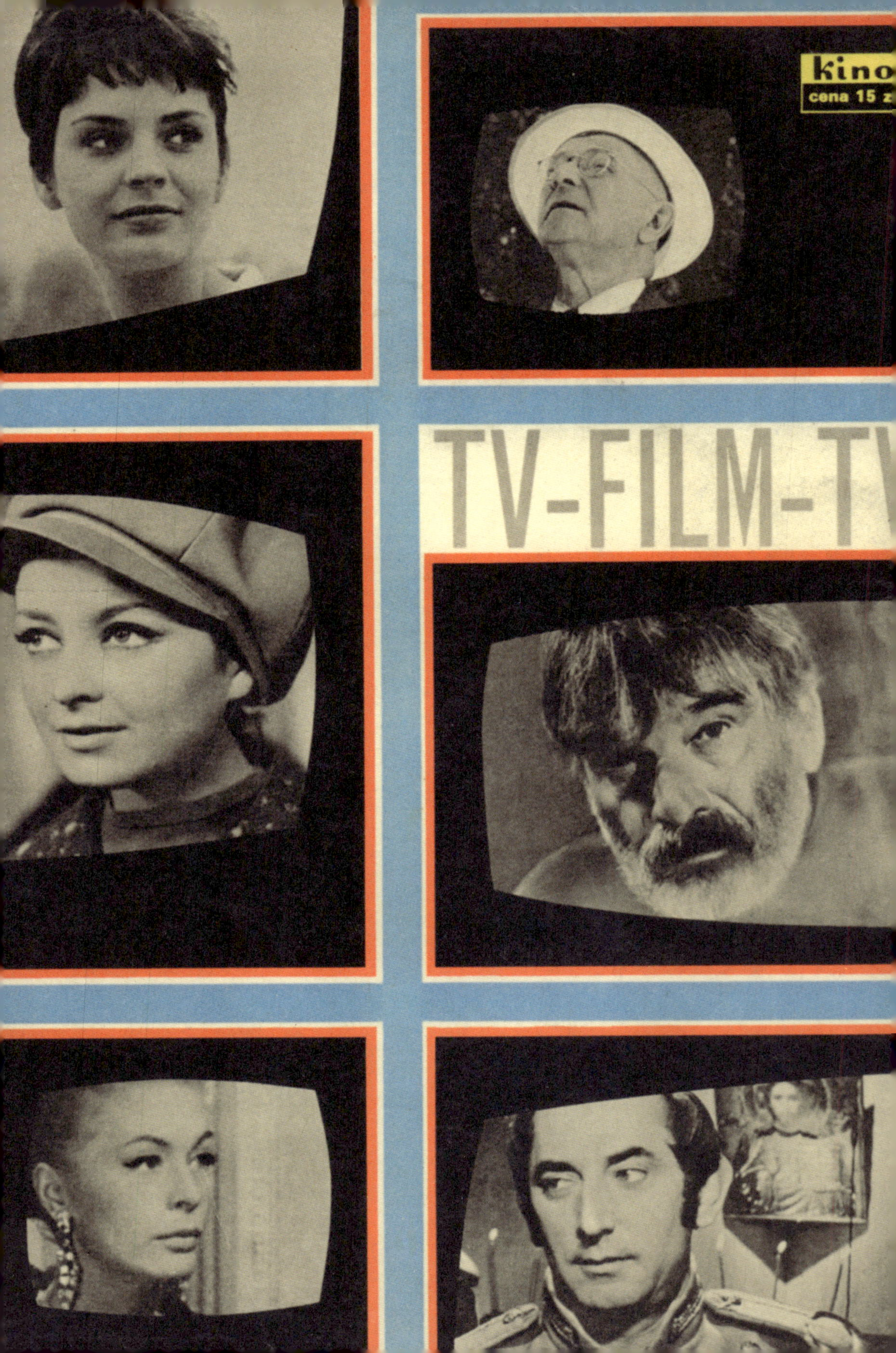
kino
cena 15 z
TV-FILM-T

ZIELONY SZTANDAR
DODATEK ILUSTROWANY
15 MAJA 1977

ALENA ZAWADZKA
NTOWANA
KA TEATRALNA,
WIZYJNA
MOWA.
OMAN SUMIK

VOISIER

ygodnik
lmowo-
lewizyjny

ekran

NR 22 (529) • 28 MAJA 1967 • ROK XI • CENA 3 ZŁ

W nowym sezonie teatralnym Gustaw dostaje główną rolę w *Romulusie Wielkim* Dürrenmatta w reżyserii Kazimierza Dejmka. Nie podoba mu się ani sztuka, ani rola, więc nie lubi tego grać. Artystycznym pocieszeniem jest udział w filmie *Jezioro Bodeńskie* według opowiadania Stanisława Dygata, w reżyserii Janusza Zaorskiego[65]. Ja występuję z kabaretami „Dudek" i „Pod Egidą". Poza tym przygotowuję program złożony z wierszy naszych najwybitniejszych poetów i jeżdżę z nim po Polsce. Te poetyckie koncerty udowodniły mi, że ludzie spragnieni są słów, w których zawarte są prawda i piękno, że mają dość sloganów i kłamstwa, które osacza ich i ogłupia.

Latem osiemdziesiątego piątego roku duszpasterz środowisk twórczych, ksiądz Wiesław Niewęgłowski, organizuje pielgrzymkę do Jana Pawła II do Rzymu. Wpisujemy się na listę razem z naszymi przyjaciółmi z Norwegii. Po latach przymusowej emigracji po raz pierwszy odważą się przyjechać do Polski i to tylko dlatego, że chroni ich norweskie obywatelstwo.

Z Hanią i Januszem Hellichami, trenerami tenisa, Gustaw przyjaźni się od lat, zanim mnie poznał. Urzekli go swoim entuzjazmem i miłością do literatury, muzyki i teatru. Najukochańszym był Teatr Dramatyczny. Oboje dobrze się czuli w towarzystwie ludzi sztuki, a Gustaw od zawsze był ich idolem. Nikczemność i głupota systemu politycznego, który pozbawił ich szans pracy i normalnego życia, skazały ich w początkach lat siedemdziesiątych na wyjazd z Polski i wieczną za ojczyzną tęsknotę. Stworzyli w Norwegii dom przepojony polskością, tym co w niej piękne i wartościowe. Janusz, nazywany Holoubkologiem, bo wie o Gustawie wszystko, z niespotykaną atencją i uczuciem pisze o nim: „Nie można opowiedzieć o przyjaźni. Gustaw to, jak powiedział Max Jacobs o Picassie, drzwi mojego życia, wielkie spotkanie. Przyjaźń na zasadzie podziwu. Poznaliśmy się w połowie lat sześćdziesiątych na kortach warszawskiej Legii. Naturalnie znałem go znacznie wcześniej. Mój podziw dla niego zrodził się po obejrzeniu filmu Wojciecha Hasa *Pętla*. Aktorstwo niespotykane, niezwykłe, niesłychanie ascetyczne i powściągliwe. W teatrze, kiedy grał, świat się dla mnie zapadał, nie istniał, tylko on na scenie i ja na widowni. A w codzienności – mistrz delikatnego obcowania. Mówił: – Wiesz, Januszku, ja lubię prostych ludzi. – On nas onieśmielał. Fenomenalna, prawdziwa kariera, popularność, zjawisko – jego talent i jego człowieczeństwo. Był prawdziwym bożyszczem, ale nie czuł tej popularności, trwała obok niego. Obce mu były skupianie się na sobie czy zachwyty nad własnymi talentami i umiejętnościami"[66].

Dzięki pielgrzymce możemy być znowu razem, a oni spotkać się z przyjaciółmi, z którymi przez wiele lat nie mieli kontaktu. W podróż do Włoch wybieramy się indywidualnie, ich samochodem, bo chcemy zwiedzić po drodze kawałek Europy i spotkać się ze znajomymi mieszkającymi za granicą. Znowu piękne miejsca, zamożność społeczeństw i spokój, w jakim żyją ludzie w Austrii, Niemczech, Szwajcarii i we Włoszech, uprzytomniły nam, że przecież moglibyśmy żyć tak samo jak oni.

Po przyjeździe do Rzymu zamieszkujemy razem z uczestnikami pielgrzymki. Ksiądz Wiesław zaplanował zwiedzanie miejsc o znaczeniu religijnym i historycznym. Niezatarte wrażenie pozostawiają w nas wędrówki po mieście, gdzie każdy zaułek, budowla czy fontanna noszą ślady dalekiej przeszłości. Po drodze do Asyżu oczarowuje maleńki kościółek zbudowany przez świętego Franciszka. Obudowano go olbrzymią bazyliką Santa Maria degli Angeli i jest teraz w jej wnętrzu. I Monte Cassino – klasztor, cmentarz na stoku góry, z setkami jednakowych grobów, bezlitosne słońce i cisza – majestat piękna i śmierci. To miejsce pozostanie we mnie na zawsze.

Uczestnicząc we mszy odprawianej przy bocznym ołtarzu Bazyliki Świętego Piotra w Rzymie, dostrzegamy zbliżającego się główną nawą Jana Pawła II. Idzie tak zamaszystym krokiem, że aż rozwiewają się poły białej szaty. Nie wygląda jak duchowny, to energiczny, zmierzający do celu mężczyzna. Wzruszeń bezpośredniego z nim kontaktu mamy doznać dopiero w Castel Gandolfo. Tam, na dziedzińcu pałacu, po uroczystej mszy, na osobiste życzenie Papieża, uczestniczący w pielgrzymce Anna Nehrebecka, Gustaw i ja mamy recytować poezję polską, a Stefania Wojtowicz śpiewać pieśni. W imieniu Duszpasterstwa Środowisk Twórczych słowa powitania do Papieża kieruje Gustaw: – Ojcze Święty, proszę nam pozwolić wyrazić głębokie wzruszenie oraz serdeczną wdzięczność za możność wystąpienia przed osobą Waszej Świątobliwości. Jesteśmy bardzo skromną reprezentacją wielotysięcznej rzeszy artystów sceny narodowej i polskiej muzyki, którzy starają się codziennym swoim trudem, wedle Chrystusowych nakazów życia, wedle wiary ojców, utrwalać tożsamość w naszym narodzie, a przede wszystkim dawać codzienne świadectwo prawdy. Niech te kilka taktów muzyki polskiej i kilka słów polskiej poezji będą odrobiną Polski dla Waszej Świątobliwości przyniesioną do Castel Gandolfo.

Zaraz zaczynamy półgodzinny program. Widzę zdenerwowanie Gustawa. Też jestem ledwie żywa z tremy. A jak zapomnę? Przecież Papież zna te wiersze na pamięć, nic się nie da ukryć. Jan Paweł II siedzi kilka metrów naprzeciw nas i widać, że słuchanie poezji sprawia mu przyjemność. Nie odrywa oczu od Gustawa, który przejmująco recytuje fragmenty *Beniowskiego*. Po występie Papież zwraca się do nas: – Bardzo dziękuję za te fragmenty polskiej literatury i polskiej pieśni. Dziękuję wszystkim artystom, którzy tutaj, na tej szczególnej scenie, mogli się wypowiedzieć – artystom największego lotu, największym nazwiskom w świecie aktorskim, śpiewaczym, artystycznym naszej Ojczyzny. – Potem poświęca czas na krótką rozmowę z każdym z nas. Ze wzruszenia nie możemy z Gustawem powiedzieć ani słowa. Różaniec, który dostaję z rąk Papieża, jest dla mnie najdroższą pamiątką. Dwa lata później daję go Jasiowi, gdy przystępuje do Pierwszej Komunii Świętej. Błogosławieństwo udzielone przez Ojca Świętego rozświetliło naszą przyszłość i utwierdziło w przekonaniu, że tylko miłość liczy się w życiu człowieka. Dzięki niej i z nią można pokonać wszystko.

Kończy się pewien etap w Jaśka i naszym życiu. Po beztroskim, zabawnym okresie w przedszkolu i w zerówce we wrześniu nasz syn idzie do pierwszej klasy szkoły podstawowej. Robi się poważniej. Czas zaczyna płynąć dużo szybciej, zwiększa się liczba naszych wspólnych obowiązków. Smutnieję, bo coś mija bezpowrotnie. Zaczyna się jednak coś nowego...

Skiz na antypodach

Gustaw powtarza, że o sukcesie stanowi dawanie, a nie branie. Że pożytkiem aktorstwa, miarą jego godnego wypełnienia będzie tylko to, co przekażemy innym. W Teatrze Polskim reżyseruje interesującą sztukę *Staś*, napisaną przez Jerzego Jarockiego. Za kanwę posłużyły autorowi fakty z życia rodziny Witkiewiczów – Ojca, którego zagrał Gustaw, i Syna, czyli Witkacego, w tej roli Krzysztof Gosztyła. Rola Ojca została doceniona i Gustaw otrzymuje nagrodę Prezydenta Warszawy. Równolegle

Piąte urodziny Jasia, 1983 →

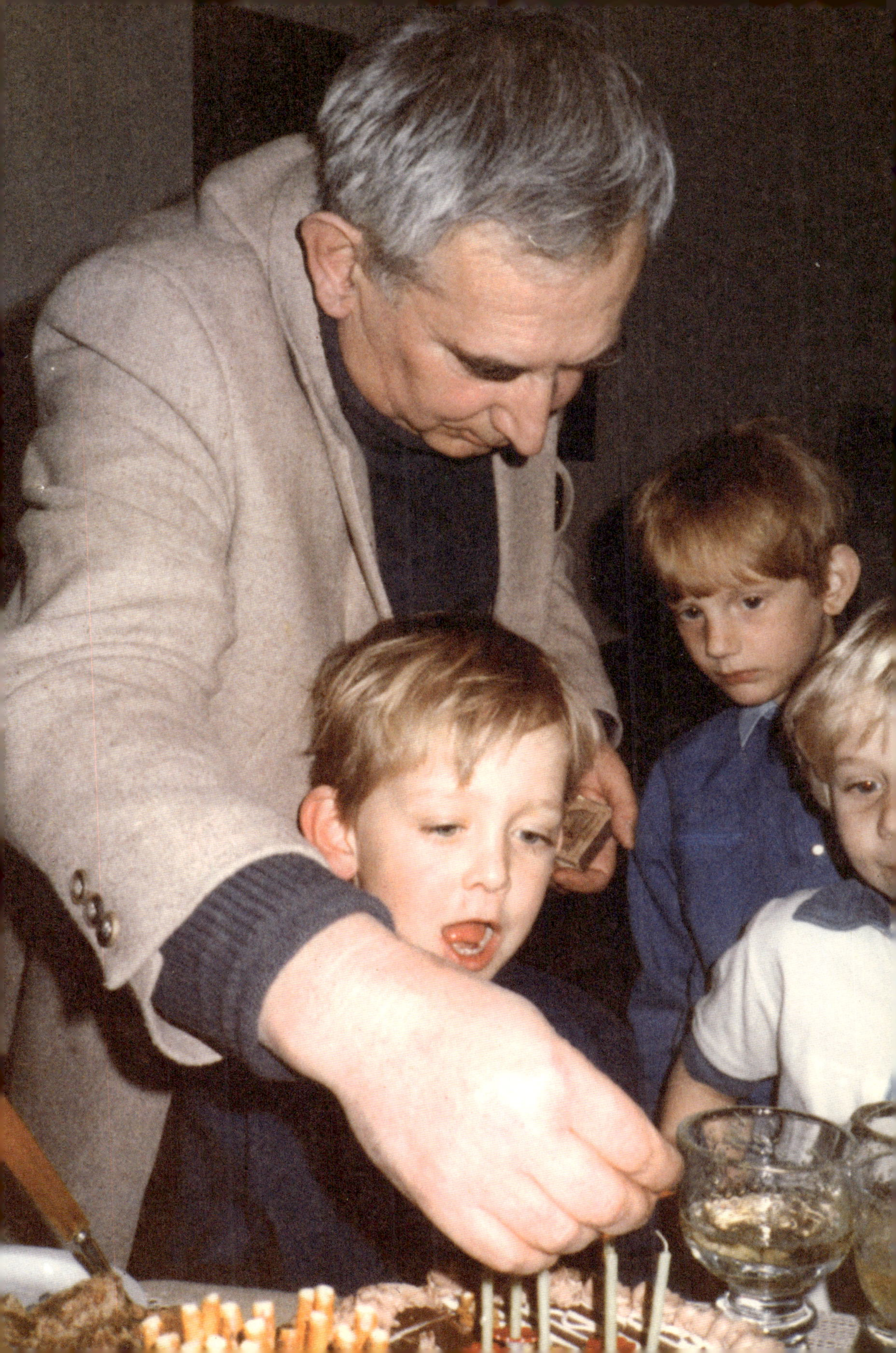

w Teatrze na Piętrze w Poznaniu wystawia *Męża i żonę* Fredry. Dopełnieniem pracowitego sezonu są dwie duże ciekawe role filmowe: w *Zygfrydzie* – profesora o skłonnościach homoseksualnych i *Weryfikacji* – byłego redaktora naczelnego[67].

Ja po pięciu latach absencji decyduję się skorzystać z telewizyjnych propozycji. W przedstawieniu opartym na listach pisanych przez króla Jana Sobieskiego[68] do żony Marysieńki gram właśnie Marysieńkę. Bardzo ceniony i lubiany przeze mnie reżyser Andrzej Barański powierza mi tytułową rolę w telewizyjnym filmie *Lucyna*, a Tadeusz Kijański w spektaklu telewizyjnym *Ostatnia noc lata* Caldwella. Natomiast Romuald Szejd wystawia w teatrze Scena Prezentacje spektakl poświęcony piosenkom francuskiego kompozytora, autora i wykonawcy Leo Ferre. Nigdy przedtem nie śpiewałam francuskich piosenek, ale dzięki udziałowi w przedstawieniu zostaję nimi zauroczona na zawsze.

Otrzymujemy miłe zaproszenie z londyńskiego Polskiego Ośrodka Społeczno-Kulturalnego. Nie przypuszczamy, że będzie źródłem owocnych występów na kilka następnych lat. Kierująca tamtejszym teatrem Urszula Święcicka i Feliks Łaski, finansowy dobrodziej, proponują nam występy w wieczorze poświęconym poezji i muzyce. Wybór wierszy zależy wyłącznie od nas. Decydujemy się na poezję romantyczną naszych wieszczów Mickiewicza i Słowackiego w oprawie muzycznej utworów Fryderyka Chopina – *Ballady i romanse* ja recytuję, Gustaw Wielką Improwizację oraz fragmenty *Beniowskiego*. Nasz występ gromadzi w POSK-u wyjątkową widownię. Wybitnych przedstawicieli emigracji znałam tylko z kart historii i nawet nie marzyłam, że ich kiedykolwiek poznam. Teraz zasłuchani w słowa i muzykę siedzą na widowni: pani generałowa Irena Andersowa, Zofia Terne, Maria Drue, Włada Majewska, prezydent Rzeczypospolitej Polskiej na Uchodźstwie Edmund Raczyński i jeszcze wiele znakomitości. Wieść o wieczorze, rozrastającym się do kilku występów w Londynie, o których piszą, że są odtrutką na istniejące zakłamanie i wyświechtanie polskiej mowy, powrotem do pięknego i prostego słowa, rozchodzi się pocztą pantoflową po świecie. Przez kilka następnych lat dostajemy propozycje powtórzenia ich w Paryżu, Wiedniu, Australii, Stanach Zjednoczonych, Kanadzie. Zmieniają się tylko miejscowi muzycy. Jedynie w trasie kanadyjskiej od Atlantyku do Pacyfiku towarzyszy nam nasza przyjaciółka, wybitna pianistka Ewa Pobłocka, którą namówiliśmy na ten długi wyjazd. Dla rodaków, którzy z powodu decyzji politycznych nie mogą przyjechać do kraju i tęsknią za polską mową, muzyką i teatrem, nasze występy są świętem, dotknięciem kraju, powrotem do pięknego polskiego słowa.

Wielokrotnie proszono Gustawa, żeby koniecznie myślał o spektaklu teatralnym, który moglibyśmy pokazać za granicą. Kiedy odeszliśmy z Dramatycznego, pewne sztuki w sposób naturalny zeszły z afisza. Przykro było myśleć, że tyle pracy poszło na marne. Wówczas Gustaw, mimochodem, zwrócił się do Piotra Fronczewskiego i do mnie: „Zapamiętajmy tego *Skiza*, może się jeszcze kiedyś przydać". I rzeczywiście, *Skiz* okazuje się pomysłem idealnym. Ma wszystkie niezbędne atuty: świetna polska komedia, znakomite role, czteroosobowa obsada, minimum dekoracji, a więc kłopoty z podróżami, transportem i prezentacją w różnych warunkach scenicznych też minimalne.

Gramy na olbrzymich scenach w Ameryce, Kanadzie i Australii i w uroczych, bardziej kameralnych teatrach Europy. Wszędzie widownia wypełniona po brzegi, czy to pod kanadyjskim kołem podbiegunowym, gdzie temperatura dochodziła do czterdziestu pięciu stopni poniżej zera, czy w południowej Australii, gdzie było ponad czterdzieści stopni ciepła. I tak jak w Warszawie: huragany śmiechu, brawa przy znakomitych puentach, owacje na stojąco przy ukłonach. Wszędzie nasz *Skiz* anonsują: „Wyborny spektakl! Wspaniała komedia! Błyskotliwy dialog! Na dwie godziny zapomnieć, że istnieje inny świat na zewnątrz, że mogą być jakieś inne konflikty niż małżeńsko-towarzyskie".

Nie do wiary! Gucieniek na antypodach, najdalej jak można sobie wyobrazić. Nikt z naszych przyjaciół nawet przez chwilę nie podejrzewał, że Gustaw wyprawi się tak daleko. Jego wielokrotne już wyjazdy do Ameryki i Kanady traktowano jak wielki wyczyn, a tu nagle Australia. Jestem jedyną w czteroosobowym zespole *Skiza*, która troszkę poznała Australię. Występowałam tu rok wcześniej z kabaretem „Dudek". Doświadczyłam na własnej skórze, jak trudny jest przeskok z naszych zimowych temperatur w potworny upał, jak bardzo daje się we znaki zmiana czasu i jak ogromne odległości przyjdzie nam pokonywać.

Po ponadtrzydziestogodzinnym locie z Warszawy, z przesiadkami w Amsterdamie, Colombo i Singapurze, szczęśliwie lądujemy w Melbourne. Następnego wieczoru w pięknym starym teatrze premiera *Skiza*. Jesteśmy zmęczeni, rozbici i zdani wyłącznie na siebie. Nie mamy profesjonalnej obsługi. Do naszej czwórki – Ewy Wiśniewskiej, Piotra Fronczewskiego, Gustawa i do mnie – należy ustawianie na scenie przenośnych dekoracji i rekwizytów, zadbanie o kostiumy, pomaganie sobie w szybkich zmianach kostiumów i w razie wpadki wzajemne podpowiadanie sobie tekstu. Czujemy się niczym aktorska trupa z dawnej epoki, z tym że przemierzamy całe kontynenty. Mamy ogromną tremę zwielokrotnioną zmęczeniem i niepewnością.

Udało się. Spektakl pierwszego na australijskiej ziemi profesjonalnego teatru z Polski okazuje się naszym wielkim artystycznym sukcesem. Publiczność wychwytuje najbardziej finezyjne perełki arcyzabawnej i arcymądrej sztuki Gabrieli Zapolskiej. Owacja na stojąco przy otwartej kurtynie jest najpiękniejszym podziękowaniem i daje wiarę, że tournée będzie fantastyczne. Na widowni siedział mój wujek Zbyszek Szubański, rodzony brat mojej mamy, i popłakał się ze wzruszenia. Obiecujemy, że po zakończeniu czterotygodniowej trasy wrócimy do Melbourne i pobędziemy z nim i rodziną kilka dni. Moja australijska rodzina to ciocia Margaret, Szkotka, i wujek Zbyszek, Polak. Ich troje dorosłych dzieci to moje najbliższe rodzeństwo. Jedna z córek, Magda Szubański, jest bardzo znaną i lubianą aktorką. Wierzyć się nie chce, że los tak bliskich ludzi rzucił tak daleko.

Tropem kabaretu „Dudek" lecimy do Sydney, gdzie przez kilka wolnych dni odpoczywamy i zwiedzamy miasto. Gustaw, po doświadczeniach z San Francisco, nie daje się namówić na rejs statkiem po słynnej z piękna zatoce Sydney. Na szczęście odbyłam tę wycieczkę rok wcześniej w towarzystwie kolegów z „Dudka". Również z nimi wdrapałam się na najwyższe przęsło Portowego Mostu, z którego mogłam podziwiać zapierający dech w piersiach widok na miasto. Tę niecodzienną, zakazaną dla turystów eskapadę umożliwiła nam ekipa polskich robotników remontujących Harbour Bridge. Gustaw woli podziwiać most i usytuowany obok niego przepiękny gmach opery, stojąc na ziemi. Żadne z nas, nawet w najśmielszych marzeniach, nie przypuszczało, że naszego *Skiza* zagramy na jednej ze scen słynnej opery w Sydney. I znowu aplauz i ogromne wzruszenie publiczności i nasze.

Przed nami daleka podróż: Brisbane – złote wybrzeże Australii, Canberra — stolica, pustynna Adelajda i odległe o tysiące kilometrów Perth. I wszędzie czekają na nas spragnieni teatru Polacy. W czasie całej podróży staramy się jak najwięcej zobaczyć, wręcz wchłonąć niespotykaną nigdzie atmosferę kraju z końca świata. Gustaw nalatał się samolotami i nachodził jak nigdy dotąd, ale jest szczęśliwy. Cieszę się, że możemy podziwiać wszystko razem. Oboje w zimnie i wichurze docieramy do cudu przyrody, Dwunastu Apostołów nad Zatoką Tasmańską, i razem szukamy złota w ponadstuletniej zabytkowej kopalni kruszców. Złota nie znajdujemy, ale poznajemy całkowicie inny niż reszta świata magiczny kraj.

Przez częste podróże i granie za granicą cierpi trochę praca w naszym macierzystym Teatrze Polskim. Gustaw zagrał w ciągu dwóch lat tylko w sztuce Tadeusza Bradeckiego *Wzorzec dowodów metafizycznych*. Sporo natomiast w telewizji – od króla Jagiełły w serialu *Królewskie sny* do Wolanda w *Mistrzu i Małgorzacie* Bułhakowa[69]. Gustaw nawet w najśmielszych marzeniach nie mógł przewidzieć, że właśnie ten czteroodcinkowy teatr telewizji

Miłość na antypodach, 1988

do tego stopnia zafascynuje naszego dziesięcioletniego Jasia, że ogląda go sam lub w towarzystwie zapraszanych do domu dzieci niemal codziennie. Dzięki *Mistrzowi i Małgorzacie* pokochał całą twórczość Michaiła Bułhakowa i zainteresował się książkami.

A ja gram Lenę, rolę epizodyczną w filmie Roberta Glińskiego *Łabędzi śpiew*, a nieco później na deskach scenicznych Adę – wścibską, niedopieszczoną starą pannę w *Lekkomyślnej siostrze* Perzyńskiego[70].

Nigdy nie żałujemy tego, co nas omija w Polsce, gdy pracujemy za granicą. Poznajemy świat i nowych ludzi, przeżywamy niezapomniane wzruszenia, zdobywamy nowe doświadczenie zawodowe. Wcielamy wtedy w życie wielką mądrość Horacego *Carpe diem*. Dyrektor Dejmek nie jest tego samego zdania. Nie może zrozumieć, że Gustaw po ponad czterdziestu latach nieustannej pracy w teatrze wyrywa się od czasu do czasu na wolność i nie jest do stałej dyspozycji Teatru Polskiego. Chce mieć Holoubka na wyłączność, jest zaborczy, a zagraniczne występy nazywa pogardliwie chałturą i stratą czasu. Wprawdzie wyraża oficjalną zgodę na bezpłatne urlopy, ale nie jest zadowolony, że „jego aktor" wymyka się spod kontroli. Relacje między nimi zaczynają układać się nie najlepiej. Gustaw traci przekonanie do tej współpracy. Panowie „wyrośli" z siebie. Nie mieszczą się już dwie tak wielkie indywidualności ludzkie i artystyczne pod jednym dachem, tym bardziej że Gustaw zaczyna w Polskim pracować z reżyserem, z którym w żaden sposób nie może się porozumieć. Informuje o tym dyrektora Dejmka i prosi o wycofanie go z obsady. Następnego dnia na tablicy informacyjnej czyta komunikat, że jest zwolniony z teatru z powodu odmowy współpracy. Wychodzi bez słowa. Nawet nie rzuca na odchodne swojego ulubionego powiedzonka, którym żegna się z przyjaciółmi: „Wszystkiego najlepszego życzy kominiarz". Formę wypowiedzenia uznaje za, najdelikatniej mówiąc, nieelegancką. Po prostu odchodzi. Mnie natomiast dyrektor zaprasza do gabinetu i zapewnia, że sprawy między nim a Gustawem dotyczą tylko ich dwóch i moja przyszłość w teatrze na tym nie ucierpi. Prosi, żebym w imię rodzinnej solidarności nie rezygnowała z Polskiego, bo będzie miał dla mnie interesujące propozycje. Gustaw też radzi, żebym poczekała na rozwój wydarzeń.

Dyrektor Dejmek dotrzymuje słowa. W następnych latach gram w jego reżyserii Ubicę w *Ubu królem* Alfreda Jarry'ego i tytułową *Mirandolinę* Goldoniego[71]. Obie tak diametralnie różne role naprawdę lubię. Dyrektor jest w stosunku do mnie lojalny, respektuje wszystkie moje prośby związane z wyjazdami, ponieważ zarówno kabaret „Dudek" z nowym programem i nieco zmienioną obsadą, jak i *Skiz* mają powodzenie. Występujemy w niezapomnianych miejscach: pięknej auli uniwersytetu w Waszyngtonie, a wśród widzów Jan Nowak-Jeziorański, w Los Angeles Jadzia Barańska i Jerzy Antczak, w Wiedniu poetka Ewa Lipska, profesor Władysław Bartoszewski z małżonką, ksiądz profesor Józef Tischner, w Chicago Feliks Konarski Ref-Ren, a w Zurychu Ola Watowa i Jacek Kaczmarski. W szwajcarskim Baden, na zaproszenie Barbary Młynarskiej-Ahrens, gramy *Skiza* w oszklonym pawilonie usytuowanym w parku. Ciepła, letnia pogoda, a po spektaklu czeka na widzów uroczy piknik ze specjałami kuchni polskiej. Towarzyszy nam Jasiek i jest cudownie...

Z Jackiem Kaczmarskim, Zurych 1985

Obyś żył w ciekawych czasach...

1989–1990

Zaszczytna funkcja

Starożytna chińska klątwa: „Obyś żył w ciekawych czasach” wyjątkowo pasuje do Polski. Takich czasów nigdy u nas nie brakowało, a rok osiemdziesiąty dziewiąty jest szczególny – szóstego lutego zwołano obrady Okrągłego Stołu, które stały się milowym krokiem ku demokracji. Uchwały wynikające z tych historycznych rozmów doprowadzają do wyborów do niezależnego sejmu i senatu. Gustaw, który nigdy nie aspirował do bycia politykiem, zostaje postawiony w stan gotowości.

Gustaw Holoubek – senator Trzeciej Rzeczypospolitej

Lech Wałęsa zwraca się do Gustawa, Andrzeja Szczepkowskiego, Andrzeja Łapickiego i Andrzeja Wajdy z prośbą o kandydowanie do parlamentu. Wyrażają zgodę, uznając to za zaszczytne wyróżnienie i podziękowanie za postawę większości środowiska w stanie wojennym. Gustaw Holoubek zostaje senatorem III Rzeczypospolitej! Żartowałam, że teraz nie będzie mu już wypadało pomóc mi w zmywaniu albo obieraniu ziemniaków. Jak zwykle, poradził sobie ze wszystkim. Sumiennie wypełnia senatorskie obowiązki, łącznie z wyjazdami do swojego okręgu wyborczego: Krosna, Jasła i Sanoka. Stara się pomagać i załatwiać wszystkie pilne sprawy wyborców, czym zaskarbia sobie ich szacunek. Udziela się w pracach Komisji Kultury i Sztuki z pożytkiem dla sztuki i jej odbiorców. Zaszczytna funkcja senatora kłóci się jednak z pracą zawodową, z której nie chce zrezygnować. Godzi te zadania kosztem ogromnego wysiłku, co odbija się na jego zdrowiu. Nie widzi w przyszłości szans na sprostanie obu tym funkcjom, a także coraz częściej i boleśniej zdaje sobie sprawę, że kultura wobec ekonomii schodzi na plan dalszy. W następnych wyborach parlamentarnych już nie kandyduje.

W życiu zawodowym Gustawa rok osiemdziesiąty dziewiąty również zaznacza się szczególnie. Do współpracy zaprasza go dyrektor teatru Ateneum – Janusz Warmiński. Daje mu carte blanche na granie i reżyserowanie wszystkiego, co uzna za odpowiednie. Ateneum przyjmuje go pod swoje skrzydła. Czuje się tu jak w domu. Z Gustawem w głównej roli reżyser Krzysztof Zaleski adaptuje na scenę *Małą Apokalipsę* Tadeusza Konwickiego. Z kolei Konwicki, chcąc utrwalić na taśmie filmowej wielką kreację Gustawa-Konrada z *Dziadów*, reżyseruje niezwykły film *Lawa* z genialnie wykonaną, trwającą wstrząsające dwadzieścia dwie minuty Wielką Improwizacją. Należy mu się za to filmowe zapamiętanie szczególne i ogromne podziękowanie!

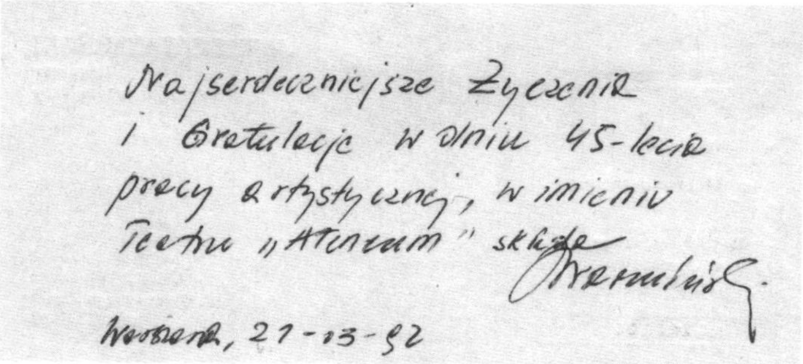
Najserdeczniejsze Życzenia
i Gratulacje w dniu 45-lecia
pracy artystycznej, w imieniu
Teatru „Ateneum" składa
Warmiński
Warszawa, 27-03-92

Wielcy przyjaciele Gucio i Tadzio niezmiennie „urzędują" przy kawiarnianym stoliku, żeby pogadać o wszystkim. Zdaniem Janusza Hellicha i moim potrzebowali tych spotkań jak tlenu. To rytuał porządkujący ich dzień. Wyjątkowym zaś spotkaniem stał się wyjazd z ekipą filmową do Wilna, rodzinnego miasta Tadzia. Pozwala Guciowi otrzeć się o magię miejsc utrwalonych w twórczości Mickiewicza i lepiej zrozumieć miłość i tęsknotę Tadzia do tych stron. Mówi, że Wilno to takie samo miejsce dla Tadzia jak jego Zwierzyniec w Krakowie.

Przywozi mi z Litwy prezent i kto nie zna Gustawa, mógłby pomyśleć, że to żart albo drwina. Rozumiem jednak jego niechęć do chodzenia po sklepach, brak czasu i wiem, że kierują nim dobre intencje. Paczka, którą mi wręcza, jest ciężka i bardzo mnie rozbawia, ujrzałam bowiem... żeliwną skrzynkę z zestawem narzędzi do majsterkowania. Oboje nie mamy pojęcia o tego rodzaju pracach, ale narzędzia nieraz nam się w domu przydają.

Słynny „stolik" przeniósł się z kawiarni Czytelnika do kawiarni Bliklego

Cierpienie i bezradność, jakie malują się na twarzy Gucia, gdy trzeba odnawiać mieszkanie, są tak dojmujące, że biorę to raz na zawsze na swoją głowę. Staję się organizatorem i nadzorcą wszelkich domowych robót, spraw administracyjnych, zebrań, opłat świadczeń i temu podobnych nudów. Z całego serca tego nie lubię, jednak nie mam wyjścia, bo Gucio nie znosi tego jeszcze bardziej. Na szczęście remonty zdarzają się raz na kilka lat. Wysyłam wówczas moich chłopców do Bukowiny i sama zostaję w środku bałaganu i hałasu, z obcymi ludźmi kręcącymi się po domu. Nagrodą za to „poświęcenie" jest czyściutkie, pachnące świeżością mieszkanie i szczęśliwe miny moich chłopców.

Gucio bardzo szybko zaznacza swoje terytorium popielniczkami pełnymi petów. Papierosy pali wszędzie, więc zapach świeżości ulatnia się bardzo szybko. Wypala też dziury w obrusach, ubraniach, nawet meblach i podłodze. Wściekam się, tłumaczę, że zagraża to jego i naszemu życiu. Widmo „czerwonego kura" nie działa, nałóg jest silniejszy. Argumentów dotyczących zdrowia przestaje w ogóle słuchać i zamyśla się głęboko albo zapewnia mnie, patrząc prosto w oczy, że wcale nie pali, mimo że dym ze schowanego za siebie papierosa kłębi mu się nad głową, a zdarza się, że pochodzi z wypalonej dziury w spodniach. Ma też szczególny talent do wylewania na siebie płynów i plamienia wszystkiego, co znajdzie się w zasięgu ręki. Czasem w tym zasięgu jestem ja. W samolocie do Nowego Jorku najpierw zalewa mnie lepkim sokiem pomarańczowym, a niedługo potem dobrze osłodzoną kawą z mlekiem, która wlewa mi się do botków i neseseru. Na lotnisku Kennedy'ego, gdzie witano nas z wielką pompą, prezentuję się w haftowanych w parzenice góralskich kapciach, które wiozłam w prezencie, i poplamionej spódnicy. Na występy do Londynu leci sam. Mam dolecieć następnego dnia. Wieczorem dzwoni: – Dobrze, że nie leciałaś. Wylałem na sąsiada w samolocie całą herbatę.

Siebie też nie oszczędza i mogłabym ułożyć specjalną listę dań w rodzaju: „Mankiety w śmietanie", „Krawat w sosie pomidorowym", „Jasnobeżowe spodnie nadziewane wiśniowymi konfiturami". Czasem wymaga natychmiastowego przebrania się od stóp do głów. Nie znosi tego, ale posłusznie zmienia garderobę przy mojej pomocy, żeby było szybciej. Na usprawiedliwienie moich trudów dodaje: – Sam ubiera się tylko lokaj. – Staram się zachować cierpliwość, jednak szlag mnie trafia. Wtedy robi swoją specjalną

← Od 13 grudnia 1981 roku Gustaw znowu pali

Ta mina zawsze rozbrajała Magdę...

minę, która całkowicie mnie rozbraja. Wybucham śmiechem i złość mija. Wymyśla też, że kiedy wychodzimy z domu, zamiast tradycyjnego „do widzenia", mam żegnać go przestrogą: – Błagam, tylko nie oblej się zupą. – Inne jego powiedzonko dotyczy mojego strojenia się przed wyjściem. Lubię krótkie sukienki i dekolty, więc ubrania jest na mnie niewiele. Gustaw, pospieszając mnie, woła: – Magda, rozbieraj się – wychodzimy! – Czasem, gdy siedzimy w kuchni we dwoje, kiedy wychodzę, przez roztargnienie gaszę światło. Gucio zostaje w ciemnościach. Po chwili woła cichutko: – Magusiu! – Wracam i śmiejemy się z tego mojego zapomnienia. Typowym obrazkiem naszej codzienności jest scenka: Gustaw siedzi w pokoju i ogląda telewizję. Wchodzę i pytam: – Napijesz się herbaty? Cisza. Pytam po raz drugi. Znowu cisza, więc wychodzę. Po półgodzinie wracam po coś do pokoju i słyszę: – Tak, proszę.

Wszyscy troje dobrze czujemy się w naszym domu. Czasem, w ciągu dnia, wpadamy nawet na krótką chwilę, ot, umyć ręce, wypić herbatę, posiedzieć sekundę. Niby nic, a nabiera się sił na resztę dnia. Lubimy też razem pomilczeć. Zajmujemy się swoimi sprawami, ale jesteśmy razem i tylko to się liczy.

Nie zawsze jest idyllicznie. Czasem sprzeczamy się, ale nie są to awantury czy kłótnie, po których ludzie się na siebie obrażają. Nie karzemy się „cichymi dniami" i chęcią rewanżu. Sprzeczamy się o drobiazgi, nigdy o pryncypia, w sprawach naprawdę ważnych idziemy jak konie w zaprzęgu. Na pewno denerwuje go moja skrupulatność i pedanteria, ale tłamsi w sobie zniecierpliwienie i ustępuje. Mnie drażnią notoryczne pytania o to, co gdzie leży, chociaż jest w tym samym miejscu od lat. Od pytania: „Czy mamy w domu jakiś nóż (łyżkę, miskę)?" stają mi włosy na głowie. Dziwne, że gdy wyjeżdżam, doskonale daje sobie ze wszystkim radę i wie, gdzie jest „jakiś nóż", cukier, młotek, parasol. Życie składa się z drobiazgów, a one najbardziej Gucia rozdrażniają. Przykładem wieszaki do ubrań, które złośliwie spadają na podłogę, zaczepiają się jeden o drugi, jednym słowem nie poddają się ludzkim nakazom, wprawiają Gustawa w irracjonalny szał. Potrafi nawet ofuknąć Janusza Hellicha, który po śmierci swojej matki zostaje, jak

Magda uwielbiała robić swetry nie tylko na ekranie: *Lucyna*, 1986

mówi, przez nas przygarnięty, i mieszka u nas podczas pobytu w Polsce. – Kiedy dom szykował się do snu – przypomina mi Janusz – Gustaw zasiadał do pasjansa. Ja dyskretnie naprzeciw niego. Rozpoczynają się rozmowy przy pasjansie. To były jego monologi, prowokowane przeze mnie tematami: „Szekspir", „Kraków", „Dramatyczny", „Fronczewski" „Gołas", którego Gustaw uważał za najlepszego Papkina w historii teatru. Nie zgadzaliśmy się w paru sprawach politycznych czy ocenach ludzi. Kiedyś stracił do mnie cierpliwość i powiedział dość ostro, prosto w oczy: „Przyjeżdżasz z tej swojej Norwegii i zniechęcasz mnie do Polski".

Każdy, kto nas odwiedza, zauważa, że nasz dom emanuje ciepłem i spokojem. Może dlatego nie musimy uciekać się do żadnych metod, wychowując naszego syna. Czerpie przykład z postępowania rodziców wobec siebie i innych. Kierujemy się intuicją. Dajemy mu miłość, poczucie bezpieczeństwa i zaufanie, z zastrzeżeniem, że nie wolno mu tego zaufania zawieść. Z tego wynikają proste konsekwencje: swoboda wyboru i zero tolerancji dla kłamstwa. Nie stosujemy kar, bo sam doskonale wie, co zbroił, i musi się z tym uporać. Może o wszystkim z nami porozmawiać, poradzić się i przede wszystkim być sobą, niczego nie udawać. Chwalimy za rzeczy dobre, a umiarkowanie i dyplomatycznie ganimy za złe. Ma naszą pełną akceptację.

Gustaw nie jest zwolennikiem cieplarnianego wychowywania dzieci. Ilekroć wraca myślą do swego dzieciństwa, z rozrzewnieniem wspomina „szkołę życia", jaką dało mu krakowskie podwórko. Moje doświadczenia są identyczne. Któregoś dnia, gdy Jasiek skończył trzy lata, ojciec poszedł z nim pod trzepak i przedstawił podwórkowej ferajnie. Tylko od Jasia zależało, czy będzie przez dzieci akceptowany, czy nie. Udało się. Podwórko stało się polem zabaw i doświadczeń, poznawania reguł gry i hierarchii wartości. Tu poznał smak zwycięstw i porażek i tu sam dobierał sobie towarzystwo. Potem poszedł do państwowego przedszkola, a gdy skończył siedem lat, do polskiej podstawówki dwie przecznice od domu.

Okres dojrzewania, którego tak bardzo się obawiamy, mija bez buntu i związanych z tym problemów. Na rozwój i kształtowanie jego osobowości wpływa na pewno też towarzystwo, które bywa u nas w domu, ludzi ze wszech miar interesujących i z poczuciem humoru.

Ma szczęście, od dwunastego roku życia żyje już w wolnej Polsce.

„Oj, Magusiu, Magusiu, przygniotłaś mi lewe ucho!", w pokoju Gustawa, lata dziewięćdziesiąte →

Władysław II Jagiełło
DIABŁY i ANIOŁY

Ratuję od niepamięci obrazki kalejdoskopu...

Ateneum – jak w domu

1991–1992

45

Szanowny Jubilat
Pan Gustaw Holoubek

Przyjemności

Teatr Ateneum stwarza Gustawowi warunki do artystycznego samostanowienia. Może reżyserować i grać to, co najbardziej kocha – klasykę. Odpowiada mu również atmosfera towarzyska, przypominająca czasy Dramatycznego. Wszechstronne możliwości zespołu aktorskiego gwarantują owocną współpracę[72].

Przywiązanie do klasyki i wracanie do niej przez całe zawodowe życie jest nie tylko osobistą potrzebą serca, ale też misją Gustawa. Wierzy, że tamte wybitne dzieła nigdy się nie starzeją, są zawsze żywe, docierają do wrażliwości współczesnego człowieka. Premiera *Mazepy* koronuje jubileusz czterdziestopięciolecia pracy artystycznej Gustawa. Sam reżyseruje przedstawienie i gra rolę Jana Kazimierza. Jako Mazepa – Marek Kondrat, Wojewoda – Piotr Fronczewski, Zbigniew – Krzysztof Kolberger i Wojewodzina – młodziutka Magdalena Wójcik. Piękny, marcowy wieczór w teatrze Ateneum. Atmosfera ciepła, serdeczności i autentycznego uznania rozczulają Gucia. Nie spodziewa się takiego rozmachu: depesz z całej Polski, listów gratulacyjnych, kwiatów, prezentów, laudacji i przemówień. Gustaw, jak zwykle, nie dopuszcza do koturnowej podniosłości tego wydarzenia i przy podziękowaniach wywołuje ogólną wesołość, przytaczając anegdotę o babci klozetowej, z którą zetknął się w miejskim szalecie, bodajże w Kielcach. Gdy już opuszczał przybytek, zerwała się ze stołka i ze wzruszeniem powiedziała: „Dziękuję, że mogłam pana bliżej poznać".

← Życzenia dla Gustawa z okazji czterdziestopięciolecia pracy twórczej od Jerzego Dudy-Gracza i...

Całe zdarzenie jest zabawne tylko dlatego, że sam je opowiada, z właściwym sobie czarem. Wielokrotnie proszono go, żeby napisał książkę złożoną z anegdot i dowcipów, z których słynie. Zawsze odmawia, uważając, że jakość i śmieszność żartu wynikają z osobowości opowiadającego. Jak choćby ten na temat viagry. Pytano go czasem, czemu śladem kolegów nie występuje w reklamach. Odpowiadał krótko: – Jedyne co mógłbym reklamować, to viagra. Ale musiałbym wtedy pokazywać skutki jej zażycia, a na to nie mogę sobie pozwolić. – Nawet najgłupszy i najwulgarniejszy dowcip może być pełen uroku, gdy opowiada go właściwy człowiek we właściwym momencie. Liczy się kontekst, inteligencja, klasa, nawet tembr głosu opowiadającego. Spisany na papierze staje się tylko martwym zbiorem słów.

Uroczyste obchody jubileuszu urządzono Gustawowi również w Krakowie, w Teatrze Stu, a także na drugiej półkuli, w Stanach Zjednoczonych i Kanadzie, zapraszając tam właśnie *Mazepę*. Wielotysięczna widownia polonijna entuzjastycznie przyjmuje przedstawienie i potwierdza wiarę Gustawa w nieprzemijającą atrakcyjność i siłę klasyki. Zawsze bardzo się cieszę z jego sukcesów. Nigdy nie wkrada się między nas paskudne uczucie zawiści, które zdemolowało niejeden związek. Każde z nas robi swoje, pomagamy sobie, nie zatruwamy się jadem niespełnionych ambicji.

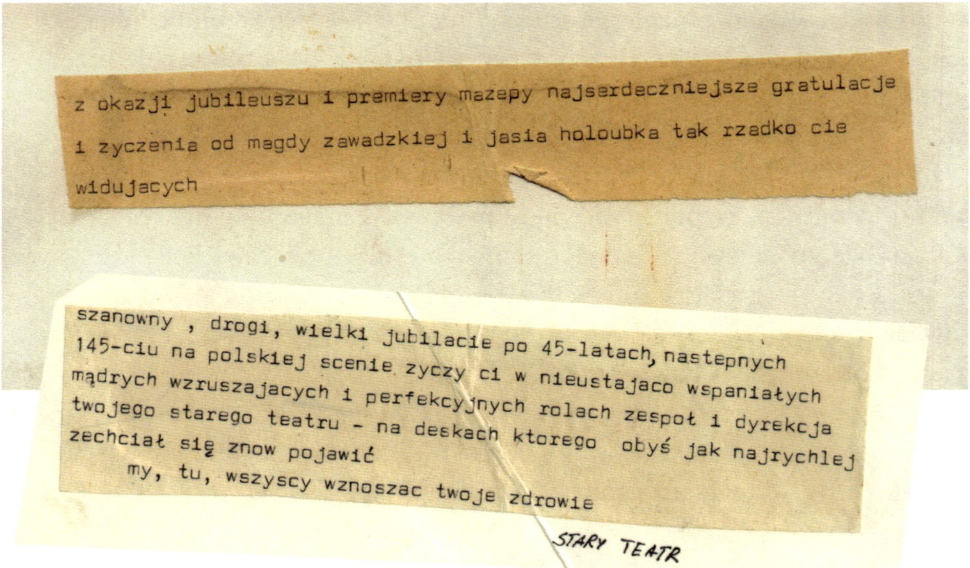
z okazji jubileuszu i premiery mazepy najserdeczniejsze gratulacje
i zyczenia od magdy zawadzkiej i jasia holoubka tak rzadko cie
widujacych

szanowny , drogi, wielki jubilacie po 45-latach, nastepnych
145-ciu na polskiej scenie zyczy ci w nieustajaco wspaniałych
mądrych wzruszajacych i perfekcyjnych rolach zespoł i dyrekcja
twojego starego teatru - na deskach ktorego obyś jak najrychlej
zechciał się znow pojawić
my, tu, wszyscy wznoszac twoje zdrowie

STARY TEATR

...Magdy z Jaśkiem oraz zespołu Starego Teatru w Krakowie

Obojgu nam sprawia przyjemność wydawanie pieniędzy. Między innymi po to pracujemy. Nie jesteśmy rozrzutni. Staramy się gospodarować tak, żeby starczało na wszystko, ale obce nam jest skąpstwo i ciułanie do skarpety. Gustaw, mimo że z Krakowa, nie ma nic wspólnego z osławionym centusiem. Pieniądze wydajemy na dostatnie życie, na naszego Jasia, na wakacje i podróże, na przyjemności. We wszystkich poczynaniach przyświeca nam filozoficzna maksyma Sokratesa „Nic ponad miarę". Z postacią Sokratesa zetknęłam się bliżej, grając jego żonę w telewizyjnej sztuce *Obrona Ksantypy*[73]. Trudno było jej żyć u boku tego wielkiego filozofa, za to „mój wielki człowiek" jest bardzo łatwy w pożyciu. Staramy się robić wszystko wspólnie i razem cieszyć się nową rzeczywistością.

Życie gospodarcze i społeczne wraca do normy, nieznanej w Polsce od kilkudziesięciu lat. Jest na co wydawać i trudno oprzeć się pokusom. Cóż to za niebiańskie uczucie po prostu wejść do sklepu i kupić to co się chce, co się podoba. Rozpętuję domową rewolucję. Zaczynam od wymiany socjalistycznego sprzętu gospodarstwa domowego na lepszy i ładniejszy. Pozbywam się enerdowskiej pralki, która miała upiorny zwyczaj wyskakiwania w trakcie prania w trzech kangurzych skokach na środek łazienki, lubiła też, bez specjalnej przyczyny, zalać podłogę. Jej los podziela radziecka lodówka, którą trzeba było co chwila rozmrażać, bo w krótkim czasie obrastała górami lodu. Na śmietnik wyrzucam zdobytą gdzieś koło Piły suszarkę do włosów – słabo suszy, za to niemiłosiernie głośno rzęzi. Zbyteczna już okazuje się zabierająca dużo miejsca zamrażarka, bo żywność można kupić bez problemu, w ilościach detalicznych, nie hurtowych.

Po latach jeżdżenia maluchami 126p wchodzę do salonu samochodowego, wybieram model i po załatwieniu formalności wyjeżdżam pięknym autem, oplem corsą. Mruczenie silnika nowiutkiego samochodu zdaje się anielskim chórem w porównaniu z warkotem, jaki z siebie wydaje maluch. Mam co prawda do niego sentyment, choć wymaga kilku dodatkowych przedmiotów, które zawsze należy z sobą wozić. Najważniejszy – kij od szczotki do zamiatania, który spełnia dwie ważne funkcje: służy do podtrzymywania opadającej w czasie jazdy na głowę podsufitki albo do uruchamiania silnika. Obowiązkowa zapasowa para rajstop ratuje, gdy zrywa się pasek klinowy.

Pewien niesmak budzi gumowy guzik-czopek, który służy do uruchamiania spryskiwacza szyb. Gdy się go naciska, palec wpada do środka, a spryskiwacz i tak robi, co chce. Akumulator, ledwo żywy w czasie mrozów, wymontowywany wieczorem, grzeje się do rana w domu przy kaloryferze. Mając malucha, nie zna się dnia ani godziny. Mimo to wiernie służy mi kilka lat.

Gucieniek też żegna się z zastawą, ładą, dacią, polonezem i innymi wytworami myśli technicznej RWPG. Odżywa, gdy przesiada się do dobrego, zachodniej produkcji auta. Jeździ nim po papierosy do kiosku stojącego kilkadziesiąt metrów od domu, a kiedy proszę, żeby poszedł z Jasiem na spacer, odwiedzają bardzo odległe od domu miejsca, tyle że „spacerują" samochodem. Naturalnie wracają bardzo zadowoleni. Dla przyjemności jazdy Gustaw gotów omijać podstawowe przepisy. Na przykład do kawiarni hotelu Bryza w Juracie jeździ wzdłuż deptaku między ukwieconymi klombami. Zdumienie spacerowiczów graniczy z osłupieniem.

Samochód to dla Gucieńka wspaniała zabawka, wielka, spóźniona miłość pięćdziesięciolatka. Zupełnie nie zna się na silniku, ale gdy coś przestaje działać, otwiera klapę, wkłada okulary i długo, z uwagą, przygląda się skomplikowanej strukturze mechanizmu. Ten obrazek mnie i Jaśka rozczula. Gustaw bardzo dba o wygląd zewnętrzny auta. Wizyta w myjni należy do obowiązkowych przyjemności. Równie chętnie „myje" mój samochód, a zimą odśnieża. Ku mojemu zdumieniu nauczył się zmieniać koło i śmiem twierdzić, że marzy o złapaniu gumy. Nie bacząc na nic, klęka w przydrożnym kurzu czy błocie i zaczyna ewolucje z lewarem. Koszty związane z oddawaniem garnituru do pralni są znacznie wyższe, niż gdyby zapłacił za usługę kierowcy zatrzymanej ciężarówki. Jest jak dziecko – umorusany po uszy i szczęśliwy.

Viva España!

Nadeszły letnie wakacje 1992 roku. Spotyka nas niespodzianka, która przechodzi nasze najśmielsze oczekiwania. Z inicjatywy koleżanki z czasów studiów w szkole teatralnej, Basi Młynarskiej-Ahrens, siostry Wojtka Młynarskiego, mieszkającej na stałe w Bazylei, zostajemy zaproszeni przez jej ciotkę panią Nelę Rubinsteinową do jej hiszpańskiej posiadłości o nazwie

La Rueda w Marbelli. Sprawiamy sobie nowe paszporty z napisem „Rzeczpospolita Polska". Wakacje zapowiadają się wyjątkowo atrakcyjnie, więc chcemy to uwiecznić i kupujemy, specjalnie na ten wyjazd, kamerę wideo. Nie cieszymy się nią zbyt długo. Jasiek rozpakował pudło, wziął kamerę do ręki i... tak już zostało. Nawet przez okno patrzy „okiem kamery". W Hiszpanii zupełnie oszalał, kręci dosłownie wszystko, zresztą Bogu dzięki, bo mamy dokument z pobytu u pani Neli. Nie przypuszczamy nawet, że te wprawki czternastolatka przerodzą się w prawdziwą pasję i będą zaczątkiem przyszłego zawodu operatora filmowego.

Podziwiamy położony na wzgórzu dom państwa Rubinsteinów. W porównaniu z sąsiadującymi z nim pałacami jest typowo hiszpańskim, skromnym, parterowym domkiem z białymi ścianami i czerwoną dachówką oraz basenem. Otoczony kwiatami i krzewami oraz wspaniale utrzymanym ogrodem warzywnym. W tle piętrzące się góry Sierra Nevada, w dole morze. Zamieszkujemy w pawilonie studiu wybitnego pianisty. Magiczne przeżycie. Niemal czujemy jego obecność. Przypominają o tym jego ulubione obrazy, zdjęcia z wielkimi tego świata, meble, drobiazgi, a przede wszystkim okazały fortepian Artura Rubinsteina. Odnosimy wrażenie, jakby klawiatura zachowała dotyk jego palców. Jasiek, o zgrozo, najspokojniej zasiadł do tego uważanego za relikwię instrumentu i odbębnił „kotlety".

Na naszą prośbę pani Nela bardzo często puszcza płyty z nagraniami mistrza, wtedy dom rozbrzmiewa muzyką, a pani Nela opowiada o dawnych czasach, sławnych ludziach, z którymi byli zaprzyjaźnieni, wytwornych balach i nieustannych podróżach po całym świecie. Słuchamy tych wspomnień wieczorami, przy blasku świec i przy wtórze cykad.

Lubimy zaglądać do portu w pobliskim miasteczku, dokąd przypływają luksusowe jachty milionerów z całego świata. Stajemy na nabrzeżu i obserwujemy załogę przygotowującą jacht na przyjęcie gości albo kelnerów szykujących stół do kolacji przy świecach dla dwojga. Mamy wrażenie, że przed naszymi oczami przesuwa się film. Wyprawiamy się też na kolację do uroczych knajpek w zaułkach i na rynku starej Marbelli, gdzie rozbrzmiewają rytmy flamenco.

W ciągu dnia kulinarny raj roztacza przed nami pani Nela, słynąca z wykwintnej kuchni i wyrafinowanych specjałów, autorka niecodziennej książki kucharskiej *Kuchnia Neli*. Jestem zachwycona różnorodnością i smakiem przygotowywanych dla nas potraw, Jasiek i Gucio mniej. Zamiast wymyślnie faszerowanej ryby mój mąż w skrytości ducha marzy o swojskich młodych ziemniakach z koperkiem i zsiadłym mlekiem. Któregoś wieczoru delikatnie nadmienia o tym pani Neli, a ponieważ darzy ona Gustawa wielką sympatią i uznaniem, od tej chwili ma to, co lubi. Jasiek natomiast boi się przyznać, że chciałby pizzę, której kuchnia pani Neli nie uznaje. Parę razy wymykamy się więc ukradkiem z domu na wzgórzach do Pizza Hut i Jasiek z wielkim zadowoleniem zjada całą pizzę king size.

Kiedy my z Jasiem szalejemy w morzu lub basenie, Gustaw siedzi w cieniu pergoli z panią Nelą i gawędzą. Jako zapaleni kibice oglądają w telewizji olimpiadę w Barcelonie i pani Nela imponuje Guciowi znajomością sportu. Jeździmy też na wycieczki do okolicznych wiosek i miast, położonych nad morzem i w górach. Najdalsza jest wyprawa do Sewilli. Odbywająca się tam światowa wystawa nie robi na nas takiego wrażenia jak samo miasto i słynna z piękności katedra, jeden z najwspanialszych gotyckich kościołów na świecie.

Nieznośny upał daje się we znaki codziennie, nawet Jaśkowi i mnie. Gustaw jest nim już zmęczony, źle znosi gorące dni, chroni się w chłodzie domu i ogrodu. Właśnie wtedy, mimo że docenia uroki tych nadzwyczajnych trzech tygodni, decyduje, że nie chce już więcej jeździć w tak gorące miejsca. Słowa dotrzymuje. Mnie daje wolność wyboru, wręcz zachęca do wyjazdów, wiedząc, że podróże są moją pasją.

Cały świat w kropli wody

Jeżdżę z Jaśkiem lub z koleżankami, czasem sama, najwyżej na dwa tygodnie. Gustaw w tym czasie spędza czas w Bukowinie albo w Warszawie, która podczas wakacji jest wyjątkowo pusta i piękna. Zawsze mówi, że cieszy się dwa razy: gdy wyjeżdżam i gdy wracam.

Krótkotrwałe rozstania są bardzo potrzebne. Można wtedy robić to, na co ma się ochotę, smakować wolność i nawet tęsknota staje się wówczas przyjemnością. Z dalekich wypraw wracam pełna wrażeń, dzielę się nimi z Guciem, on chętnie ich słucha, ogląda zdjęcia, a potem opowiada znajomym tak dokładnie i barwnie, jakby sam tam był, a wiele osób nawet w to wierzy. Lubi powtarzać, że cały świat jest w kropli wody. Nie przestaje jednak ze mną w ogóle podróżować, nie jeździ tylko w ciepłe kraje. Zawodowo czy prywatnie, razem czy osobno, nieustannie wyprawiamy się do krajów Europy, Ameryki czy Kanady. Jednej tylko podróży nie zrealizowaliśmy – do Pragi. Gustaw wielokroć obiecuje mi wspólny wyjazd do tego miasta, które pamięta z czasów dzieciństwa, dokąd jeździł ze swoim ukochanym ojcem odwiedzić jego bliską rodzinę. Będąc dzieckiem, mówił po czesku. Gdy miał dziesięć lat, jego tata zmarł i kontakty z czeską rodziną ustały. Gustaw pisał: „Czy pamiętam ojca? Wyłania mi się tylko z mgły, z nierzeczywistości, w kilku miejscach, na chwilę”[74]. Pięknie o nim opowiadał. Szkoda, że nigdy nie pojechaliśmy do Pragi, ale pielęgnuję w myślach obraz miasta, które stworzył w swych opowieściach Gustaw.

Gustaw Holoubek – ojciec Gustawa, Kraków około 1900 roku

Nasza pięta achillesowa

Gustaw pięknie mówi, ale czasem trochę za wiele. Jest tak dalece ufny, że dzieli się swoim szczęściem, radością czy informacjami z innymi, wierząc, że przyjmują to tak samo radośnie i serdecznie. Smutnieje, gdy przekonuje się, że ludzie potrafią być fałszywi i podli. Przestrzegam go, nawet się złoszczę, proszę, żeby nie każdemu mówił o sprawach delikatnej natury. Wynikają z tego gadulstwa czasem przykre, a innym razem zabawne sytuacje. Spotykamy się pewnego razu ze znajomym w kawiarni, przy małym stoliku. Przedtem uprzedzam Gustawa, żeby nie poruszał pewnej drażliwej sprawy. W ferworze rozmowy Gucio naturalnie zapomina o mojej prośbie i zapędza się w opowiadaniu na ten właśnie temat. Dyskretnie, pod stołem, daję mu znaki, ściskając jego kolano. Ku memu zdumieniu zupełnie nie reaguje, natomiast znajomy czerwienieje i prawie traci oddech. Pojmuję, że ściskam za kolano nie Gucia, lecz owego pana. Ze wstydu chcę się zapaść pod ziemię.

Roztargnienie ciągle nam towarzyszy. Nieraz smaruję sobie twarz mydłem w kremie... do golenia, które tak mi ściąga skórę, że przez cały dzień z trudem mogę się uśmiechnąć, ale nie mam za to ani jednej zmarszczki – najlepszy patent na bezkrwawe i bezskalpelowe odmłodzenie. Innym razem przez tydzień smaruję rano i wieczorem twarz zamiast kremem, odżywką do włosów. Przeczytałam później w ulotce, że zalecają ją spłukiwać po dwóch minutach. Co za szczęście, że moje oblicze nie pokryło się zarostem! Ileż to razy wracam do domu bez zakupów, bo kładę je na dachu samochodu i odjeżdżam. Spadające produkty znaczą drogę mojego przejazdu.

Gustaw lubi obserwować, jak dziarsko ruszam w drogę. Komentuje niezmiennie: – Magusia bardzo pewnym krokiem zdąża w przeciwnym kierunku. – On natomiast podczas srogiej zimy wraca z teatru do domu w kurtce dużo niższego i drobniejszego Jasia Kociniaka. Dowiadujemy się o tej zamianie, ponieważ Jasio dzwoni do nas, bo w kieszeni ma klucze do domu i samochodu. Gucio bardzo go przeprasza i zapewnia, że zaraz jedzie do teatru. Wkłada tę kurtkę i nie wierzę własnym oczom, że nie zauważył pomyłki: rękawy sięgają mu do łokci, a żeby móc się zapiąć, musiałby się chyba udusić.

Kiedyś po powrocie do domu narzeka, jakiego to paskudnego barszczu próbował u Zbyszka Zapasiewicza. Okazuje się, że odgrzali sobie wodę z czerwonym płynem do zmywania, która miała pomóc w odmoczeniu stojącego na kuchni garnka. Dobrze, że zjedli tego świństwa tylko troszeczkę. Cytuje mi na tę okoliczność fragment wierszyka z dziecinnych lat: „Jedzcie barszczyk, kumciu moja, kot go nie chciał, pies nie dojadł, moje dzieci go nie chciały, ale barszczyk doskonały!". Taki właśnie jest mój Gucieniek, a ja pod tym względem mu dorównuję.

Staram się być doskonale zorganizowana, zwłaszcza jeśli dotyczy to pracy. Narzucam sobie rygor: zapisuję dni i godziny zajęć, swoich i Gustawa, i kilkakrotnie sprawdzam zgodność zapisków z rzeczywistością. Pocieszające – nigdy nie zapominamy przyjść do teatru na spektakl ani o innych zajęciach zawodowych. Pilnujemy siebie nawzajem. Sumiennie odpowiadam na listy i telefony, staram się nie spóźniać. Obstawiam się zegarkami, na wszelki wypadek mam ich kilka. Gucio tylko jeden. Dostał go po moim dziadku Mieczysławie i bardzo się do niego przywiązał. Zegarek ma tradycyjny mechanizm, wymaga więc regularnego nakręcania. Oczywiście Gustaw nie pamięta o tym drobiazgu, więc zegarek fiksuje i chodzi, jak chce, i tylko Gucio, dodając lub odejmując godziny czy minuty, potrafi zgadnąć czas zbliżony do właściwego. Jednak nawet on się myli i wstaje, przeważnie zimą, w środku nocy, myśląc, że to ciemny ranek, zjada śniadanie i zabiera się do wyjścia.

Dzięki pracy nad sobą jestem postrzegana jako osoba poukładana, na której można polegać. Tylko Gustaw wie i docenia, ile wysiłku kosztuje mnie wtłoczenie roztargnionej głowy w pancerny hełm uporządkowania.

Los nam sprzyja
1993–1994

Sukces Gustawa, pasje Jaśka

W dziewięćdziesiątym trzecim roku Teatr imienia Słowackiego w Krakowie obchodzi stulecie. Gustaw zaczynał w nim swoją karierę artystyczną, grając głównie w komediach, farsach i wodewilach. Darzy ten pierwszy w jego życiu teatr ogromnym sentymentem. Gdy proszą go o wyreżyserowanie jubileuszowego przedstawienia, jak na skrzydłach leci do Krakowa.

Dwudziestego pierwszego października idzie w górę słynna kurtyna Siemiradzkiego i cichnie gwar podekscytowanej widowni. Oboje ronimy łezkę wzruszenia. Na premierowy spektakl Gustaw wybrał fragmenty *Balladyny* i *Beniowskiego* Juliusza Słowackiego. Składa tym patronowi teatru i swojemu ukochanemu poecie najpiękniejszy hołd. To triumfalne święto Gustawa i jego miasta, Krakowa.

W Warszawie, która również stała się jego miastem, w teatrze Ateneum gra w sztuce Luigiego Pirandella *Tak jest, jak się państwu zdaje*, a telewizja, która ma wówczas mądry i pożyteczny zwyczaj rejestrowania wydarzeń teatralnych, upomina się o *Mazepę* i *Stasia*. Dzięki temu Gustaw może te dwa świetne spektakle zainscenizować dla Teatru Telewizji.

Właśnie w Teatrze TV rola Elektora w sztuce Heinricha von Kleista *Książę Homburg*[75], pierwszej polskiej realizacji wielkiego niemieckiego dramatu romantycznego, przynosi Gustawowi prestiżową nagrodę Prix Italia na międzynarodowym konkursie twórców radiowych i telewizyjnych we Włoszech. Ale jak to u nas w zwyczaju, dowiadujemy się o tym już po fakcie z zachodnich mediów. Rodzime przekazały tę informację dużo później, tak mimochodem. Nikt z władz telewizji nie zawiadamia o tym sukcesie

← „Pan także?!", w Drewnicy, na planie filmu *Szpital przemienienia*, 1978

Gustawa, tak że nawet nie odbiera nagrody osobiście podczas wielkiej gali wręczania statuetek we Włoszech, na Capri. Z nagrodą łączy się też gratyfikacja pieniężna, ale Gustaw nie ujrzał ani grosza. Prezes TVP, zwanej wówczas telewizją pampersów, reflektuje się bardzo późno i na oczach polskich telewidzów w końcu wręcza laureatowi statuetkę, która okazuje się anonimowa, bez wygrawerowanego imienia i nazwiska zdobywcy nagrody i tytułu. Gustaw elegancko nie komentuje tej kompromitującej sprawy. W tego rodzaju sytuacjach zwykł przytaczać ironiczno-złośliwe powiedzonko krakowskiej arystokracji: „Zmarł ten dozorca, który nas tak bardzo cenił". Bo tak naprawdę ważne jest tylko, że *Książę Homburg* zapisał się w historii Teatru Telewizji.

W historii zaś naszej rodziny też następuje niemal historyczny etap – Jasiek rozpoczyna naukę w liceum! Trudno mu się rozstać z towarzystwem z podstawówki, ale wszyscy rozchodzą się, każdy w swoją stronę. Jasiek nie należy do pilnych uczniów. Nie lubi się uczyć, a lekcje go nudzą. Gada, kręci się, przeszkadza, ma tróję ze sprawowania. Z innych przedmiotów stopnie trochę lepsze, ale korzysta z pomocy korepetytora. Szczególnie przedmioty ścisłe są kłopotem. Rozumiem to i kładę na karb genetycznego dziedzictwa po mnie. Z przedmiotami humanistycznymi jednak też radzi sobie słabo. Tłumaczymy mu, że edukacja jest niezwykle ważna. Gustaw w swoich wystąpieniach na forum publicznym podkreśla jej fundamentalne znaczenie dla rozwoju jednostki i społeczeństwa. Z własnego doświadczenia wie, jak wiele może zależeć od osobowości nauczyciela i sposobu nauczania. Wszechstronną wiedzę zawdzięcza wybitnym pedagogom, którzy rozbudzili w nim chęć do nauki. Sam wiele lat wykłada w szkole teatralnej i stara się nie tylko przekazać podstawy zawodu, ale także rozwijać w młodych ludziach wrażliwość i otwartość na świat.

Podejście Jasia do nauki zmienia się jak za dotknięciem czarodziejskiej różdżki w liceum. Szkoła na prawach fundacji zatrudnia nauczycieli z powołania, którzy uczą młodzież samodzielnego myślenia. Sprzyja też atmosfera. Między uczniami a profesorami zawiązują się przyjaźnie, które trwają wiele lat. Rodzice też się lubią i utrzymują ze sobą ścisłą więź. Jasiek zaczyna się uczyć, bo wstydem wobec nauczycieli i kolegów jest nie umieć. Nie musi zakuwać w domu, bo wraca ze szkoły z wiedzą przyswojoną na lekcjach. Znikają korepetytorzy, sam daje sobie radę zarówno z przedmiotami ścisłymi, jak i humanistycznymi. Zapisuje się do jednego z wielu działających w szkole kółek zainteresowań – kółka filmowego. Ma szczęście, bo przez cztery lata tajników sztuki filmowej uczy go świetny dokumentalista – Józef Gębski. Młodzież ma też czas na rekreację i zabawę.

Jasiek, którego bezskutecznie przez kilka lat katujemy nauką gry na fortepianie, zdecydowanie z niej rezygnuje. Znajduje własną drogę muzycznego spełnienia. Porywa go perkusja, na której szybko uczy się grać. Jego profesor fizyki, Paweł Jastrzębski, dowiaduje się o pasji Jaśka i zaprasza go do swojego zespołu. Koncertują w warszawskim Irish Pubie i na gościnnych imprezach. Jasiek chodzi również na basen, gra w tenisa, świetnie biega, jeździ na rowerze i na nartach.

Moich chłopców, Jasia i Gucia, nazywam kocurami, darzą się przyjaźnią i czułością. Mruczą o jakichś swoich męskich sprawach, bo Jasiek wkracza w wiek, w którym bardzo ważny jest kontakt z ojcem.

Argumentów syna należy wysłuchać w skupieniu

Praca i jeszcze raz praca

Los chce, żebyśmy z Gustawem znowu pracowali razem w jednym teatrze. Nim jednak to nastąpi, rozpoczynam próby do spektaklu poświęconego twórczości Feliksa Konarskiego, Ref-Rena. Napisaniem scenariusza i reżyserią zajął się Andrzej Strzelecki. Piękne wiersze i piosenki Ref-Rena, przepojone tęsknotą za Polską, pisane przed wojną i na powojennej emigracji, nie są znane szerokiej publiczności. Twórczość Feliksa Konarskiego znalazła się na indeksie władzy ludowej. Jedynie słynne *Czerwone maki na Monte Cassino* wyrwały się spod kontroli. Miałam przyjemność poznać pana Feliksa w Chicago, gdzie przyszedł obejrzeć występy kabaretu „Dudek". Potem z kolei ja mogłam obejrzeć jego wieczór kabaretowy, który prezentował w Londynie. Jestem panem Feliksem i jego twórczością oczarowana. Mam więc powód do radości, pracując nad tekstami i piosenkami do spektaklu, który na długo przed premierą zostaje zaproszony do Stanów, Kanady, Londynu i Paryża. Uroczystą premierę zaplanowano w Warszawie, w Sali Kongresowej. Zaproszenie do udziału w spektaklu w charakterze gościa

Z Ireną Andersową na spacerze po Chicago

nadzwyczajnego przyjmuje lwowianka, pieśniarka i aktorka, generałowa Irena Andersowa[76]. Będzie to pierwszy w życiu występ tej aktorki w Warszawie. Jej obecność na scenie podnosi rangę spektaklu i tak naprawdę tylko ona, żona generała Andersa i przyjaciółka Ref-Rena, może zaśpiewać *Czerwone maki*. Feliks Konarski, niestety, nie doczekał tego święta swojej twórczości w Warszawie[77].

W dziewięćdziesiątym czwartym roku następuje przełom w moim życiu zawodowym. Pewnego dnia dzwoni do mnie dyrektor teatru Ateneum Janusz Warmiński i zaprasza na rozmowę. Proponuje mi współpracę. Serdecznie dziękuję i odmawiam, motywując, że nie mogę ot tak, dla kaprysu czy chęci zmiany, odejść spod opieki artystycznej Kazimierza Dejmka. Janusz Warmiński uśmiecha się i gratuluje lojalnej postawy. – Będę ponawiał swoją ofertę – zapewnia na pożegnanie. I tak jest rzeczywiście. Za trzecim razem, gdy wszystkie okoliczności na to pozwalają, godzę się na zmianę teatru. Cieszymy się z Guciem, że po pięciu latach rozłąki jesteśmy znowu w jednym teatrze. Dzięki temu łatwiej organizować codzienne życie, planować sprawy rodzinne i zawodowe.

W zespole Ateneum od razu czuję się swojsko. Sprzyja temu przytulność i kameralność teatru. Skromny w porównaniu z liczącą ponad tysiąc miejsc widownią Polskiego i sceną wielkości hali lotniskowej teatrzyk na Powiślu od pierwszych chwil staje się bliski memu sercu. Nieliczny jest również zespół aktorski. Odczuwa się rodzinną atmosferę. Janusz Warmiński, wrażliwy artysta i takiż człowiek, prowadzi Ateneum od ponad czterdziestu lat, co jest ewenementem na skalę światową. Czuję, że pod jego opieką będzie mi dobrze.

Pierwszą moją rolą w nowym teatrze jest Żona w *J.B. i inni*, czyli w *Jegorze Bułyczowie* Maksyma Gorkiego. Reżyserii podejmuje się debiutujący w teatrze Tadeusz Konwicki i nietrudno zgadnąć, że Jegora Bułyczowa zagra Gustaw Holoubek. Praca z dwoma tak bliskimi mi panami i serdeczność koleżanek i kolegów pomagają przełamać tremę, która zawsze towarzyszy mi w nowych, nieznanych warunkach.

Dyrektor Warmiński, obywatel świata, wieloletni prezes ITI, Międzynarodowego Instytutu Teatralnego, rozumie moje zamiłowanie do podróży i zezwala na wyjazdy, oczywiście odpowiednio wcześniej zgłaszane. Wie, że poza teatrem występuję gościnnie w kabaretach „Pod Egidą" i „Dudku". Oba nie mają swojej stałej siedziby, więc „uprawiamy sesje wyjazdowe"

Narada przed premierą *J.B. i inni* w teatrze Ateneum, 1994.
Od lewej: Gustaw Holoubek, Tadeusz Konwicki, Janusz Warmiński

po Polsce i za granicą. Tym razem Janek Pietrzak zaprasza mnie na wspólne występy do Republiki Południowej Afryki.

O Afryce nawet nie marzyłam. Wydaje mi się mentalnie i duchowo odległa. Widziałam zarysy jej brzegów ze skał Gibraltaru, byłam blisko niej na Sycylii, ale nie myślałam, że kiedykolwiek tam dotrę. A tu niespodzianka! Zaprasza nas tamtejsza, jak się okazuje, liczna Polonia. Mimo to wśród rdzennych mieszkańców kraju, tak wyrazistych i ekspresyjnych, czuję się wypłowiała i nijaka. Johannesburg, Durban i Kapsztad, miasta naszych występów, diametralnie się od siebie różnią. Johannesburg przypomina metropolie amerykańskie, Durban jest indyjski, a Kapsztad, jedno z najpiękniejszych miast, jakie widziałam, łączy styl południa Europy z afrykańskim. Podróż samochodem przez Afrykę Południową dostarcza fascynujących wrażeń. Jest jak bajka z tysiąca i jednej nocy. Kwitnąca przyroda, góry o płaskich wierzchołkach w kolorze lwiej sierści, pomykające w oddali dzikie

s. 281–289 Ciekawostki z folderu reklamowego kabaretu „Dudek" →

kabaret
DUDEK
stołeczna
ESTRADA

EDWARD DŹIEWOŃSKI

Aktor i reżyser teatrów warszawskich, twórca najpopularniejszego polskiego kabaretu DUDEK, dyrektor i kierownik artystyczny teatru KWADRAT. Wystawiał tam polskie, amerykańskie, angielskie i francuskie sztuki, przeważnie komediowe. Przedstawił polskiej publiczności, między innymi sztuki znakomitego amerykańskiego komediopisarza Neil Simon'a ("The Odd Couple", "The Last of the Red-Hot Lowers", "The Prisoner of the Second Avenue"), reżyserując je i grając główne role.

Z kabaretem DUDEK, który przeżywa swój redivivus, odwiedził szereg europejskich miast i był dwa razy w USA, a ostatnio w Sztokholmie, Wiedniu i Berlinie Zachodnim.

Obecnie Dziewoński gra w wyreżyserowanej przez siebie angielskiej dramatycznej sztuce "Solo na Dwa Głosy" (angielski tytuł — "Duet for One" — autor Tom Kempinski).

Do tej wielorakiej działalności Edwarda Dziewońskiego należy dodać nieprzerwaną od 1960 roku pracę w TV, gdzie grał i reżyserował wszystko od Shakespeare'a do współczesnej komedii. Należy do ścisłej czołówki polskiego aktorstwa i jest niezwykle lubiany i ceniony zarówno przez publiczność jak i krytykę.

JAN KOBUSZEWSKI

Urodzony w Warszawie w 1934 roku. Ukończył Wyższą Szkołę Teatralną im. A. Zelwerowicza w roku 1956.

Występował w warszawskich teatrach: "Rozmaitości", "Polskim", "Narodowym" oraz "Kwadracie". Przez 30 lat pracy scenicznej zagrał około 200 ról teatralnych, zarówno w repertuarze klasycznym jak i współczesnym. Głównie role komediowe. Występy w kabaretach literackich; w kabarecie "Dudek" — 10 lat. Filmy — około 50. Programy telewizyjne — ponad 1000. Liczne seriale radiowe. Występy poza granicami Polski: USA, Kanada, Australia, Austria, Anglia, Szwecja, Norwegia, Niemcy Zachodnie, Węgry, Czechosłowacja, Holandia, Dania, NRD, Włochy, Jugosławia.

MAGDA ZAWADZKA

Jedna z najpopularniejszych i najbardziej cenionych polskich aktorek. Nakręciła ponad 20 filmów, w większości z nich kreując główne role. Filmy takie jak: "Rozwodów nie będzie", "Mocne uderzenie", "Sublokator", "Pan Wołodyjowski", "Mazepa" cieszyły się ogromnym powodzeniem u publiczności i zdobyły duże uznanie krytyki. Za rolę Baśki Wołodyjowskiej zdobyła najwyższe trofea: "Złote grono" na festiwalu filmów w Krakowie i "Złotą maskę" — nagrodę publiczności dla najpopularniejszej polskiej aktorki. Zagrała ponad 30 ról w Teatrze Telewizji. Na stałe współpracowała z kabaretem "Dudek", odwiedziła zarówno z nim, jak i z własnymi recitalami poetyckimi Anglię, RFN, Szwecję, Szwajcarię, 3-krotnie Stany Zjednoczone, Kanadę.

TADEUSZ SUCHOCKI

Przebieg działalności artystycznej:
Studia pianistyczne rozpoczął w 1934 roku w Konserwatorium Muzycznym w Wilnie pod kierunkiem profesora S. Szpinalskiego. Od 1951 do 1962 roku — kapelmistrz i dyrygent Zespołu Pieśni i Tańca "Mazowsze". Od 1957 roku stała współpraca z Polskim Radiem i Telewizją, jako kompozytor, aranżer i dyrygent.

W roku 1963 - Nagroda Prezesa Radia i Telewizji za opracowanie muzyczne cyklu "Śpiewki stare ale jare" (200 opracowań muzycznych i nagrań piosenek ludowych różnych narodów).

W roku 1968 — Nagroda Prezesa Radia i Telewizji za twórczość kompozytorską w dziedzinie piosenki młodzieżowej.

Występy zagraniczne: USA i Kanada (wielokrotnie), Austria, RFN, Szwecja, ZSRR, Bułgaria, Rumunia, Czechosłowacja, itd.

W MICHNIKOWSKI

Jeden z czołowych aktorów polskiego teatru, filmu, radia, telewizji i estrady. Działający w teatrach warszawskich: "Klasycznym", "Teatrze Młodej Warszawy", w teatrze "Komedia", "Teatrze Polskim".

Od 1958 roku nieprzerwanie aż do chwili obecnej w teatrze "Współczesnym" w Warszawie pod dyrekcją Erwina Axera.

Ponad 160 ról teatralnych, przeważnie głównych lub tytułowych. Ponad 60 ról filmowych. Około 200 ról w TV. Jeden z czołowych wykonawców telewizyjnego "Kabaretu Starszych Panów". Ponad 1 600 ról radiowych. Liczne występy estradowe m.in. w kabarecie filmowym "Iluzjon", w teatrze satyrycznym dla młodzieży "Kleks", w teatrze satyryków i aktorów "Wagabunda". Jeden z współtwórców kabaretu "Dudek".

Występy zagraniczne z teatrem "Współczesnym", kabaretem "Wagabunda" i z kabaretem "Dudek" w Czechosłowacji, Bułgarii, Jugosławii, ZSRR, Izraelu, Szwecji, Austrii, W. Brytanii oraz dwukrotnie w USA i Kanadzie.

DUDEK (Upupa epops), długości około 30 cm, rozpiętość skrzydeł około 45 cm; ubarwienie biało-czarne i gliniastobrązowe, na głowie rozkładany strojny czub; wydaje charakterystyczny, jakby dudniący głos (stąd nazwa); młode, zaniepokojone, wystrzykują cuchnącą ciecz; zamieszkują Europę, Afrykę i Azję aż po Japonię; w Polsce rzadki ptak gniazdowy; gnieździ się na pobrzeżach lasów, żeruje na polach i pastwiskach; należy do gatunku chronionych.

EDWARD DZIEWOŃSKI (Dudek), długości około 175 cm, rozpiętość ramion 170 cm; ubranie brązowo-szare, bez rozkładanego, strojnego czuba na głowie; wydaje charakterystyczny, jakby dudniący głos (stąd nazwa); kiedy jako młodzieniec był zaniepokojony, nic nie wykrzykiwał; zamieszkuje w Warszawie w okolicy placu Dąbrowskiego. W Polsce rzadki. Gnieździ się na pobrzeżu kawiarni „Nowy Świat"; należy do gatunku chronionego.

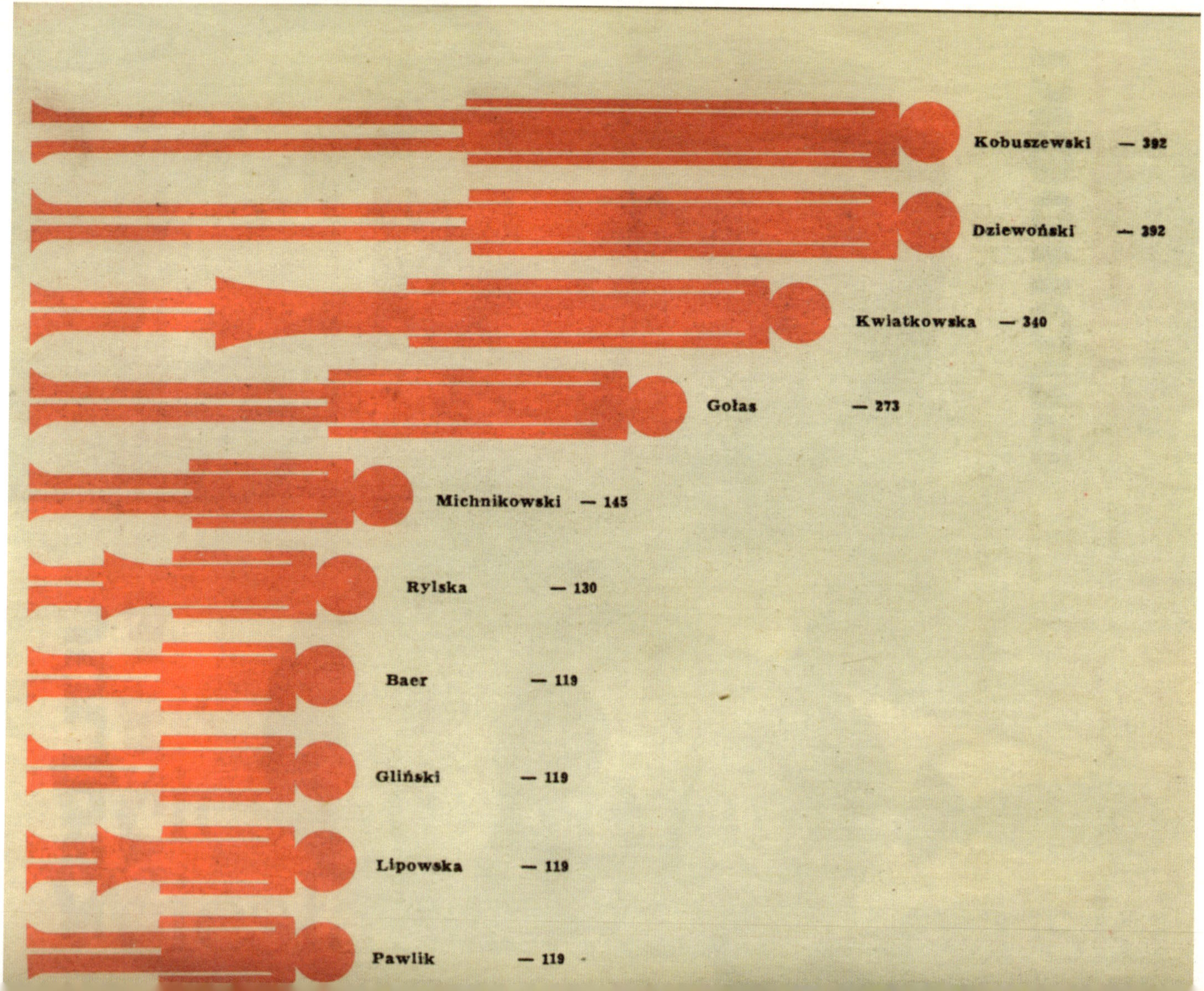
Kobuszewski — 392
Dziewoński — 392
Kwiatkowska — 340
Gołas — 273
Michnikowski — 145
Rylska — 130
Baer — 119
Gliński — 119
Lipowska — 119
Pawlik — 119

KTO ILE RAZY

WYSTĘPOWAŁ W CZTERECH PROGRAMACH KABARETU „DUDEK"

MAGDA

ZAWADZKA

Jak obliczyli uczeni, 392 spektakle pierwszych czterech programów kabaretu „Dudek“ trwało razem 981 godzin 53 minuty i 11 sekund.

Obejrzało je 96.816 widzów, którzy:

- klaskali przez 70 godzin 18 minut 3 sekundy za każdym razem około 100 decybeli;
- zjedli ciastek 96.803 sztuki

  tortów 16.136 kawałków
- wypili kaw 64.544 szklanki

  herbat 32.272 szklanki

  wina 8.068 litrów
- na szatnię wydali 193.632 złote
- na taksówki – brak danych
- na bramę – brak danych

zwierzęta. I jak to nie tylko w bajkach bywa: bogactwo obok niewyobrażalnej ludzkiej nędzy, której trudno zaradzić. Jedziemy na atrakcyjną wycieczkę do wioski Zulusów pod Durbanem. Wódz plemienia wypatruje mnie wśród turystów i zaprasza do tańca z maczugami. Tańcząc z Zulusami w trzcinowych spódniczkach i kolorowych ozdobach z koralików, przenoszę się w inny wymiar. Znów jestem małą dziewczynką, śniącą o bajkowych przygodach, tyle że sen właśnie się spełnia. Wyprawa na najdalej wysunięty skrawek Przylądka Dobrej Nadziei, gdzie stykają się wody oceanów Indyjskiego i Atlantyku, a dalej już nic, koniec świata, daje mi poczucie absolutnego, nierzeczywistego szczęścia. To szczęście zapada mi w serce i przywołuję je, kiedy jest mi źle.

Wracam z tęsknotą w sercu za Afryką. Muszę ją jednak skryć w najodleglejszych zakamarkach duszy, bo jestem już w moim świecie: w rodzinie, domu i pracy. Dostałam małe role w kilku filmach[78] oraz w ośmiu przedstawieniach Teatru Telewizji, z których jedno, *Na dnie* Gorkiego, reżyseruje

W zuluskiej wiosce, z tłumu turystów wódz do tańca wybrał tylko Magdę

Gustaw[79]. Powierzył mi rolę Wasylisy, postaci tragicznie uwikłanej w namiętną miłość bez przyszłości oraz sytuację rodzinną, którą rozwiązać może tylko śmierć. Gustaw widział mnie w takich pełnych sprzeczności i dramatu rolach. Sam również zagrał w tym spektaklu starego mędrca Łukę[80].

Tak się dzieje, że jeśli czemuś poświęcasz szczególną uwagę, coś jest ci wyjątkowo bliskie, powraca do ciebie, tak jak twórczość Słowackiego do Gustawa. Gdy był młodszy, wspaniale grał hrabiego Fantazego, parę lat później *Fantazego* reżyserował w Ateneum i zagrał hrabiego Respekta. Bodaj dwukrotnie już występował w *Kordianie*[81], a teraz reżyser Jan Englert powierza mu w tym dramacie rolę Grzegorza.

Wyliczanie ról, tytułów przedstawień, nazw teatrów jest potwierdzeniem, jak nasze życie ściśle łączy się z pracą i jak wiele się w nim dzieje. Nie wolno, broń Boże, narzekać, że coś nas omija. Nigdy nie mamy poczucia niespełnienia ani zazdrości, że komuś udało się zrobić więcej. Gustaw w ogóle się nie zastanawia, że swoimi dokonaniami mógłby obdzielić kilka ludzkich żywotów.

Kończący się rok możemy uznać za udany. Nawet niemal nic nam się nie stało w koszmarnym wypadku samochodowym, mimo że nasze auto nadaje się jedynie na złom. Zdarzenie ma miejsce, kiedy po udanym jak zwykle letnim pobycie w Bukowinie wracamy do Warszawy. Niedaleko Nowego Targu jakiś szaleniec jadący z naprzeciwka wyprzedza na zakręcie maszynę polową i ciężarówkę. Nie mamy żadnych szans, zderza się czołowo z naszym samochodem. Gustaw, który prowadził, w szoku zaczyna chodzić po jezdni, ja, opanowana w sytuacjach dramatycznych, proszę mijających nas kierowców, żeby wezwali policję. Kiedy przyjeżdża, razem niemal z pogotowiem, orzeka, że cudem uniknęliśmy śmierci. W ułamku sekundy byłoby po nas. Stało się to w przeddzień dwudziestej pierwszej rocznicy naszego ślubu. Może liczba „21" rzeczywiście przynosi szczęście... Jedyną powypadkową traumą jest przez parę sezonów moja „ściana płaczu" – ilekroć wyjeżdżamy w góry, za Radomiem zaczynam płakać i tak już do samej Bukowiny...

Jak ten czas leci

1995–1999

Nowe wyzwania

Gustaw bez pracy twórczej nie umiałby żyć. Męcząca, ale wielka przyjemność. Dzięki niej, kontaktom z ludźmi, życiu w nieustannym ruchu i czerpanej z niego radości jest ciągle młody. Też mam niezły napęd do życia i pracy, więc razem stanowimy tandem nie do pokonania[82].

Zaskakuje mnie naczelna redaktor „Kobiety i Stylu" Anna Szymańska. Proponuje comiesięczne pisanie felietonów do tego czasopisma. Nigdy tego nie robiłam, ale postanawiam spróbować. Napisanie artykułu w określonym terminie, znalezienie tematu zmusza mnie do wnikliwej obserwacji i pracy nad ujęciem myśli w słowo. Uświadamia również, jak wiele tkwi w nas możliwości, o które nawet sami siebie nie podejrzewamy. Przez pięć lat piszę felietony w rubryce *Kij w mrowisko*. Kończą żywot wraz ze zniknięciem pisma z rynku.

Rok dziewięćdziesiąty szósty rozpoczął się smutkiem. Drugiego lutego umiera dyrektor Ateneum Janusz Warmiński. Nad mogiłą żegna go Gustaw: „Ateneum nawiedziła pustka. Pustka pełna smutku i lęku. Smutku po tragicznej stracie i lęku przed przyszłością. I nie dlatego, że odszedł dyrektor – teatr grał wczoraj, gra dzisiaj i będzie grał jutro – ale dlatego, że ten szczególny dom opuścił ktoś, kto go stworzył i otoczył miłością, że jego dobry duch był gwarantem czystości i zobowiązywał do jej przestrzegania. Że długo nie znajdzie się nikt, kto by jak on wiedział, że obok znajomości przedmiotu sztuki i natury twórczości trzeba jeszcze kochać tych, którzy ją uprawiają".

← Gustaw w kawiarni Czytelnika

Zespół czuje się osierocony, zabrakło człowieka bez reszty oddanego tej scenie, z wielką klasą, erudycją, elegancją i o nienagannym artystycznym guście. Nikt nie wyobraża sobie kogoś innego na jego miejscu. Ateneum od lat należy do czołówki teatralnej Polski i zawdzięcza to swojemu dyrektorowi, który tworzył interesujący repertuar i miał zespół znakomitych aktorów. Zostawia Gustawowi list-pożegnanie, w którym prosi go o przejęcie opieki nad teatrem.

Gustaw, jak zwykle, nie zabiega o to stanowisko. Wyręcza go zespół teatru, który poprzez swoich przedstawicieli prosi władze Warszawy o zgodę na objęcie przez Gustawa kierownictwa artystycznego Ateneum. I tak jak przed laty w Dramatycznym Gustaw propozycję przyjmuje i teraz Ateneum staje się naszym i zespołu drugim domem. Gustaw lubi, wręcz zachęca, żeby przyprowadzać do teatru najbliższą rodzinę i przyjaciół, w wolnych od pracy chwilach siedzieć w bufecie czy za kulisami, gadać o wszystkim, doradzać sobie wzajemnie, dowcipkować, grać w kości i karty. I nikomu to nie przeszkadza w poważnym traktowaniu pracy. Gustaw nie znosi pojęcia „kolektyw" i nie wyobraża sobie zbiorowego kierowania teatrem. Owszem, jest otwarty na dyskusję, rady, krytykę, informacje o nowych ciekawych sztukach, ale decyzje nadal podejmuje sam. W błędzie są ci, którym wydaje się, że mogą nim manipulować.

Obejmując kierownictwo artystyczne teatru Ateneum, nie chce na siłę zmieniać jego profilu i tradycji, którą przez wiele lat kształtowali wybitni artyści. Zdaje sobie sprawę, że teatr o takiej właśnie formule jest kochany przez publiczność, która również przez lata dojrzewała razem z nim. Do dziedzictwa po wybitnym poprzedniku chce jedynie dodać coś od siebie. Przez następne lata w naszym teatrze, zresztą jak w każdym innym, są przedstawienia wybitne, dobre, średnie lub tylko przyzwoite, ale nigdy

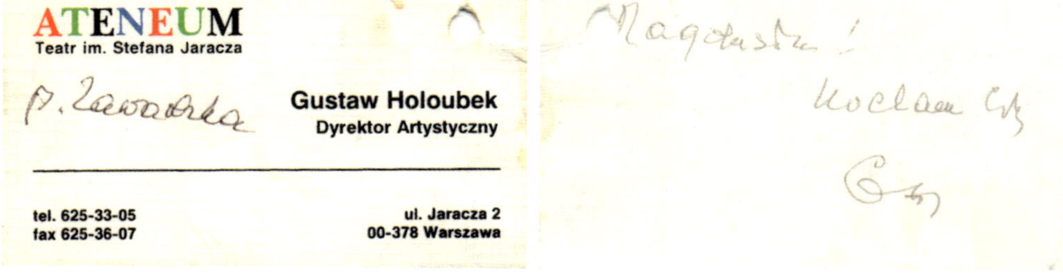

poniżej poziomu, który wyznacza mądrość, wrażliwość i gust dyrektora artystycznego. Jest im wierny przez całe życie, mimo zmienności mód panujących na scenach. Wyznaje zasadę – wystarczy jeden aktor i jeden widz, i już jest teatr. Reszta jest dopełnieniem, które pomaga lub przeszkadza przedstawieniu, ale gdy kurtyna idzie w górę, wymiana energii między aktorem a widzem tworzy niepowtarzalną magię teatru.

W marcu ma miejsce premiera *Kupca weneckiego* Szekspira w reżyserii Waldemara Śmigasiewicza. Gustaw gra Shylocka, ja Porcję. To ostatnia premiera z repertuaru, któremu patronował Janusz Warmiński. Następne decyzje repertuarowe należą już do Gustawa Holoubka.

Podobnie jak w Dramatycznym nie urzęduje zza biurka. Drzwi do dyrektorskiego gabinetu, w którym niegdyś zasiadał Jaracz, niemal zawsze stoją otworem. W przylegającej do niego kilkumetrowej dziupli, gdzie nieprzerwanie urzęduje Joasia Ciepiel, wieloletnia sekretarka dyrektorów Warmińskiego, a potem Holoubka, robi się wyjątkowo tłoczno, gdy obecny jest tam Gustaw. Toczą się rozmowy głównie o sprawach osobistych, o tym, co słychać poza teatrem, ale również zawodowe.

Mimo że kieruje teatrem, gra w Teatrze Telewizji w *Jaskini filozofów* Zbigniewa Herberta, *Improwizacji paryskiej* Jeana Giraudoux i *Czytadle* Tadeusza Konwickiego[83]. Nie wiem, kiedy uczy się tych wielostronicowych tekstów na pamięć. – Żeby być sprawnym zawodowo – zwierzał się w wywiadach – trzeba poświęcić kawał prywatnego życia. – Nie odczuwam tego na co dzień. W domu odpoczywa, ogląda telewizję, słucha muzyki, czyta, gada ze mną i Jasiem. Czasami tylko, szczególnie gdy następnego dnia ma nagranie w telewizji, w popłochu łapie tekst, coś tam sobie naszeptuje i już pamięta. Prawie w locie. Ma żelazne nerwy, skoro uczy się w ostatniej chwili. Sprzyja też temu atmosfera domu. Z chwilą przekroczenia jego progu nerwy opadają i otula nas błogie poczucie bezpieczeństwa. Z absolutnym przeciwieństwem znaczenia i gorzkim wydźwiękiem tego słowa stykam się na planie filmu *Damski interes*. Reżyser Krzysztof Zanussi zaproponował mi rolę gorliwej pracownicy Urzędu Bezpieczeństwa – postaci przewrotnej, łamiącej ludziom życie. Jest dla mnie aktorskim wyzwaniem, co najbardziej lubię.

Gustaw także podejmuje się niecodziennych ról. W filmowej opowieści *Księga wielkich życzeń*[84] gra schorowanego starszego profesora, którego obdarza przyjaźnią i miłością dziewczynka z domu dziecka. Gustaw lubi dzieci, a one jego, najpewniej dlatego że traktuje je poważnie, bez mizdrzenia się i czułostkowości. Garną się do niego zwierzęta, mimo że nie zabiega o ich względy. Rozbawia go ich spryt, urok i prawie ludzka mądrość. Bukowiński Ciapek, pies naszych gospodarzy, zawsze towarzyszy nam na spacerach i słucha wszystkich poleceń Gustawa, tak jakby był jego psem. Gustaw też dużo wie o zwierzętach gospodarskich, bo wakacje spędzał na podhalańskiej wsi. Lubi obserwować krowy, konie, owce – tak pięknie wyglądają w górskim krajobrazie. Z ciekawością przygląda się ptakom. Twierdzi, że jego twarz ma trochę ptasi wygląd, więc to jego pobratymcy. Zazdrości im fruwania, więc uwielbia latać samolotem. W latach siedemdziesiątych stanął oko w oko z królem zwierząt – lwem. Wziął udział w wielkiej charytatywnej gali „Artyści dzieciom", która miała miejsce w cyrku. Ten niezwykły występ od każdego z aktorów wymagał perfekcyjnego nauczenia się i wykonywania pod kierunkiem artystów areny ich programu. Gustawowi przypadła w udziale tresura lwów. Po kilku próbach opowiedział mi, że treser uświadomił mu wyjątkowo istotną rzecz, o której nie miał pojęcia. Będąc już w klatce z lwami, próbował, wspierany przez tresera, skłonić je do posłuszeństwa, patrząc im prosto w oczy. Nic bardziej błędnego. Dla dzikiego zwierzęcia intensywne patrzenie mu w oczy jest sygnałem do rozpoczęcia

Magda poświęcała tyle czasu panu foce o imieniu Rifi, że Gustaw zaczął być zazdrosny...

walki, a chodziło przecież o wymuszenie posłuszeństwa i skłonienie do wykonywania poleceń. Trzeba więc, nie tracąc ani na sekundę czujności, pozornie ignorować zwierzę, uzyskując w ten sposób nad nim przewagę. Gustaw musiał zrezygnować z jednego ze swoich najmocniejszych atutów – niezwykłego, wprost hipnotycznego spojrzenia. Również brałam udział w tej imprezie, tresując mniej groźną fokę. Gustaw, patrząc na jej ruchome uszka wielkości naparstków, westchnął: – Ach, jak chciałbym mieć takie uszy!

Imponuje mi jego śmiałość, nie boi się nowych wyzwań. Krzysztof Penderecki komponuje dzieło muzyczne *Siedem bram Jerozolimy* dla uczczenia trzech tysięcy lat istnienia Świętego Miasta. Zaprasza Gustawa do recytacji psalmów. Podniosłe słowa w jego interpretacji brzmią jeszcze wyraziściej i donioślej. Prawykonanie dzieła odbywa się w Jerozolimie. Gustaw odwiedza wówczas miejsca związane z kultem religijnym i jak opowiada później Jasiowi i mnie, dotarcie do korzeni wiary trzech głównych religii świata jest dla niego znaczącym i niezapomnianym przeżyciem. Przywozi nam pamiątkowy różaniec i ikonę Matki Boskiej. Zostawia w Ścianie Płaczu list z życzeniem, ale nigdy nie zdradza, co w nim napisał. Wraca odrodzony duchowo, z otuchą na następne lata.

Mój tato i jego wnuk

Wiosną dziewięćdziesiątego siódmego roku Jasiek otrzymuje świadectwo maturalne. W dzień jego imienin, dwudziestego czwartego czerwca, dowiadujemy się, że pomyślnie zdał egzaminy i został przyjęty na wydział operatorski łódzkiej szkoły filmowej. Jest to najpiękniejszy prezent, jaki sprawił sobie, dziadkom i nam. – Zdałem mimo nazwiska! – oznajmia nam po powrocie z Łodzi. Błędne jest myślenie, że syn sławnego Gustawa Holoubka ma łatwiej. Nazwisko bywa obciążeniem w torowaniu sobie własnej życiowej drogi i Jasiek już nieraz tego doświadczył.

Jesteśmy z niego dumni. Moi rodzice bardzo pomagają nam w opiece nad Jaśkiem i jego wychowywaniu, a więc każdy jego i nasz sukces jest również ich sukcesem. Dzięki ich pomocy możemy spokojnie pracować, a Jasiek ma prawdziwy dom. Uczestniczą w naszym życiu, starają się oglądać wszystko, w czym bierzemy z Guciem udział. Kochają teatr i muzykę, więc są zachwyceni *Weselem Figara* Beaumarchais'go z muzyką Mozarta[85]. Gram w nim hrabinę Rozynę. Karkołomne zadanie – zaśpiewanie trudnych partii solowych, duetów, tercetów, kwartetów, a nawet kwintetów – powiodło się zespołowi, powstał uroczy spektakl. Chwalą nas nawet wybitni śpiewacy operowi. Uwielbiam kostiumowe role. Wraz z krynoliną, wachlarzem, misterną fryzurą odpływam w inny świat.

Gustaw też próbuje lżejszej formy i reżyseruje dla Teatru TV *Ciotkę Karola*, angielską farsę, w której dla żartu obsadza sam siebie w epizodycznej roli lokaja, oraz *Pannę Maliczewską* Gabrieli Zapolskiej z poruszającą rolą Piotra Fronczewskiego, mecenasa Dauma. Gustaw wierzy w talent i lojalność Piotra, swojego ulubionego aktora. Nigdy się na nim nie zawiódł. Z Piotrusiem może zarówno ciekawie porozmawiać, jak i pomilczeć. Kiedy lecimy ze *Skizem* do Australii, mamy sześciogodzinną tranzytową przerwę w Amsterdamie. Zostawiam obu panów w kawiarni na starym mieście, a sama w ekspresowym tempie gnam zwiedzić miasto. Gdy po nich wracam, grzecznie siedzą w tym samym miejscu, a na pytanie, o czym gadali, zgodnym chórem odpowiadają, że w ogóle ze sobą nie rozmawiali i było im bardzo dobrze. Może na tym polega prawdziwa przyjaźń...

Magda z rodzicami, lata pięćdziesiąte

Magda z rodzicami, lata dziewięćdziesiąte

Ogarnia mnie dojmujący ból i żal. Umiera mój tata Andrzej Zawadzki[86]. Zachwiała się życiowa równowaga mamy, moja i Jasia. Tata był taki odważny, silny, wysportowany. W młodzieńczym wieku pilotował szybowce, był mistrzem Warszawy juniorów w jeździe figurowej na łyżwach. Podczas Powstania Warszawskiego dowodził plutonem w kompanii „Zemsta" AK, walczył na Woli, Starówce i w Śródmieściu[87]. Po upadku powstania trafił do niewoli niemieckiej. Po wyzwoleniu wstąpił do armii generała Władysława Andersa[88] i wraz z wojskiem dotarł do Anglii. Wrócił do Polski, gdy miałam dwa lata, bo plan sprowadzenia mamy i mnie do Londynu się nie powiódł. Z taką kartą wojenną i swoimi przekonaniami nie miał łatwego życia w Polsce Ludowej. Mimo to skończył studia w Wyższej Szkole Ekonomicznej na Wydziale Transportu Morskiego i stał się wybitnym fachowcem w tej dziedzinie. Dobry i uczynny, wierny tradycyjnym zasadom: lojalności, prawdomówności, honoru, uczciwości, odpowiedzialności za słowa i czyny. Był patriotą i dowiódł tego całym swoim życiem.

Jasiek jest jedynym wnukiem mojego ojca. Nie przypominam sobie, żeby tata do mnie miał taką anielską cierpliwość jak do Jasia, żeby rzucał

wszystko, by ze mną pobyć, był bardziej surowy i wymagający. Dla małego Jaśka wymyślał „męskie zabawy", zabierał go na wycieczki z kolegami z czasów wojny, razem z mamą uczyli go piosenek legionowych i z czasów Powstania Warszawskiego. Moja mama, tak samo oddana wnukowi, brała czynny udział w jego wychowaniu i edukacji. Zdejmowała nam z głowy wiele problemów związanych z organizacją życia domowego i zawodowego. Wiedzieliśmy, że gdy Jasiek jest pod opieką moich rodziców, włos mu z głowy nie spadnie. Moja mama Danusia Zawadzka była towarzyszką życia taty od wczesnej młodości. Wojna i okupacja zniweczyły ich plany, ale zawsze byli razem. W czasie wojny z całą rodziną należeli do AK. Mama kolportowała bibułę. Dom moich dziadków Szubańskich i mamy był gniazdem konspiracji. Z narażeniem życia trzymano w nim broń, przechowywano żydowskie rodziny i udzielano schronienia i pomocy powstańcom. W strasznych stalinowskich czasach ta wojenna karta na każdym kroku utrudniała im życie. Jednak nigdy, dla koniunktury czy wygody, nie zmienili swoich przekonań i hierarchii wartości. Mama długo szukała swojej zawodowej drogi. Pracowała w Orbisie, jako korektorka w PAP-ie, w laboratorium medycznym, które było namiastką przedwojennych marzeń o studiowaniu medycyny. Była żądna wiedzy i lubiła się uczyć, więc zaoczne studia na SGGW zaspokoiły te pragnienia. Studiowała, równocześnie pracując, mając na głowie cały dom i dziecko, czyli mnie. Potem pracowała w Miejskiej Radzie Narodowej jako inżynier rolnik. Razem z tatą szli przez życie, tak jak my z Guciem, czyli jak konie w zaprzęgu. Śmierć taty zamknęła długi rozdział ich życia.

Dorośli dwaj panowie

Rok dziewięćdziesiąty siódmy kończy się uroczystym akordem – Gustaw obchodzi jubileusz pięćdziesięciolecia pracy twórczej. Ponieważ obce mu jest megalomańskie nadęcie towarzyszące takim wydarzeniom, razem z reżyserem Krzysztofem Zaleskim decydują się na sztukę opowiadającą w zabawny i mądry sposób o istocie teatru – na *Garderobianego* Ronalda Harwooda. Gustaw tak mówi o tym wyborze: „Wybraliśmy tę, a nie inną sztukę na niewątpliwie śmieszną okazję, bo w naszym środowisku każdy jubileusz podszyty jest śmiesznością. Wybraliśmy ją, ponieważ można przez nią lepiej niż przez okolicznościowe mowy powiedzieć o wszystkim, co dotyczy teatru. Jeśli publiczność zechce wysłuchać tekstu, dowie się, na czym polega uroda pobytu na scenie, a na czym jego męka. Dowie się, że jest granica między oddaniem się iluzji a życiem. Kiedy spada kurtyna, trzeba umieć powrócić do rzeczywistości"[89]. Gustaw jako Sir, aktor i dyrektor objazdowego teatru. Obecny na premierze autor sztuki Ronald Harwood jest pod wrażeniem tego spektaklu, a kreację Gustawa uznaje za wybitną. Polonia amerykańska i kanadyjska, co już stało się zwyczajem, zaprasza *Garderobianego* na występy i urządza Gustawowi za oceanem jeszcze jeden piękny wieczór jubileuszowy.

Jak kiedyś w Teatrze Dramatycznym, tak i teraz, kiedy jest dyrektorem Ateneum, Gustaw niezbyt często gra i reżyseruje. Dwie świetne współczesne role: Ojca w interesującej sztuce *Dom wariatów* Marka Koterskiego, także reżysera przedstawienia, oraz Autora w *Tak daleko, tak blisko* Tadeusza Konwickiego[90], okazują się jego ostatnimi teatralnymi kreacjami. Wielokrotnie deklaruje, że nie musi już na scenie niczego udowadniać, pozostanie na niej, dopóki będzie mógł. Reżyseria czy udział w telewizyjnych przedstawieniach są jednorazowym wysiłkiem, w określonym terminie, a cowieczorna mobilizacja na deskach teatru zaczyna go męczyć. Nie może jednak nic na to poradzić, że widzowie pragną jego obecności[91], bo jak napisał w liście do Gustawa jeden z entuzjastów jego talentu: „Jest pan najlepszym aktorem na świecie".

Mimo że nie mam żadnych nowych prób w teatrze, a w telewizji występuję tylko w jednej roli, w sztuce *Gdy tańczyła Isadora* w reżyserii Magdaleny Łazarkiewicz, nie odczuwam pustki zawodowej. Odrabiam zaległości w czytaniu, chodzeniu do kina i do teatru, w kontaktach rodzinnych i towarzyskich. Mam więcej czasu na życie.

Gdy zaczyna się rok akademicki, Jasiek przeprowadza się do Łodzi. Dom pustoszeje, zmienia się rytm naszego dnia. Smutniejemy, ale nie za bardzo. Nie odczuwamy syndromu opuszczonego gniazda. Oboje uważamy, że niepokój budzą nie te dzieci, które odchodzą z domu, lecz te, które w nim zbyt długo zostają. Przeczytałam kiedyś bardzo mądrą maksymę „Dzieci są pożyczone nam tylko na chwilę". Po dziewiętnastu latach życia pod jednym dachem z Jasiem zaczynamy przystosowywać się do nowej sytuacji. Często tak bywa, że pary trzymają się razem, bo łączą je dzieci i związane z nimi obowiązki. Gdy dzieci odchodzą, nie mają już sobie nic do dania ani nawet do powiedzenia. Stają się sobie obcy. My zaczynamy budować nasze „nowe życie" z radością, że mamy teraz więcej czasu dla siebie. Nadal jest nam ze sobą dobrze i najważniejsze – nie nudno.

Nasze książki

Znajomi i ja wielokrotnie namawiamy Gucia, żeby napisał o swoim tak przecież ciekawym życiu, ale zbywa nas, bo zawsze ma coś ważniejszego do zrobienia. Uważa, że napisał już książkę – *Świat jest teatrem,* o istocie teatru i aktorstwa, wespół z Andrzejem Hausbrandtem. O swoim życiu pisać mu się nie chce i nie ma na to czasu. Mnie natomiast, kiedy zakończyłam pisanie felietonów, czegoś brakuje. Żal mi tej mojej pisaniny, która wraz z pismem „Kobieta i Styl" poszła na przemiał. Postanawiam zbiór felietonów *Kij w mrowisko* wydać w książce, której żywot trwa dłużej. Wydawnictwo Rytm proponuje dopisanie rysu autobiograficznego, który powiedziałby o mnie nieco więcej. Decyduję, że ograniczę się do wspomnień z dzieciństwa i wczesnej młodości, bo te etapy życia są już na zawsze zamknięte. Zabieram się do pisania, choć znów zaczynam próby w Ateneum i teatrze Prezentacje[92]. Goni mnie termin wyznaczony przez wydawcę. Gustaw obserwuje mnie z niekłamanym zainteresowaniem. Czyta to, co już napisałam, i wyraża swoją opinię, która zawsze jest dla mnie najważniejsza: – W tym kawałku, Magusiu, musisz dowcipniej, to jest nudne. – Mamy ogromne zaufanie do swoich opinii.

Oboje jesteśmy zagonieni. Tym bardziej się zdumiewam, gdy któregoś dnia widzę Gucieńka siedzącego w swoim ulubionym fotelu i piszącego coś w zeszycie. Przypomina ucznia w tajemnicy przygotowującego ściągawki na klasówkę. Może to moja inspiracja? Zmobilizował się, znalazł czas i powstaje książka? Po jakimś czasie jestem pierwszą czytelniczką rękopisu zatytułowanego *Wspomnienia z niepamięci*. Gustaw zachwyca mnie mądrością, wdziękiem, filozofią życia i stylem pisania godnym wytrawnych piór literackich. Napisał to, co czuł, prosto z serca i tylko o tym, o czym chciał. Tytułową „niepamięcią" raczej kokietuje, bo doskonale pamięta dzieciństwo i młodość, dwa tak ważne etapy kształtujące całe późniejsze życie. Napisał bardziej wizję minionego czasu, pełną poezji impresję niż zbiór faktów udokumentowanych datami i nazwiskami. Snucie wspomnień dotyczących szczebli własnej kariery, udostępnianie forum publicznemu prywatnych czy intymnych spraw nie leży w naturze Gustawa. „Dżentelmen nie powie" – tej zasady bardzo przestrzega. Ta dyskrecja, a równocześnie głębia przemyśleń, atrakcyjność odległych w czasie wydarzeń ujęte w literacką formę stanowią o wartości i oryginalności autobiografii. Dla mnie jest to jedna z najpiękniejszych książek, jakie przeczytałam w życiu[93].

Jesienią oboje mamy przyjemność uczestniczyć w uroczystych promocjach naszych książek. Moja ma miejsce w pałacu Porczyńskich, Gustawa miesiąc później w teatrze Ateneum. Z okazji ukazania się książki zostaję też zaproszona na spotkania z publicznością do polonijnych klubów w Kalifornii. To dla mnie nowość. Do tej pory wielokrotne wyjazdy do Ameryki wiązały się z występami na scenie teatru czy kabaretu. Tym razem jako autorka będę mogła bezpośrednio porozmawiać o wszystkim, co interesuje rodaków za oceanem. Mój pobyt ma perfekcyjny, co do minuty ułożony plan spotkań w Los Angeles i San Diego, jak również przelotu z przesiadką w Nowym Jorku. Jasiek zawozi mnie na lotnisko i wszystko idzie jak po sznurku... aż do momentu kontroli paszportowej. Okazuje się, że nigdzie nie polecę, nie mam wstemplowanej do paszportu wizy amerykańskiej. Moje roztargnienie znowu daje o sobie znać, w dość dramatycznej sytuacji. Wszyscy, których muszę zawiadomić o swojej wpadce, są naturalnie zdumieni, ale i rozbawieni. Słyszę za każdym razem: Jak to?! Niemożliwe! Zwariowałaś! Żartujesz! Nie do wiary! Nawet amerykański konsul wybucha śmiechem – zdarzały się już różne przypadki, ale z takim jeszcze nie mieli do czynienia. Na swoje usprawiedliwienie mogę dodać, że o wizie zapomniałam nie tylko z powodu niewyobrażalnego roztargnienia, ale także wielokrotnych wyjazdów do Stanów Zjednoczonych i poczucia wewnętrznej wolności, dzięki której czuję się obywatelką świata. Trochę życzliwości konsula i z małym opóźnieniem po raz czwarty w życiu ląduję na kalifornijskiej ziemi.

Magda w obiektywie Jaśka Holoubka...

Nowy wiek

2000–2004

Życie jest piękne

Zbliża się przełom stulecia. Rozgorzała ogólnonarodowa dyskusja, który rok jest początkiem dwudziestego pierwszego wieku: 2000 czy 2001? Niby nic się nie dzieje wielkiego, lecz czuje się ogólne podekscytowanie tą zdarzającą się raz na sto lat datą. Rozchodzi się pogłoska o przepowiedni głoszącej koniec świata. Gustaw i ja za tę wyjątkową datę uznajemy zbliżającą się noc sylwestrową. Zewsząd nas pytają: – Co robicie w sylwestra? Przecież powinien być nadzwyczajny! – Oczywiście, mam pełno pomysłów na wyjątkowe miejsca, które znam, chociażby Sahara z bezkresnym morzem piasku i leżącymi na jej skraju wielbłądami gotowymi do drogi: zdążamy do oazy – ja na wielbłądzie, Gustaw w powozie. A może pełna radosnego śpiewu i tańca zabawa w karczmie na zboczu wulkanu Etna? Gdy o tym mówię, oczy Gucia robią się coraz większe ze zdumienia. Gdy kończę, głaszcze mnie po głowie i komentuje swoim żartobliwym powiedzonkiem: – Przed wojną nie do pomyślenia! – Spokojnie decyduje, że, jak zwykle, jedziemy w nasze góry. Na ten sam pomysł wpadają chyba wszyscy znajomi, bo co rusz kogoś spotykamy.

Na historycznego sylwestra zapraszają nas państwo Katarzyna i Zbigniew Niemczyccy do swojego domu w Zakopanem. I to jest wspaniały pomysł! Jedyną ekstrawagancją podkreślającą wyjątkowość tej nocy są obowiązujące wszystkie panie czerwone suknie! W radosnej czerwieni, przy dźwiękach muzyki i blasku ognia w kominku wchodzimy, a raczej wtańcowujemy w nowe stulecie. Zima jest mroźna i śnieżna. W Nowy Rok pędzimy saniami leśną przecinką i po skrzących się bielą polanach. Wokół ośnieżone

← ...i w obiektywie Gustawa

góry i cisza, w której słychać tylko parskanie koni i dźwięk dzwoneczków u ich uprzęży. Jest cudowanie. Trudno nam wracać do obowiązków czekających w Warszawie.

Na początku dwutysięcznego roku telewidzowie oglądają Gustawa w trzech krańcowo odmiennych rolach: Tigrowa – kabotyńskiego aktorzyny w *Historiach zakulisowych* Czechowa, Gioacchina Rossiniego, jednego z najulubieńszych kompozytorów Gustawa, w *Grzechach starości*, i Ojca w *Podróży* Gérarda Auberta[94]. Zapadające w pamięć kreacje aktorskie Gustawa i Piotra Fronczewskiego w roli Syna tak zachwycają autora tej sztuki, że obiecuje napisać następny dramat specjalnie dla obu panów[95].

Mnie zaproponowano udział w popularnym telewizyjnym serialu *Na dobre i na złe*. Pierwszy raz uczestniczę w pracy, która zaplanowana jest na długie lata. Zaczynam jako nieszczęśliwa szwagierka jednej z głównych postaci, profesora Zyberta, a przeistaczam się w demona zła, wyrządzającego krzywdę swemu dobroczyńcy. No cóż, *la donna e mobile*.

Znowu jestem na drugiej półkuli: specjalne zaproszenie na walentynki – czternastego lutego – ze spektaklem *Mr Love*[96], a pod koniec roku z występami kabaretowymi. W Nowym Jorku po raz pierwszy widzę tradycyjną inaugurację gigantycznej choinki w Rockefeller Center. Od tego dnia zaczyna się gorączka przedświątecznych przygotowań i szał zakupów. Patrzę z zachwytem na amerykański sen, na scenerię rozświetlonych ulic i wystaw sklepowych. Po raz ostatni, niestety, widzę słynne dwa wieżowce World Trade Center, najpiękniej prezentujące się z drugiego brzegu East River na Brooklynie. Fascynują, a jednocześnie trochę przerażają swoją wysokością. Kiedyś byliśmy z Guciem na najwyższym piętrze jednego z nich. Z okien rozciągał się nierealnie piękny widok na miasto drapaczy chmur, a my marzyliśmy, żeby jak najprędzej „zejść na ziemię". Mimo solidności budowli czuliśmy jakiś nieokreślony niepokój. W grudniu dwutysięcznego roku te wieżowce wydają się wieczne jak piramidy...

Miło znów być w domu i grać w teatrze. Zadomowiony na scenie polskiej Roland Harwood napisał *Herbatkę u Stalina*, sztukę podejmującą problem fascynacji intelektualistów europejskich komunizmem. Jej realizację powierza Ateneum, dając dowód szacunku, uznania i zaufania do Gustawa i całego zespołu. Światowa prapremiera sztuki z udziałem autora ma miejsce piątego marca i wieńczy jubileusz czterdziestolecia pracy Mariana Kociniaka, który gra Stalina. Reżyser Tomasz Zygadło powierza mi rolę lady Nancy Astor, serdecznej przyjaciółki G.B. Shawa, granego przez Jerzego Kamasa. W następnym roku *Herbatkę u Stalina* reżyseruje w telewizji Janusz Morgenstern. Tym razem dramaturga i filozofa George'a Bernarda Shawa, sympatyka komunizmu, gra Gustaw[97].

Po raz drugi w swojej zawodowej karierze występuję w *Skizie* Gabrieli Zapolskiej. Dla Teatru Telewizji realizuje tę sztukę Gustaw. Młodziutka Muszka, którą kiedyś grałam, odpłynęła w przeszłość. Minęły lata i „dorosłam" do Lulu, doświadczonej i wyrafinowanej w sztuce życia i miłości mężatki. Gustaw też wraca do przeszłości, grając w telewizyjnym *Trądzie w Pałacu Sprawiedliwości*, tym razem postać sędziego Vanana. Czterdzieści trzy lata temu rolą sędziego Custa zachwycił Warszawę.

„Bardzo długo wydawało mi się, że jestem młody, cały czas do dyspozycji. Ale w końcu i ja zacząłem obcować z tym patrzeniem wstecz (...) ze starością" – zwierza się w rozmowie[98]. W dwutysięcznym pierwszym roku nie gra już w teatrze. Bez oficjalnych ogłoszeń i pożegnań z publicznością po prostu znika ze sceny wraz ze spektaklami schodzącymi z afisza. Nie kokietuje słabościami i wiekiem, wprost przeciwnie – trzyma fason i nie zmienia swoich starych, dobrych obyczajów. Także w domu. Zawsze siada do śniadania ogolony, umyty i ubrany. Odgłosy krzątaniny w kuchni, roznoszący się po domu zapach wody po goleniu i kawy zwiastują przygotowane przez Gucia śniadanie. Wymieniamy się obowiązkami kuchennymi, nie są stałe, zależą od tego, które z nas wcześniej wstanie albo wcześniej wróci do domu. Niczego sobie nie narzucamy, tylko trzy obowiązki Gustaw wyznacza sobie sam. Pierwszy – wieczorne sprawdzanie, czy drzwi wejściowe do mieszkania są zamknięte na noc na wszystkie spusty. Kolejny to regularne nakręcanie wiszącego zegara. Poza kilkoma zdjęciami jest jedyną pamiątką dalekiej nieznanej nam przeszłości. Gucio pamięta jego tykanie od najwcześniejszego dzieciństwa, przywiózł go bowiem z Czech do Krakowa jego ojciec. Też ulegam czarowi zegara, a głęboki ton wybijanych godzin słyszę przez sen. Nie budzą mnie, dają poczucie, że nasz dom żyje w nocy jakimś tajemniczym, niezależnym od nas bytem. Trzeci obowiązek, najbardziej prozaiczny, ale jakże miły, nietypowy dla mężczyzny, to pozostawianie rano sypialni w idealnym porządku. Pościel wywietrzona w otwartym oknie, łóżko posłane, uporządkowane rzeczy na biurku i w szafie (zastanawiam się, po kim Jasiek dziedziczy bałaganiarstwo, bo pod tym względem jest niereformowalny). I jeszcze może nie obowiązek, lecz miła potrzeba. Regularnie, raz w miesiącu, bez przypominania i namawiania, chodzi do fryzjera, a kiedy wraca do domu, już od progu dopomina się pogłaskania odświeżonej „fryzury".

W ciągu dnia, mimo licznych zajęć, Gucio stara się wygospodarować czas na spotkanie z Tadeuszem Konwickim, którego nazywa dyrektorem stolika, w słynnej kawiarni Bliklego. Z im tylko wiadomych powodów „zlikwidowali" stolik w Czytelniku i znaleźli gościnę u państwa Blikle. Zmieniło się miejsce spotkań, ale stolikowe obyczaje pozostały te same. Nie omawiają spraw narodu ani losów sztuki, ich rozmowy toczą się wokół bieżących wydarzeń, pozornie o niczym, a od lat o tym samym: co czytali w gazetach, co któremu dokucza, plotki, żarty i powiedzonka. Gucio twierdzi, że nie muszą informować się o czymkolwiek, mają identyczny stosunek do wielu faktów. Tadeusz Konwicki żartobliwie rejestruje, że „to jest skromny stolik narkomanów, ludzi, którzy usiłują uciec od tego, czym żyją zawodowo, i zagłuszyć się na półtorej godziny, pogadać o głupstwach. Należy do naszego trybu życia"[99]. Janusz Hellich dodaje, że coraz częściej wysiadują wspomnienia, że choć nie zawsze wyrażają na siebie zgodę, żyć bez siebie nie mogą. Przypomina mi,

Codziennie o jedenastej stolik w kawiarni Bliklego czekał zarezerwowany

że kiedy w Norwegii płynęliśmy łodzią przez Lysefjord, jeden z najpiękniejszych na świecie, Gustaw w chwilach między zachwytem niezwykłymi widokami powtarzał: – Pamiętaj, żebyśmy niezwłocznie po powrocie zadzwonili do Tadzia. – Wzruszająca więź.

Przyjaciele, znajomi, a nawet przeciwnicy są zgodni, że Gustaw swoją wiedzą zadziwia znawców różnych tematów. Na przykład na Uniwersytecie Warszawskim bierze udział w sympozjum o muzyce. Zgromadzeni słuchają jego wystąpienia wręcz oniemiali, a Witold Lutosławski nazywa Gustawa niebywałym erudytą muzycznym. Innym razem przysiada się do Janusza Hellicha i znanego krytyka Henryka Berezy, rozmawiających o literaturze. Zastanawia odkrywczą analizą wielu książek. Bereza zauważa: – Otworzyłeś mi oczy na wiele spraw, ale tyś gadał o książkach, których w życiu nie przeczytałeś... – Wykazuje zdumiewające znawstwo w różnych dziedzinach, jakby towarzyszył mu kosmiczny przekaz wiedzy.

Gustaw nigdy nie popisuje się swoją mądrością, inteligencją i darem erudycji. Mimo zbliżającej się osiemdziesiątki ciągle aktywny, pełen pomysłów na przyszłość i pogodny. Na nic nie narzeka. Zżyma się tylko na głupotę, chamstwo i nieudane imprezy sportowe. Ta pogoda ducha rozjaśnia nasze życie – wszystko staje się łatwiejsze, a problemy rozwiązują się same. Gustaw jest artystą codzienności. Może dlatego, że doskonale wie, czego naprawdę chce, a co jest mu zbędne. Jestem mniej zdecydowana i podejmowanie decyzji kosztuje mnie wiele wahań. On szybko rozstrzyga sprawy, zarówno poważne, jak i błahe. Gdy w sklepie nie wiem, którą z dwóch rzeczy wybrać, Gucieniek bez namysłu decyduje: – Proszę zapakować obie! Gdy przestają mu sprawiać przyjemność dalekie podróże, zbyt męczące mimo miłych zaproszeń, odmawia wyjazdu. Muszę pogodzić się z faktem, że wspólne podróżowanie, dzielenie się wrażeniami mamy już za sobą. Czasem Gucio daje się jeszcze skusić na niezbyt daleko i na krótko: Polska Akademia Nauk w Paryżu gości nas z koncertem polskiej poezji i muzyki romantycznej. W czasie pobytu po raz pierwszy w życiu odwiedzamy legendarne już Maisons-Laffitte i poznajemy ostoję tego domu, panią Zofię Hertzową. Niestety, redaktor Jerzy Giedroyc już nie żył. Kolejne odstępstwo – na zaproszenie przyjaciół, Danuty i Franciszka Mentha, spędzamy dwa tygodnie wakacji w Genewie i Prowansji. Wypoczynek w starym, pięknym domu, w uroczym towarzystwie, między innymi Haliny Kunickiej i Lucjana Kydryńskiego, przyjaciół z Londynu Ewy i Janusza Łubkowskich, wypady do malowniczych prowansalskich miasteczek i do Awinionu są dla nas obojga rajem.

Zamach terrorystyczny na World Trade Center w Nowym Jorku wstrząsa światem i naszym rajem. Znika poczucie bezpieczeństwa. Mimo pięknych wakacji wracamy do Polski pełni obaw o przyszłość...

Znamienne rocznice

W kwietniu 2003 roku Gustaw kończy osiemdziesiąt lat, a we wrześniu mija trzydziesta rocznica naszego ślubu! Kiedy to zleciało? Dlaczego tak szybko? Nie do uwierzenia! Telewizja urządza Guciowi piękny jubileusz, uświetniony występami zaproszonych gości, na honorowym miejscu zespół teatru Ateneum. Gustaw bardzo wzruszony. Tego samego dnia słyszę w radiu, że pewna pani Holoubkowa z Czech skończyła sto pięć lat. Życzę Guciowi co najmniej tyle samo.

Dobre myśli i życzenia są mu bardzo potrzebne, z jego zdrowiem zaczyna się dziać nie najlepiej. Coraz częściej dokucza mu jedyna nerka. Kiedy miał dwadzieścia sześć lat, usunięto mu tę drugą, zaatakowaną przez gruźlicę. Przez dziesiątki lat nie odczuwał żadnych dolegliwości, aż nagle badania wykazują zagrożenie tej, która pracowała za dwie. Opieka lekarska i odpowiednie leki pozwalają wierzyć, że wszystko będzie dobrze. Gustaw wychodził cało z wielu opresji, w jego życiu zdarzały się cuda. Tuż przed końcem wojny Rosjanie zrzucili na Kraków bomby. Jedna przebiła dwa stropy i wpadła do pokoju, w którym przed sekundą był Gustaw. Na szczęście wylądowała w pierzynie i nie wybuchła. Dzięki Opatrzności pokonał też zagrażającą jego życiu zaawansowaną gruźlicę. Nie lubi jednak rozczulać się nad sobą, nie znosi nadmiernej troski, ma być traktowany na równi ze zdrowymi. Mówi: – Magusiu, nie chcę, żebyś chorowała razem ze mną. – Najbardziej martwi się tym, że będzie dla mnie kłopotem. Dowiaduję się o jego trosce od Tadeusza Konwickiego, który dodaje, że tak zachowują się prawdziwi mężczyźni.

Cieszy się każdym dniem i pracuje. W telewizji bierze udział w spektaklu *Smutne miasteczko*[100] z tekstami Wojciecha Młynarskiego. Gustaw ceni i podziwia twórczość Wojtka. Teraz jego ponadczasowe teksty, zwłaszcza ten o kondycji inteligencji w nowych czasach ze znamienną frazą „nie opuszczaj mnie, nie wycofuj się! Inteligencjo!", w interpretacji Gustawa brzmią szczególnie aluzyjnie i nabierają dodatkowego blasku.

Ważną sprawą dla Gustawa i dla mnie jest praca w Polskim Radiu. Chętnie bierzemy udział w przeróżnych audycjach, spektaklach teatralnych, czytamy prozę i poezję, nagrywamy płyty. Gustaw związany jest z tą instytucją niemal pięćdziesiąt lat. Jego charakterystyczny niepowtarzalny głos – uwodzący, magnetyczny – przykuwa uwagę i rozbudza wyobraźnię słuchaczy. Wielu aktorów próbuje go naśladować, ale to tylko marne podróbki. Nawet to, za czym nie przepada, na przykład *Doktora Faustusa* Thomasa Manna, czyta wyjątkowo, a ci, którzy nie są w stanie przebrnąć przez książkę, słuchają interpretacji Gucia z zapartym tchem. To po wysłuchaniu *Nocy i dni* Marii Dąbrowskiej, powieści w odcinkach czytanej przez Gustawa, Jadzia Barańska i Jurek Antczak postanawiają zrealizować film. Arcydzieł radiowych w jego wykonaniu jest tak wiele, że przyznana mu nagroda Teatru Polskiego Radia dla aktorów wykonawców słuchowisk radiowych „Wielki Splendor"[101] potwierdza tylko Gustawa doskonałość. Równie zaszczytna jest nagroda „Mistrza mowy polskiej". „Mówienie jest głównym narzędziem aktora. Wynika z niego wszystko: gest, ruch, działanie, milczenie, pauzy, warstwa psychologiczna, prawdopodobieństwo i fałsz". Ten cytat z wypowiedzi Gustawa dotyczy aktorstwa, a przecież Gustaw sam jest również niedościgniony we władaniu codzienną polszczyzną.

Chcę pielęgnować dobre wzorce rodzimego języka i układam rodzaj monodramu opartego na utworach i muzyce znakomitych autorów i kompozytorów: Jerzego Wasowskiego i Jeremiego Przybory, Wojciecha Młynarskiego, Jerzego Matuszkiewicza, Jerzego Derfla i twórców dawniejszych – Juliana Tuwima i Feliksa Konarskiego, Ref-Rena. Ten mój własny scenariusz tytułuję *Magda Zawadzka – pamiętnik liryczny*[102]. Ma charakter zwierzenia. We wspomnienia i anegdoty wplatam piosenki, które w przeszłości i aktualnie wykonuję na estradzie, a wiele z nich napisano specjalnie dla mnie. Jedno ze wspomnień opowiedzianych w tym spektaklu to nasze odwiedziny przed laty u leżącego w szpitalu Tadzia Konwickiego. Pielęgniarka oddziałowa uroczyście zapowiedziała nasze wejście: – Panie Tadeuszu, ma pan gości. Przyszła pani Magda Zawadzka z panem Zawadzkim! – Do dziś uważam to za swój największy sukces towarzyski. Inna anegdota dotyczy jazdy taksówką. Kierowca obserwuje mnie w przednim lusterku. W końcu ostrożnie zagaja: – Wie pani co? Jest pani podobna do Zawadzkiej. – Nieśmiało przyznaję się, że właśnie nią jestem. Oburza się nie na żarty. – Chciałaby pani!

Ten sezon jest dla mnie bardzo pomyślny. W Ateneum gram jeszcze w sztuce Nicolausa Wrighta *Vincent i Urszula* w reżyserii Barbary Sass-Zdort. Wcielam się w postać starzejącej się, przytłoczonej przez codzienność kobiety, którą odradza miłość do młodego Vincenta van Gogha. Lubię tę rolę. Biorę też udział w zdjęciach do serialu *Samo życie* i planuję występy w całej Polsce. Szczególnie bliska jest mi w Poznaniu urocza Scena na Piętrze, która od lat zaprasza Gustawa i mnie ze wszystkim, co aktualnie gramy.

Moja dotychczasowa praca artystyczna zostaje oficjalnie doceniona. Pierwszy raz w Trzeciej Rzeczypospolitej mnie wyróżniono, otrzymałam Krzyż Kawalerski Orderu Odrodzenia Polski. Gustawowi przyznano ważniejsze odznaczenie – Krzyż Komandorski z Gwiazdą Orderu Odrodzenia Polski. Niewątpliwie sprawia nam to radość. Mimo dystansu, z jakim Gustaw podchodzi zarówno do pochwał, jak i do krytyki, wiem, że dowody uznania bardzo go mobilizują[103].

Bezwiednie bardziej skupiam się na naszych sprawach zawodowych niż na prywatności. Ale tak się już dzieje, gdy codzienność jest oswojona i właściwie bez zmian, a od zmartwień związanych z zawirowaniami zdrowotnymi Gustawa uciekamy w pracę. Jest najlepszym lekarstwem.

Król Edyp – moc słowa

O wystawieniu *Króla Edypa* Sofoklesa Gustaw marzy od lat. Sztukę tę uważa za jedno z największych arcydzieł światowej dramaturgii. W początkach lat sześćdziesiątych grał Edypa w Teatrze Dramatycznym, w reżyserii Ludwika René, później w Teatrze Telewizji, w reżyserii Jerzego Gruzy. Teraz tym dramatem Sofoklesa, wyjątkowo aktualnym „pośród tego, co się z nami dzieje: chaosu, poszukiwania jakiegoś śladu sensu, niemożności porozumienia się ludzi"[104], zamierza uświetnić zbliżającą się rocznicę siedemdziesięciopięciolecia istnienia teatru Ateneum.

Pomysł Gustawa na wystawienie *Króla Edypa* wydaje się prosty, ale właśnie w tej prostocie, wręcz minimalizmie, tkwi największa trudność.

Chce, jak zwykle, żeby siła wyrazu artystycznego zawarta była w słowie, głównej materii i tworzywie, a nie w inscenizacyjnych fajerwerkach, udziwnieniach i uwspółcześnianiu. Trzeba założyć, że na widowni siedzą inteligentni, wrażliwi ludzie, którzy rozumieją, że tragedia człowieka napiętnowanego od urodzenia przez nieuchronność losu może zdarzyć się każdemu, wszędzie i w każdej epoce. Pusta, ascetyczna – bez dekoracji i rekwizytów – scena, zakomponowana jedynie światłem. Na niej aktorzy i słowo, najwspanialszy środek międzyludzkiej komunikacji. Słowo, dzięki któremu poznajemy dramat człowieka, a w którego magię i moc Gustaw tak bardzo wierzy.

Powstaje piękny, mądry, szlachetny spektakl, dzięki temu uniwersalny i nowoczesny. Wyśmienicie grany przez Piotra Fronczewskiego – Edypa, Teresę Budzisz-Krzyżanowską – jego żonę Jokastę i pozostałych aktorów[105]. Pomysł zastąpienia chóru tebańczyków recytacjami nagranymi przez Gustawa wraz z chórem Filharmonii Narodowej okazuje się odkrywczy. Nagranie brzmi przejmująco – głos mądrości dobiegający spoza świata. Do aranżacji oświetlenia scenicznego Gustaw zaprasza naszego syna Jana Holoubka. Nie

Telewizyjne nagranie *Króla Edypa*, 2005

s. 320–321 Reżyser Gustaw Holoubek z Teresą Budzisz-Krzyżanowską i Jerzym Kamasem →

wiem, czy Jasiek marzy o pracy z tatą. Nie korzysta z protekcji, ale tata jest ciekaw jego umiejętności, o których słyszeliśmy wiele dobrego.

Jasiek przez trzy lata od ukończenia szkoły filmowej nie próżnuje. Zdobywa doświadczenie, pracuje w filmie, Teatrze Telewizji i reklamie. Nad jego zawodowym rozwojem czuwali dwaj wybitni operatorzy, profesorowie Witold Sobociński i Edward Kłosiński. Wiele im zawdzięcza. W *Edypie* zadaniem Jaśka jest zabudowanie światłem pustej przestrzeni scenicznej. Obaj „moi chłopcy" zawsze doskonale się rozumieli i pierwsza wspólna praca to potwierdza.

Premiera *Króla Edypa* jest wielkim triumfem Gustawa i teatru Ateneum[107]. Zarówno młodzież, jak starsze pokolenie dosłownie chłoną spektakl, a o takiej frekwencji, jaką ma *Edyp*, mógłby pomarzyć niejeden teatr wystawiający lżejszy repertuar. Przedstawienie jest najtrafniejszą odpowiedzią artysty Gustawa Holoubka wszystkim tym, którzy zarzucają mu konserwatyzm i akademickość i niedwuznacznie sugerują, że pora odejść i ustąpić miejsca młodym zdolnym. Gustaw nie zaprzecza, że jest akademikiem. Uważa, że „tradycja jest nieodzownym źródłem postępu" i nie zbuduje się

niczego nowego bez przeszłości, bez drogowskazu, jaki ona, bogata w wiedzę i doświadczenie, daje młodym twórcom. „Zdaję sobie sprawę, że coraz częściej jestem traktowany jako przeciwnik tak zwanej nowoczesności. Wszystko się zgadza, jestem aktorem akademickim, gdyż pewne wartości, w tym także klasyczną harmonię, piękno i rozum, uważam za nienaruszalne. Sztuka zajmuje się duchowym bytem człowieka, jego marzeniami, tragediami, lękami, trwogą, a także śmiechem i błyskami radości. Nie zajmuje się natomiast całą sferą codzienności i fizjologii. Po co ma to robić? Teatr ma bardzo określone kryteria piękna. Zajmuje się wyłącznie znamieniem człowieczeństwa, penetracją indywidualności człowieka, poszukiwaniem jego miejsca na tej planecie"[108]. Wystawienie *Króla Edypa* w pełni wyraża gust i główne zasady artystyczne Gustawa Holoubka. Nie sili się na obowiązującą kulturową młodość. Nie rywalizuje z „młodymi zdolniejszymi" i nie daje się wpędzać w sztucznie fabrykowane spory: każdy artysta ma prawo do własnego widzenia sztuki, a wybór i tak należy do publiczności. Wielkie powodzenie przedstawienia zaproszonego do Nowego Jorku i Chicago potwierdza, nie po raz pierwszy, teorię Gustawa, że widzowie spragnieni są kultury elitarnej.

Kalejdoskop blednie.
W jego zwierciadłach coraz częściej odbijają się ciemne barwy...

Choroba

Niestety, Gustaw nie może być świadkiem owacji na stojąco, jakie zgotowała jego przedstawieniu Polonia amerykańska. Nie poleciał do Ameryki. Mimo stosowania specjalnej diety, która jest dla niego katorgą, nerka jest coraz mniej sprawna. Lekarze decydują o konieczności dializy. Gustaw zdaje sobie sprawę, jak bardzo będzie miał utrudnione życie, ale to jedyny ratunek. Jak zwykle bez cienia skargi i narzekania na niesprawiedliwość losu poddaje się męczącym zabiegom. Traktuje je jako konieczność, przez którą trzeba przejść, a potem szybko wrócić do normalności. Podczas dializy, żeby skrócić i uprzyjemnić sobie czas, słucha ulubionej muzyki klasycznej, a zaraz potem szybko otrząsa się ze szpitalnego koszmaru. Przez całe życie nękały Gustawa ciężkie choroby związane z hospitalizacją, więc jak tylko może, unika pobytu w szpitalu. Lekarze nazywają go najsprytniejszym symulantem, o tyle nietypowym, że symuluje zdrowie, nie chorobę. Trzyma go to jednak w niezłej kondycji. Po dializie jeździ sprawdzić, co się dzieje w teatrze, czasem na karty, albo wraca do domu i gdy nie występuję, siedzimy sobie razem i każde robi to, na co ma ochotę. Podzielam zdanie, że wiele zależy od nastawienia psychicznego, i staram się wspierać i mobilizować Gucia, co zresztą bardzo docenia. Nie zmieniamy naszych przyzwyczajeń i planów. Letnie wakacje spędzamy w Juracie, gdzie mamy wszystkie wygody, opiekę i atrakcyjne towarzystwo. Zimą i wiosną zjeżdżamy do Bukowiny. Jedynym kłopotem jest koordynowanie życia z planem dializ, którym Gustaw poddaje się dwa razy w tygodniu, ale udaje się nam to pogodzić. Gucio z humorem komentuje dwoistość swojej sytuacji: „Tu się śmieje, a tam leje". To zabawne

← Charakterystyczne przenikliwe spojrzenie Gustawa

zdanko pochodzi z pieśni Chopina *Hulanka*, ze słowami Stefana Witwickiego: „Szynkareczko, szafareczko, bój się Boga, stój! Tam się śmiejesz, a tu lejesz miód na kaftan mój!".

Codzienne smutki przyćmiewa wielkie wydarzenie, jakim jest w maju uroczyste przystąpienie Polski do Unii Europejskiej. Jasiek dostaje ambitne zadanie oświetlenia na tę uroczystość Zamku Królewskiego. Jeździmy z Guciem Wisłostradą jak wariaci tam i z powrotem, żeby podziwiać dzieło naszego synka. Naturalnie nie przyznajemy mu się do tego...

Jasiek Holoubek z żoną Magdą

A my ciągle w biegu

2005–2007

Szczęście – mieć siebie

Gustaw przystępuje do realizacji telewizyjnej wersji *Króla Edypa*. Zaprasza do ekipy Jaśka, tym razem już jako autora zdjęć. Wiem, że Jasiek wiele się nauczy, współpracując z ojcem, ale najważniejsze, że nie ma między nimi żadnych pokoleniowych różnic. Porozumiewają się na tych samych młodzieńczych falach.

Na początku roku zaczynam próby najnowszej dwuosobowej sztuki znakomitego pisarza i filozofa Erica Emmanuela Schmitta, wielbiciela Ateneum, którego utwory od kilku lat wystawia nasz teatr i publiczność bardzo je lubi. *Małe zbrodnie małżeńskie*, komedia psychologiczna o zabarwieniu kryminalnym, dotycząca małżeńskich rozrachunków. Ja – Żona, Leonard Pietraszak – Mąż. W lutym dwa tysiące piątego roku prapremiera i od tamtego czasu *Małe zbrodnie małżeńskie* ciągle gramy przy pełnej widowni, nie tylko w Polsce, ale także na gościnnych występach w Ameryce, Szwecji i Austrii.

Moja ulubiona pora roku, wiosna, zostaje naznaczona śmiercią Ojca Świętego Jana Pawła II. Do ostatniej chwili wierzymy, że stanie się cud, bo przecież tak wspaniały człowiek jak nasz Papież powinien być nieśmiertelny! Gdy słyszymy słowa: „Jan Paweł II odszedł do domu Ojca", razem z milionami ludzi na świecie płaczemy jak po stracie najbliższego i ukochanego człowieka.

Jakie to szczęście, że mamy siebie i możemy wzajemnie się pocieszyć. W takich smutnych chwilach czujemy tę więź jeszcze silniej, uświadamiamy sobie, że dostąpiliśmy czegoś nadzwyczajnego. Gustaw zwierza się: – Nienawidzę wszystkich, którzy ciebie krzywdzą. – Zawsze będzie mnie ochraniał przed złem tego świata. On jeden zna mnie taką, jaka jestem naprawdę. Od samego początku wie, że przy pozorach dzielności bardzo boję się życia. Chce mnie ustrzec przez rozczarowaniami, bezinteresowną zawiścią, agresją. Gustaw nienawidzi chamstwa i tępi je na każdym kroku. Główną jego bronią jest inteligentna złośliwość, którą celnie trafia nawet w najbardziej zatwardziałe głowy. Zdarza się jednak, że dostaje szału, ale na wyprowadzenie go z równowagi trzeba długo pracować. Kiedyś, gdy idziemy razem ulicą, niespodziewanie w chamski sposób zaczepia mnie jakiś osiłek, wielki jak gdańska szafa. Centymetrowe czółko, kark zrośnięty z ramionami i godna pozazdroszczenia pewność swego wdzięku. Po kilkakrotnym zwróceniu mu uwagi Gustaw nie wytrzymuje i wali go w zęby. Łobuz głupieje, nawet nie usiłuje się bronić. Bogu dzięki, tego rodzaju incydent już nigdy się nie powtarza, oboje nie znosimy brutalności i przemocy, która niestety zdominowała świat.

Czy Gustaw jest o mnie zazdrosny? Zawsze kręcą się wokół mnie mężczyźni, więc myślę, że jest, ale nie daje tego po sobie poznać. Tajemny zmysł ostrzega mnie przed przekraczaniem granicy dopuszczalnej w grach damsko-męskich. Jemu na pewno jest miło, że się podobam. Nasze domniemane sceny zazdrości są raczej przekomarzaniem się niż walką o „rząd dusz".

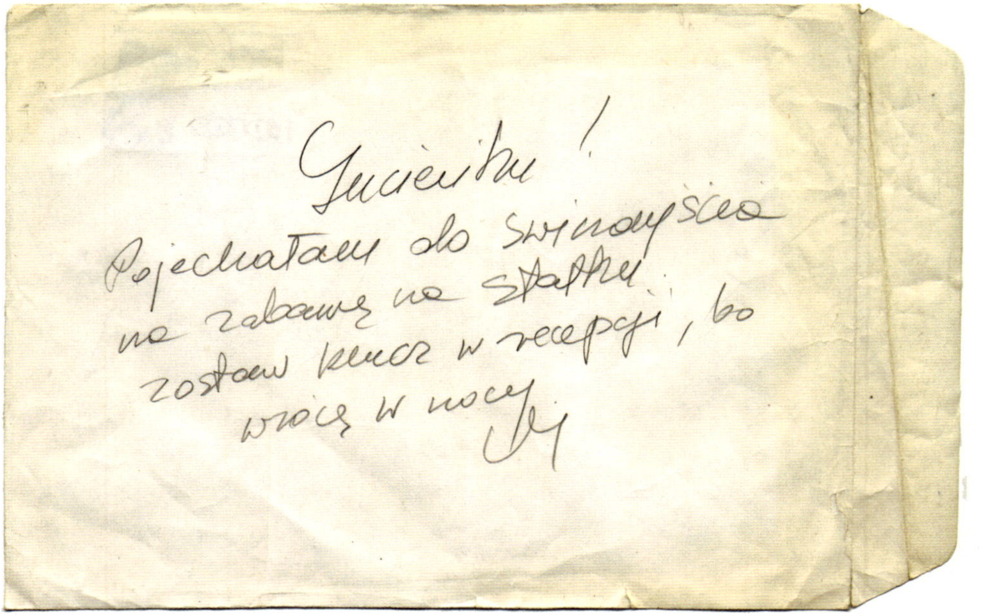

Gustaw uwielbia kobiety. Podziwia je za najwspanialszą twórczość – zdolność do poczęcia nowego życia. Fascynuje go ich siła biologiczna i odmienny od męskiego rodzaj myślenia i postrzegania świata. Uważa, że mężczyźni myślą bardziej abstrakcyjnie, kobiety realniej, co oczywiście nie wyklucza wyjątków. Akceptuje kobiety takimi, jakie są: nie usiłuje pouczać, zmieniać, walczyć czy dominować. Świetnie zna się na damskich sztuczkach, umie je rozszyfrować, a mimo to, a może właśnie dlatego, daje się na nie nabierać. Podoba mu się kobiecość. Te, którym brakuje tej cechy, określa mianem „kobieta-człowiek". Kobiece słabości traktuje z pobłażaniem. Raczej go wzruszają, niż irytują. Jest wyrozumiały. Nawet w najbardziej demonicznej i nieznośnej kobiecie stara się dostrzec małą, bezbronną dziewczynkę. Jest ginącym już gatunkiem dżentelmena, który bez względu na pozycję społeczną okazuje kobiecie szacunek i jest dla niej uprzejmy. Kobiety lubią jego towarzystwo i czują się przy nim bezpieczne. Instynktownie dostrzegają w nim mężczyznę czułego, opiekuńczego, hojnego, niemałostkowego, obdarzonego poczuciem humoru i niekłamanym dla nich podziwem. Takie cechy wyzwalają w paniach kobiecość. Piszę o Gustawie i kobietach w ogóle, a przecież dotyczy to także mnie. Czy bywam o Gustawa zazdrosna? Trochę tak, wręcz powinnam. Gdybym chciała na siłę szukać powodów, pewnie znalazłabym jakiś zbyt czuły gest czy niepokojący błysk w oku, jednak nigdy nie zrobił czegoś, co by mnie zraniło lub upokorzyło, więc nie mam powodów do niepokoju. Cieszy mnie, że podoba się kobietom.

Słońce i cień

Za dokonania artystyczne w dwa tysiące piątym roku Gustaw dostaje aż pięć prestiżowych nagród[108]. Te dowody uznania są bardzo ważne, bo dają mu impuls do życia i pracy. Nie ma czasu na myślenie o chorobie.

Realizuje swoje kolejne marzenie. W jego reżyserii powstaje czarujący spektakl *Cyrulik sewilski* Pierre'a de Beaumarchais'go[109] z muzyką Rossiniego, której może słuchać bez końca i zna każdą jej nutę. Aktorzy teatru Ateneum o znakomitych głosach nie tylko wspaniale grają, lecz także koncertowo śpiewają. Ruch sceniczny, ustawiony przez Janusza Józefowicza, jeszcze bardziej podkreśla urok tego przezabawnego przedstawienia.

Gustaw, który naprawdę kocha muzykę, oddaje w nim hołd Rossiniemu. Wielokrotnie dowodzi, że teatr bliższy jest muzyce niż malarstwu. Sam ma świetny słuch i pięknie śpiewa. Kiedy zaczynał karierę aktorską na deskach Teatru imienia Słowackiego, występował w wodewilach. Gdy pożegnał się z Krakowem i zaczął grać w poważnym repertuarze, mało kto pamiętał, że Gustaw potrafi śpiewać. Tylko Andrzejowi Łapickiemu dawno temu udało się namówić Gucia do wykonania w telewizyjnym programie rozrywkowym *Czy pani mieszka sama*[110] międzywojennego tanga, szlagieru *Całuję twoją dłoń, madame*. Wrażenie było oszałamiające. Wiele osób, a zwłaszcza panie, do dziś wspomina tę fascynującą, romantyczną, z lekką iskierką humoru interpretację. Mam szczęście słuchać Gucieńka podśpiewującego w domu aksamitnym barytonem i gdyby tylko zechciał, bez trudu zaćmiłby niejednego piosenkarza. Wie, że wzrusza mnie piosenka zaczynająca się słowami „Jest jedna jedyna, którą kocham najwięcej...", i często mi ją śpiewa. Ech, łza się w oku kręci...

Drugi program TVP proponuje naszemu Jaśkowi zrobienie filmu o ojcu. Przeszukując materiały archiwalne, znajduje nagranie *Całuję twoją dłoń, madame* i włącza je do scenariusza. Jako autor całości – pomysł, reżyseria, zdjęcia – chce pokazać swojego tatę takim, jakiego tylko my, najbliżsi, go znamy i kochamy. Gustaw i Tadeusz Konwicki, którego Jasiek zaprasza do współpracy, akceptują konwencję filmu i podporządkowują się jej, choć plenerowe zdjęcia wymagają od nich sporo wysiłku. Pomysł polega na umiejscowieniu akcji w dzikim jesiennym lesie, przez który, jak przez życie, idą dwaj przyjaciele. Film pod metaforycznym tytułem *Słońce i cień* przepełnia ogrom zrozumienia i miłości ojcowsko-synowskiej. To najbardziej wzruszający dokument poświęcony Gustawowi i równocześnie bezwiedne z nim pożegnanie. Pomysłem Jaśka jest również nagranie czytanej przez Gustawa autobiografii *Wspomnienia z niepamięci*. Jak dobrze, że Gucio to, co z głębi serca napisał, mógł z głębi serca nam przeczytać.

W czerwcu tego samego roku jedziemy na coroczny Festiwal Teatru Polskiego Radia i Teatru Telewizji Polskiej „Dwa Teatry" do Sopotu. Gustaw otrzymuje tam Wielką Nagrodę tego festiwalu za wybitne kreacje aktorskie w radiu i telewizji. To nagroda za całokształt twórczości.

Dla mnie ten rok też układa się pracowicie. Zaraz na początku spotyka mnie miła niespodzianka – zostaję zaproszona do Berlina w charakterze

W Sopocie na festiwalu „Dwa Teatry", 2006 →

BANK PEKAO S.A
24 h
Monte Cassino

honorowego gościa Wielkiej Orkiestry Świątecznej Pomocy. Kiedy tylko mogę, biorę udział w akcjach charytatywnych, ale ta jest wyjątkowa. Do moich zadań należy uroczyste otwarcie tej wielkiej imprezy, poprowadzenie aukcji obrazów i oczywiście zachęcanie berlińskiej Polonii do ofiarowania pieniędzy na zakup urządzeń medycznych dla polskich szpitali. Przez trzy dni pobytu w Berlinie nawiązuję przemiłe znajomości i na każdym kroku czuję bezinteresowną dla mnie serdeczność. Oglądam też miasto, w którym byłam już kilkakrotnie, ale po raz pierwszy bez oddzielającego dwa światy muru. Towarzyszy mi dziwne uczucie pewnej swojskości, co rusz natykam się na miejsca, które wydają mi się dobrze znajome. Berlin po prostu przypomina mi Szczecin, w którym spędziłam kilka lat dzieciństwa i który uważam za piękne miasto.

Nie mogę przewidzieć, że bardzo szybko tu wrócę. W imieniu Polonii berlińskiej pan Andrzej Pakuła, organizator wielu tamtejszych wydarzeń kulturalnych, proponuje mi poprowadzenie nadzwyczajnej uroczystości związanej z pierwszą rocznicą śmierci Jana Pawła II. Wielki to dla mnie zaszczyt i odpowiedzialność. Przygotowuję się do tego z pietyzmem: zbieram ciekawe wypowiedzi, fragmenty homilii, wiersze i fakty z życia Papieża i układam scenariusz swojego występu. Uroczystość ma się odbyć w największej katolickiej katedrze pod wezwaniem Świętego Jana na Kreutzbergu. Kochany Gustaw wie, co przeżywam, jak się denerwuję, i jak zwykle wspiera mnie i dodaje odwagi, telefonując z Warszawy. Drugiego kwietnia, z sercem w gardle i na miękkich nogach, w obecności kilkutysięcznego tłumu wiernych i przy współudziale wykonawców z Polski, prowadzę podniosłą uroczystość. Trwa dokładnie do 21.37, godziny śmierci Papieża. Wówczas zgromadzeni wierni zapalają przygotowane uprzednio świeczki i śpiewają *Barkę*. Wszyscy płaczą, ja też, ale jesteśmy szczęśliwi, mogąc oddać hołd i wyrazić miłość dla Ojca Świętego. Ten wieczór w katedrze pozostanie na zawsze w mojej pamięci. A Berlin znam coraz lepiej, bo już trzykrotnie byłam honorowym gościem Wielkiej Orkiestry Świątecznej Pomocy.

Pod koniec roku dostaję list ze Związku Artystów Scen Polskich z gratulacjami. Nie spodziewałam się, stanowczo zbyt szybko zleciało mi czterdzieści lat pracy. Teatr Ateneum przygotowuje skromny jubileusz, połączony z uświetnieniem siedemdziesiątych urodzin Leonarda Pietraszaka. Cieszymy się, że znowu zagramy razem. Lubimy się i dobrze się nam ze sobą pracuje. Ponieważ nie chcemy grać ról namaszczonych powagą jubileuszu, dyrekcja proponuje lekką bulwarową komedię napisaną ze znajomością ludzkich charakterów przez popularnego angielskiego dramaturga Donalda Churchilla. *Chwile słabości* to historyjka prosta i bliska sercu widzów, którzy chcą się w teatrze pośmiać i trochę zadumać nad losem rozwiedzionych małżonków, w których sercach nie wygasły wzajemne żale i pretensje. Jak to w życiu. Jubileusz, tak jak chcemy, odbywa się z przymrużeniem oka.

Sześćdziesiąt lat jak jeden dzień

Co tam jednak moja „czterdziestka" wobec sześćdziesięciolecia pracy Gustawa[111]. Zasmuca mnie tylko fakt, że poświęca się tej rocznicy tak mało uwagi w mediach. Ani telewizja, ani radio nie honorują tego wydarzenia stosowną uroczystością. Pisma zajmujące się teatrem też poprzestają jedynie na wzmiankach, nawet tak bliskie mu miasta jak Kraków i Warszawa nie uznają za stosowne upamiętnić tej doniosłej rocznicy. Na szczęście są prawdziwi wielbiciele talentu Gustawa. Należy do nich Krzysztof Fus, twórca Międzynarodowego Festiwalu Zawodów Filmowych i Telewizyjnych, oraz władze Płocka. Na Starym Rynku w Płocku Krzysztof urządza Gustawowi huczny benefis – Wielka Gala ma być wydarzeniem zamykającym festiwal.

Przyjeżdżamy do Płocka dzień wcześniej. Gucio nic nie wie o planowanym benefisie, chcemy sprawić mu niespodziankę. Dopiero w dniu gali, gdy widzi wykonawców, rodzinę, przyjaciół, oficjalnych gości z Warszawy i Płocka oraz tłum widzów zgromadzonych na rynku, rozumie, że to wszystko na jego cześć. Na uroczystość składają się występy, projekcje filmowe, depesze i listy gratulacyjne, nagrody i przemówienia. Mimo deszczu, który się rozpadał, nikt nie opuszcza Starego Rynku. Tuż po zakończeniu Gustaw dziękuje gościom za przybycie i serdeczność. W tonie patriotycznym, zaznaczając, że tych kilka zdań będzie tylko „moim życzeniem, niczym więcej, ale nie mogę się powstrzymać", mówi wzruszony, kierując słowa nie tylko do obecnych, ale do każdego obywatela: „Róbcie, róbcie tę Polskę samorządną, na ile was stać, na ile macie sił. Polskę kompetentną, naznaczoną dobrym sercem, brakiem nienawiści, brakiem zemsty, brakiem szaleństwa. Róbcie tę zwyczajną Polskę z tych wszystkich tradycji, które mamy najpiękniejsze w przeszłości, Polskę, o której moglibyśmy powiedzieć, że jest naszym

domem rodzinnym i naszą najbezpieczniejszą bazą, schronieniem przed niedostatkami tego świata".

Na uroczystość przyjeżdża z Koszalina nasz Jasiek z pięknym prezentem dla taty i dla siebie, bo akurat dwudziestego czwartego czerwca są jego imieniny. Na koszalińskim Festiwalu Debiutów, w kategorii Film Dokumentalny, zdobył za *Słońce i cień* Grand Prix[112]. Uroczysta projekcja filmu, w obecności jubilata i laureata nagrody oraz zaproszonych gości, odbywa się w sali płockiego Ratusza. Poza Wielką Galą przyjemnościom i hołdom nie ma końca. Zwiedzamy miasto i jego zabytki, posiadujemy ze znajomymi w kawiarenkach, płyniemy statkiem wzdłuż malowniczych brzegów Wisły, mamy czas, żeby nacieszyć się przyjaciółmi z Warszawy, Bukowiny i Norwegii, którzy swoim przyjazdem do Płocka sprawiają Guciowi miłą niespodziankę i wyjątkową radość. Obchody jubileuszu kończy uroczysty bankiet.

Bywa, że po latach wraca coś, o czym już się zapomniało. Czytałam kiedyś w radiu powieść zatytułowaną *Wyznania chińskiej kurtyzany*, a Gustaw *Doktora Faustusa*. Wydawnictwo Agora w serii „Mistrzowie Słowa" wydało w Bibliotece „Gazety Wyborczej" płyty z naszymi radiowymi nagraniami. Jakie to miłe uczucie zrobić coś, co przetrwało i po latach zaczyna żyć nowym życiem...

Cracovia

Gustaw, jak już wspominałam, kocha sport i zna się na nim jak mało kto. Najbardziej interesującymi dyscyplinami są dla niego: lekkoatletyka, boks i piłka nożna. Klub piłkarski Cracovia od najwcześniejszych lat dzieciństwa był jego ukochanym klubem. Urodził się w domu sąsiadującym z boiskiem Cracovii i na nim spędzał każdą wolną chwilę, grając z chłopakami w piłkę. Był lewoskrzydłowym. Gdy boisko było zajęte, grali na ulicy. Jego dużo starszym przyrodnim braciom służył wtedy za słupek od bramki. Zaliczył na swym chudym ciele sporo uderzeń twardej piłki. Nigdy nie narzekał, raczej rozpierała go duma. Umierał tylko ze wstydu, gdy z balkonu całego w czerwonych pelargoniach wychylała się mama, przywołując go na posiłek: „Gugusiu, chodź na górę, bo ci jajeczka wystygną". Gustaw opowiada mi, że w późniejszych czasach, gdy nie było jeszcze telewizji, jeździł po całej Polsce na ważne mecze, nie tylko Cracovii. Robił to zresztą także, gdy transmisje stały się już codziennością. Branie bezpośredniego udziału w widowisku, związane z tym emocje, atmosfera stadionu są rodzajem magii. Od wrzasków, które z siebie wydaje, dopingując piłkarzy, traci głos. Czasem z tego powodu odwoływano spektakl. Przez całe życie bez względu na sukcesy czy porażki jest wiernym kibicem Cracovii. Zarząd klubu nadał mu tytuł Honorowego Członka. W dwa tysiące szóstym roku na krakowskich Błoniach uroczyście świętowano stulecie istnienia klubu. Gustaw zostaje poproszony o udział w tym wydarzeniu i wygłoszenie laudacji. Wzruszająco mówi o znaczeniu, jakie miały dla kibiców mecze Cracovii. Zadziwia zgromadzonych, wymieniając z imienia i nazwiska wszystkich zawodników przedwojennej drużyny oraz funkcje, jakie spełniali na boisku. Zwierza się: „Doskonale rozumiem Zygmunta Nowakowskiego[113], który chciał być pochowany na polu karnym boiska Cracovii. Ja dokładnie myślę sobie tak samo. Byłoby pięknie, gdyby można było, że tak powiem, wiecznie, oglądać piłkarzy, mecze, cieszyć się z ich zwycięstw, martwić się ich klęskami, ale przede wszystkim być, cały czas być...".

Gustaw dostaje ciekawą propozycję filmową od Jacka Bławuta. Reżyser nosi się od lat z pomysłem na film i wymarzył sobie Gustawa w jednej z głównych ról. *Jeszcze nie wieczór* ma być pełną miłości i szacunku dla ludzi w jesieni życia zabawną opowieścią o perypetiach pensjonariuszy Domu Aktora w Skolimowie. Gustaw waha się i odwleka decyzję w nieskończoność. Nie ma już siły na udział w filmie. Poświęcenie wolnych chwil między pracą w teatrze a dializami na zdjęcia w Skolimowie byłoby zbyt wyczerpującym zobowiązaniem. Rezygnuje ostatecznie z udziału w filmie i oddycha z ulgą. Chce mieć czas dla siebie, dla nas, czas na zwykłe życie.

Ciągle intensywnie pracuję w teatrach Prezentacje i Ateneum. *Małe zbrodnie małżeńskie* i *Chwile słabości* mają tak duże powodzenie u publiczności, że wyjazdy w Polskę i do Ameryki zaplanowane są do końca dwa tysiące siódmego roku. Zostaję też zaproszona do udziału w serialu *Magda M.*, w którym z Jankiem Nowickim gramy rodziców głównego bohatera. Okazuje się, że nie mamy z Guciem czasu na to zwyczajne życie.

Na szczęście zbliżają się letnie wakacje. Przed wyjazdem do Juraty Gustaw, uproszony przez reżysera Macieja Prusa, zgadza się zagrać rolę Starego Aktora w telewizyjnym *Wyzwoleniu* Wyspiańskiego. Po raz pierwszy od dawien dawna zmęczony słabością pozwala sobie na nienauczenie się tekstu na pamięć. Ma nadzieję, że zwyczajem niektórych aktorów przeczyta go z kartek rozwieszonych na dekoracji. Jednak nie bardzo mu się to udaje. Instynkt aktorski i prośba Jaśka, żeby mówił monolog jednak z pamięci, skutkują. Ku zdumieniu całej ekipy w kilka minut opanowuje tekst na tak zwaną blachę i przejmująco gra Starego Aktora. Tym epizodem Gustaw nie po raz pierwszy udowadnia starą prawdę, że nie ma małych ról. Myślę, że zagrał w *Wyzwoleniu* również z tego powodu, że autorem zdjęć jest nasz Jasiek. Gucio lubi z nim pracować. Zauważyłam to już wcześniej, przy sesjach zdjęciowych, które Jasiek robi z nami do różnych pism. Gustaw nie znosi fotografowania się, a czasem jest to konieczne. Denerwuje go pozowanie, jest zniecierpliwiony i robi wszystko, żeby jak najszybciej skończyć tę mękę. Gdy za obiektywem aparatu staje Jasiek, zmęczenie pryska, Gucio czuje się bezpiecznie i podporządkowuje się wszystkim prośbom i poleceniom. Nie patrzy w zimne oko obiektywu, tylko poprzez obiektyw spogląda na swojego syna. Ta atmosfera bliskości i porozumienia przenika do zdjęć. Są odmienne, wyjątkowe. Jest w nich naturalność i czułość, uwidocznione w wyrazie twarzy i oczu Gustawa. Pracując z Jasiem, odczuwam to samo.

Wakacje w Juracie są jak zwykle piękne i pełne atrakcji towarzyskich. Jedną ze stałych ulubionych przyjemności są spotkania w kawiarni hotelu Bryza. Idę na plażę, na rower albo popływać w basenie, a Gustaw o dwunastej w południe zasiada przy kawiarnianym stoliku. Oboje respektujemy nasze upodobania i robimy to, na co mamy ochotę. Najwierniejszym towarzyszem spotkań jest Lucjan Kydryński. Znają się od lat i lubią, więc mogą rozmawiać ze sobą godzinami. Bardzo często dotrzymują Guciowi towarzystwa Andrzej Borkowski, Zbyszek Niemczycki, Zbyszek Zapasiewicz, Janek Englert, Andrzej Brusikiewicz. Przychodzą pobyć z Guciem z potrzeby serca, pośmiać się, pogadać, posłuchać. Druga rozrywka to wieczorna gra w karty. Seanse brydżowe i pokerowe odbywają się na najwyższym piętrze hotelu, w apartamencie państwa Niemczyckich, tak jak Gustaw zapalonych graczy. Dla wygody Gucia Zbyszek specjalnie instaluje windę. Ściśle przestrzegany jest harmonogram, kto z kim i kiedy gra. Mimo że wszyscy grający są opanowani i okazują wzajemny respekt, niekiedy podczas rozgrywek biorą górę emocje, i to jakie!

Niestety, tuż przed końcem wakacji pojawiają się poważne kłopoty ze zdrowiem Gucia. Palenie papierosów w ilościach hurtowych na pewno się do tego przyczynia. Gustaw musi być natychmiast przewieziony do Warszawy i hospitalizowany. Prosto z Juraty, nawet bez wstępowania do domu, jedziemy do szpitala.

I stał się cud...

Mimo intensywnej opieki lekarskiej dzieje się coraz gorzej. Którejś nocy w połowie września, gdy stan okazuje się krytyczny, Jasiek i ja przywozimy do Gustawa naszego duszpasterza, księdza Wiesława Niewęgłowskiego. I stał się cud... Po sakramencie ostatniego namaszczenia Gucio odzyskuje przytomność, a rankiem prosi co nieco do jedzenia. Nie wierzę własnym oczom. Mimo że jego stan jest nadal ciężki, w Jaśka i we mnie wstępuje nadzieja. Ponieważ w szpitalu zrobiono wszystko, co możliwe, czuwająca od lat nad zdrowiem Gustawa pani profesor Zofia Wańkowicz uznaje, że tylko dom może przywrócić mu siły i wiarę w polepszenie. Również wierzę w cudotwórczą moc naszego domu. Przeorganizowuję mieszkanie tak, że Gucio ma pełną opiekę medyczną i moją oraz wszystkie pomocne urządzenia. Czuje, że jest u siebie. Dzięki intensywnej, fachowej pielęgnacji i rehabilitacji, rodzinnej atmosferze, a także domowemu jedzeniu, które mu smakuje jak zawsze, zaczyna powoli nabierać sił i uczestniczyć w życiu. Kieruje teatrem przez telefon, słucha muzyki, ogląda telewizję, interesuje się wszystkim, co dzieje się w świecie. Co dzień ktoś go odwiedza. Wprowadzam zwyczaj popołudniowych spotkań przy kawie i słodyczach. Gustaw, ubrany w wygodny strój, siada w salonie i tam toczą się towarzyskie rozmowy. Nawet pozwala już sobie na małego drinka, dla polepszenia samopoczucia.

Na dwa tygodnie, rezygnując z pracy, przyjeżdżają nasi przyjaciele z Norwegii – Hania i Janusz Hellichowie. Umilają Guciowi czas i pomagają pielęgniarce, zwłaszcza wówczas, gdy muszę pracować: rozpoczynają się przygotowania do serialu *39 i pół*, w którym mam grać. Ponadto wyjeżdżam z teatrem Ateneum na gościnne występy w kraju i za ocean. Jeżeli mogę mówić o szczęściu w tym nieszczęściu, które nas dotknęło, to są nim dobrzy i serdeczni ludzie zarówno ci, których znaliśmy od lat, z niezastąpionym profesorem medycyny Wojciechem Noszczykiem, jak nowi, którzy pojawiają się w naszym życiu wraz z Gucia chorobą: mieszkająca z nami pielęgniarka

Basia Duś, rehabilitanci Paulina Machowska i Krzysztof Stróż oraz dochodząca pielęgniarka Marzena Gwiaździńska. Jestem im wdzięczna za okazane nam serce i fachową pomoc. Moja własna terapia, którą stosuję wobec Gucia, polega, jak zwykle, na mobilizowaniu go do aktywności i niedopuszczaniu do utraty wiary w to, że będzie lepiej. Wprowadzam też ćwiczenie – chodzenie po schodach. Codziennie, powolutku pokonuje coraz większą liczbę stopni, aż osiąga metę: schodzi z drugiego piętra. Po odpoczynku na krześle, które za nim noszę, wchodzi z powrotem na górę. To jest nasz wielki wspólny sukces.

Mimo że nie przepada za schodową terapią, przyznaje, że czuje się po niej mocniejszy. Wie, że taki wysiłek usprawnia mięśnie całego ciała, stymuluje serce i płuca, wspomaga krążenie. Gustaw chce jak najprędzej wrócić do pracy w teatrze, a zejście schodami w kamienicy bez windy jest warunkiem wyjścia z domu. Pierwszą wizytę w teatrze Ateneum składa w grudniu na próbie generalnej *Powrotu do domu* Harolda Pintera, w reżyserii Barbary Sass-Zdort. Towarzyszę mu przez cały czas, mówi, że nie czuje się zmęczony, choć spędza w teatrze kilka godzin. Jak zwykle dzieli się cennymi uwagami i proponuje korekty. Praca i kontakt z ludźmi dają szansę na powrót do lepszego stanu zdrowia.

Następnym razem idziemy już na przedstawienie premierowe. Premiery w naszym teatrze łączą się z eleganckim obyczajem: gdy zapada kurtyna i wybrzmiewają ostatnie brawa, zaprzyjaźnieni z teatrem widzowie zapraszani są do sali recepcyjnej na poczęstunek. Czekają tam na twórców spektaklu, którzy w tym czasie przeistaczają się w „prywatnych ludzi". Gdy już są w komplecie, dwaj dyrektorzy, artystyczny – Gustaw Holoubek i naczelny – Zbigniew Libera, uroczyście wszystkich witają i dziękują za przedstawienie. Gustaw zawsze wygłasza popremierowe przemówienia: klarowne, mądre i z poczuciem humoru, z sakramentalnym „panie jak zawsze piękne". Tym razem rozszerza je o krótkie wnikliwe omówienia poszczególnych ról spektaklu. Każdemu z twórców przedstawienia poświęca swoją uwagę. Patrzymy z podziwem, jak schorowany starszy pan, genialny artysta sceny i człowiek niepospolitego umysłu, dzięki wielkiej sile woli i wewnętrznej młodości na naszych oczach wraca do życia. Po premierze w Ateneum w oboje nas wstępuje nadzieja, że Gustaw znowu wygra z losem.

Wszystko skończyło się wiosną
2008

Ma plany na przyszłość, o których myśli od dłuższego czasu. Chce na przypadającą w dwa tysiące ósmym roku osiemdziesiątą rocznicę Ateneum zrealizować *Dziady* Mickiewicza. Już wie, jak je wystawi, ma przygotowaną obsadę aktorską i wyznaczonych asystentów. Powoli rozpoczynają się przygotowania i Gustaw nimi żyje. Nawet przy nie najlepszym stanie zdrowia, nie podnosząc się z fotela, osiągnie zamierzoną wizję – jego jedna reżyserska uwaga jest częstokroć więcej warta niż godziny prób z innymi reżyserami. Szykuje się też do wielkiej uroczystości, która ma się odbyć trzydziestego stycznia w Teatrze Narodowym. Dyrektor tego teatru, Jan Englert, dla którego – co zawsze podkreśla – Gustaw jest Mistrzem, z wielkim pietyzmem przygotowuje obchody czterdziestej rocznicy słynnego zdjęcia *Dziadów* z repertuaru teatru.

Godzinne widowisko dokumentalne, przypominające tamten historyczny wieczór, gromadzi żyjących jeszcze twórców przedstawienia oraz ogromną liczbę widzów. Gustaw jest najważniejszym bohaterem tej uroczystości. Z głośników brzmią wydobyte z archiwów nagrania z wypowiedziami I sekretarza PZPR Władysława Gomułki i innych partyjnych bonzów. Recenzje, tajne meldunki milicyjne i różne dokumenty, odczytane na scenie przez aktorów Teatru Narodowego, nie po raz pierwszy uzmysławiają bezmiar głupoty i nikczemności ówczesnej władzy. Na antypodach tego szaleństwa istniało arcydzieło Adama Mickiewicza i odtwórca roli Gustawa-Konrada – Gustaw Holoubek. Archiwalne nagranie Wielkiej Improwizacji, dwadzieścia dwie minuty, które wstrząsnęły Polską, i pokazane na ekranie

← Gustaw Holoubek, lata sześćdziesiąte

fragmenty spektaklu nie straciły aktualności i siły wyrazu, a widowni przypominają klimat tamtych czasów i niepowtarzalną kreację Gustawa. Wzruszenie i entuzjazm podrywają z miejsc widownię, która nagradza Gustawa niekończącą się owacją na stojąco. Dziękuje mu za wszystko, czego w życiu dokonał. Jego obecność na tej uroczystości to symboliczne zakończenie drogi, jaką pokonaliśmy, żeby odzyskać wolność. Zarówno wtedy, jak i teraz publiczność okazuje mu wiele miłości i szacunku za jego osobowość i talent, dzięki któremu przenosiła się w lepszy, wzbogacający duszę i umysł świat.

Po uroczystości odbywa się przyjęcie w kuluarach Narodowego. Gustaw siedzi niczym król, oblegany przez chętnych do rozmowy z nim. Podziwiam go za wytrzymałość, bo świętowanie trwa blisko pięć godzin. Jest zmęczony, ale bardzo szczęśliwy. W dwa dni potem, w Ateneum, „odbiera" premierę przedstawienia *Czy pani lubi Schuberta?*[114] i znowu uczestniczy w miłym popremierowym rytuale. Kolejną, wiosenną premierą pod patronatem Gustawa ma być *Stacyjka Zdrój*, zabawna historyjka napisana przez Andrzeja Poniedzielskiego, będąca kanwą dla piosenek znakomitego duetu twórców: Jerzego Wasowskiego i Jeremiego Przybory[115]. Gustawa cieszy już sama myśl o tym wieczorze...

Niestety do niewydolności nerki przyplątuje się niewydolność płuc. Lekarze decydują, że po dializie, która przypada czwartego lutego, w poniedziałek, Gustaw zostanie w szpitalu na kilka dni w celu zrobienia badań. Boi się szpitala, ale wie, że to konieczne dla jego dobra. Obiecuję, że będę go codziennie odwiedzać i przynosić jego ulubione jedzonka. Czas szybko zleci i znowu będziemy razem w domu. Po południowej dializie przychodzę z gorącym rosołem z domowym makaronem. Zjada niedużo, ale z apetytem. Następnego dnia nie mam próby, więc odwiedzam Gucia przed południem. Jest półprzytomny, nie poznaje mnie. Nie rozumiem, co się stało, wpadam w rozpacz. Lekarze tłumaczą, że w tym wieku i przy tak zaawansowanej chorobie czasem drobiazg powoduje załamanie. Pozostaje jedynie czekać. Co to znaczy „czekać"? Co to znaczy „w tym wieku"? Gustaw ma tylko osiemdziesiąt cztery lata! W naszych czasach to żaden wiek!

Przenoszą Gucia na oddział intensywnej terapii. Przez cały miesiąc lekarze go ratują. Ja też. Mimo że jest nieprzytomny, mówię do niego, śpiewam piosenki, wierzę, że słyszy. Masuję ręce i stopy, nacieram maściami. Pozwalają mi, w celu konsultacji, sprowadzić specjalistów spoza szpitala. Chwytam się wszelkich możliwych sposobów. Wspomagają mnie Jasiek i zawsze niezawodny profesor Wojciech Noszczyk. Mimo że organizm Gustawa nie ma już sił na walkę, ani na sekundę nie tracę nadziei. Opowiadam, co się dzieje w domu, w teatrze, na mieście, zapewniam, że wszyscy na niego czekają. I tak rzeczywiście jest. Janeczka Dróżdż, właścicielka kawiarni w Czytelniku, specjalnie dla Gucia instaluje poręcz, żeby mu się wygodniej chodziło, kiedy tylko wróci „do stolika" Henryka Berezy. Nieobecność Gucia jest dotkliwie odczuwana u Bliklego. Tadzio Konwicki cierpi. Jasiek, ja, rodzina, przyjaciele, teatr Ateneum czekamy z otwartymi ramionami na powrót naszego Gucieńka. Nie chcę przyjąć do wiadomości faktów, które dla innych są oczywiste, bo wciąż wierzę, że jak zwykle pokona chorobę. Może dlatego, że Gustaw nigdy nie mówił o śmierci i nie obarczał mnie smutkiem przemijania, w ten sposób oddalając ją od progów naszego domu. Jestem pewna, że mamy jeszcze przed sobą lata wspólnego życia i że ja swoją energią mu w tym pomogę. Gustaw tak fantastycznie dotrzymywał mi kroku, że nie zauważyłam, kiedy upłynął czas. Trzydzieści dziewięć lat od chwili poznania. A teraz całe nasze życie ma się zawalić jak domek z kart? Nie, nie! I jeszcze raz nie! W ciągu tego tragicznego miesiąca, pełnego strachu o życie Gucia i nadziei na wyzdrowienie, dostaję kilka ohydnych anonimów z życzeniami wszystkiego, co najgorsze, dla nas obojga. Któregoś dnia w radiu nadają komunikat o jego śmierci. Żeby się upewnić, dzwonią do Jasia z zapytaniem, czy to prawda. Niedługo potem w nocy telefonuje jakaś wariatka i łkając, informuje mnie, że Gustaw przed chwilą umarł. Warszawskie plotkary mają temat do telefonicznych rozmów. Nigdy nie przypuszczałam, że ludzka podłość może być tak wyrafinowana i okrutna.

Aż w końcu przeznaczenie mnie dopada: szóstego marca o godzinie pierwszej zero jeden w nocy. Stało się. Tym razem telefon ze szpitala jest prawdziwy. Nagle świat odpływa i zatrzymuje się w pewnej odległości ode mnie. Stoję w środku, zupełnie sama w przeraźliwej pustce i ciszy. Nie jestem w stanie nigdzie zadzwonić, nikogo zawiadomić, nawet mamy i Jaśka. Wszystko straciło sens, stało się nieważne. Już nigdy nic nie będzie takie, jak było. Ja też. Dopiero teraz dociera do mnie znaczenie słowa „nigdy". Odszedł człowiek, którego nikt nigdy nie zastąpi. Odszedł najwierniejszy przyjaciel, który nigdy mnie nie zawiódł, który był najważniejszym punktem odniesienia do wszystkiego, co w życiu robiłam. Odszedł mój najukochańszy mąż, który był lekiem na wszystko. Przy nim nigdy nie czułam się brzydka, za gruba czy stara. Nie bałam się przeciwności losu i upływu czasu. Potrafił w czuły i dowcipny sposób odczarować wszystkie problemy i mój nieustanny brak wiary w siebie. Wyciszył nadmiar moich emocji. Zdejmował mi z głowy wszystkie zmartwienia. Wystarczyło, że pogłaskał po policzku i powiedział: – Głuptasie, to nie jest ważne. – On mnie nauczył hierarchii ważności. Uświadomił, że jesteśmy tylko małą drobinką w kosmosie. Teraz wiem, co jest ważne, a co jest tylko dodatkiem, którym nie warto się nadmiernie przejmować.

Zapewniał, że dzięki mnie i Jaśkowi czuje się zdrowszy, silniejszy i młodszy, bo ma po co i dla kogo żyć. Jesteśmy jego ostoją, a on naszą. I odszedł, zostawiając nas. Mój Gucieniek odszedł w drogę bez powrotu. Czeka mnie jakaś przyszłość, którą kiedyś z taką radością planowałam, a teraz liczy się tylko przeszłość. Całe moje życie z Gustawem, jak w przyspieszonym filmie, staje mi przed oczyma. Przypominam sobie przeczytaną kiedyś maksymę: „Istota wspomnień polega na tym, że nic nie przemija". To prawda. Czas zaciera w pamięci drobne nieistotne sprawy, a zostawia esencję dobra, tego, dzięki któremu nasze życie było piękne. Tej strasznej nocy wspomnienia dały mi złudzenie obecności Gustawa przy mnie.

Nie wiem, skąd znajduję siły na załatwienie tych wszystkich przerażających formalności. Jestem jak zawieszona w próżni i wszystko wydaje mi się irracjonalne, niewiarygodne aż do absurdu. Mimo wsparcia tak samo jak ja zrozpaczonego Jasia, przyjaciół i obcych ludzi, którzy okazują mi serce i bezinteresowną pomoc, czuję się straszliwie samotna, choć Jasiek pociesza: – Mamuś, nie płacz. Tato miał wspaniałe, długie życie.

Wiosna, ta najpiękniejsza i najbardziej ukochana przeze mnie pora roku, zostaje na zawsze napiętnowana datą szóstego marca. Otaczający mnie świat przybiera czarny kolor żałoby. Dzień przed pogrzebem władza budzi się z letargu i prezydent Lech Kaczyński przyznaje Gustawowi Holoubkowi Order Orła Białego. Towarzyszy mu wraz z innymi odznaczeniami w jego ostatniej drodze. Od czasu Trzeciej RP zwlekano z przyznaniem tego najważniejszego odznaczenia. A przecież najwspanialszą okazją była właśnie ta, świętowana w obecności najwyższych władz państwowych, czterdziesta rocznica zdjęcia *Dziadów*.

Dwunastego marca w kościele pod wezwaniem Karola Boromeusza na Starych Powązkach odbywa się msza żałobna, a potem pogrzeb[116]. Smutek i majestat obrzędu pogłębia jeszcze bardziej rozbrzmiewająca w kościele tak ukochana przez Gustawa muzyka Mozarta, Mendelsohna, Bacha[117].

Morze kwiatów, tłumy ludzi, poczty sztandarowe, oddana nad grobem salwa honorowa i poruszająca mowa pożegnalna Piotra Fronczewskiego: „Co może ktoś mniejszy powiedzieć o kimś większym? Wielkim i ogromnym. Według mnie aktorstwo to sprawa osobista, to swoisty dowód tożsamości. A teatr to dom prawdy. Odwiedzamy ten dom w nadziei, że dowiemy się prawdy. Dowiemy się, co znaczy męstwo, odwaga, honor, miłość, poświęcenie, ale i podłość, i kłamstwo, i tchórzostwo, nienawiść i brak odpowiedzialności. Aby to wyrazić, potrzeba słowa. Byłeś i pozostaniesz wielkim depozytariuszem tajemnicy słowa. Wiemy o tym. Było Twoim narzędziem i budulcem, a mały teatr nad Wisłą był Twoim schronieniem, ponieważ nie oszczędzono Ci brutalnych zaczepek, słów krytyki, zachowań niegodnych wobec Ciebie. Teraz jesteś u źródeł słowa..."[118]. I wstrząsająco wypowiedziane przez Piotra słowa modlitwy *Wierzę w Boga...*

Tuż po zakończeniu ceremonii niebo rozdzierają błyskawice i rozlega się huk piorunów. Spada gwałtowny deszcz. Tę finalną, wprost teatralną inscenizację podarowują Guciowi niebiosa. I znów po latach brzmią mi w uszach słowa Gustawa-Leara: „I nie wrócisz już nigdy, nigdy, nigdy"...

W filmie Jasia *Słońce i cień* Gustaw mówi, że nie wierzy w śmierć, bo wszyscy, którzy odeszli, są blisko niego, żyją w jego wyobraźni i będą żyć tak długo, jak będą kochani i pamiętani. A więc nie odszedł. Pozostał w nas na zawsze. Przeczytałam w *Księdze ziół* Sándora Máraia, że śmierć zawsze stoi za naszymi plecami i tylko uśmiecha się, bo do niej należy ostatnie słowo. Ten obrazek mnie przeraża, a Gustaw nigdy nie mówił o śmierci na poważnie, raczej żartował na jej temat. Na kawiarnianych spotkaniach z Tadziem Konwickim, gdy obu panom przybyło lat, zwykł mówić: „Tadziu, przed wojną już byśmy dawno nie żyli" albo cytował najzabawniejszy napis, jaki widział na nagrobku: „A nie mówiłem, że jestem chory?". Kilka lat temu, porządkując w biurku papiery, znalazłam przechowywaną przez Gustawa modlitwę, napisaną przez świętego Tomasza z Akwinu. Święty poza mądrością wykazywał też poczucie humoru i dlatego Gucio w jesieni życia bezbłędnie przestrzegał zawartych w modlitwie wskazówek. Jedną z nich szczególnie ukochał: „Zgryźliwi starcy to jedno ze szczytowych osiągnięć szatana".

Uśmiech Gucieńka i odczucie, że jest ze mną, towarzyszą mi i pobudzają do życia. Zawsze gdy wracałam do domu, otwierał drzwi od mieszkania i czekał na mnie na klatce schodowej albo wołał ze swego pokoju – „jestem", żebym od razu wiedziała, że nie będę sama. Teraz gdy wracam do domu, mimo że nikt na mnie nie czeka, czuję się bezpieczna, bo to „jestem" Gucia trwa i będzie trwało. Z każdym dniem coraz bardziej czuję jego bliskość i moja pamięć o nim jest coraz bardziej przejmująca. Jest dalszym ciągiem naszej miłości. Wspominam Gucia każdego. Pięknego, w sile wieku, gdy go poznałam, i tego równie pięknego schorowanego starszego pana, którego proszę, żeby pokonał chorobę, a ja dodam mu swych sił. Kocham go każdego, bo był moim Guciem. Żal mi wszystkiego, czego nie zdążyłam zrobić: niedokończonych rozmów, niewypowiedzianych dobrych słów, częstszego okazywania miłości. Pozostały wspomnienia, z których będę czerpać siły na przyszłość.

Często myślę o tym, jacy byliśmy razem i każde z osobna i jak to wszystko udało się pogodzić – dwoje tak różnych, a równocześnie bardzo podobnych ludzi. Bez umawiania się i ustaleń dokładnie tak samo reagowaliśmy, mieliśmy te same poglądy na wiele spraw, ten sam gust i upodobania. Oboje nas męczył wszelki nadmiar: wrażeń, atrakcji, znajomości, zmian, dóbr materialnych, jednym słowem wszystkiego, co w efekcie ograniczałoby naszą wolność. Tak się nie stało, i to też zasługa Gucia. Mimo że podchodził z dystansem do wielu spraw, potrafił ulec mojemu entuzjazmowi i towarzyszyć mi w zwariowanych przedsięwzięciach i pomysłach, które jemu nie przyszłyby do głowy. On – krzak, ja – wiatr. Gustaw nie mówił o mnie, że gdzieś poszłam, tylko „Magda poleciała". Byłam też niecierpliwa: albo już, albo wcale, a Gustaw uspokajał mnie, cytując Dulską: „Nie galopuj się". I miał rację, bo sam dochodził do celu bez nerwowego pośpiechu, ale równym i pewnym krokiem. Osiągnął to, co chciał, jakby od niechcenia, bez widocznego mozołu.

Nie byliśmy ustawicznie szczęśliwi, to stan niemożliwy do osiągnięcia, ale byliśmy szczęśliwi przez wiele chwil każdego dnia. Nie chcę nas idealizować, po prostu z czułością wracam do tego, co było i nigdy się nie powtórzy. Zostało we mnie i jest we wszystkim, co myślę i robię. Jest moją integralną częścią, śladem życia z Gustawem.

Zachwyciła mnie usłyszana gdzieś definicja mądrości: „Mądrość to inteligencja plus dobroć". Jeżeli doda się do niej talent, wdzięk, poczucie humoru, szlachetność, męskość, klasę oraz kilka typowych dla mężczyzn wad, to właściwie taki był Gustaw. Jego mądrość też była taka jakby od niechcenia. Nie popisywał się nią. Wykłady na uniwersytetach, w Polskiej Akademii

Umiejętności w Krakowie, której członkiem był od 1994 roku na Wydziale Twórczości Artystycznej, czy w Akademii Teatralnej w Warszawie profesorowie i studenci pamiętają do dziś. Bez mentorstwa i zabijającej nudy – zrozumiałe, piekielnie inteligentne i proste. Nawet specjalnie się do nich nie przygotowywał. Miał syntetyczny umysł i wrodzoną łatwość pięknego, zwartego, logicznego mówienia, przeważnie „z głowy", nie z kartki. Inteligencja, którą uważał za domenę zmysłów, dyktowała mu wszystko. A dobroć? Był prawdziwie szlachetnym człowiekiem. Jego dobroć graniczyła często z dziecięcą ufnością i naiwnością, ale to nie znaczy, że nie widział ludzi takimi, jacy są naprawdę. Doskonale rozszyfrowywał ich charaktery i zamiary, a szczególnie tych, którym wydawało się, że są diabolicznie przebiegli w swoich knowaniach. Gustaw w ogóle się nimi nie przejmował, pomijał ich, bagatelizował. Mnie też rozszyfrował. Kiedy wydawałam się sobie szalenie tajemnicza, Gucio demaskował mnie w zabawny sposób. Snuł monologi o tym, co w danej chwili myślę. Ogromnie dowcipne, rozśmieszające mnie do łez. W duchu przyznawałam mu jednak rację, trafiał w samo sedno. Dobrze wiedziałam, że zna całą prawdę o mnie, pozwala mi na słabości, które raczej bawią go, niż denerwują. Nigdy nie dociekał tego, co tylko dla siebie chowałam w zakamarkach duszy.

Ludzie kochali go też za to, że nie było w nim cienia ekstrawagancji, którą tak chętnie przypisuje się artystom, i efekciarstwa, na które pseudoartyści nie są odporni. Gustaw był cudownie naturalny, skromny i wielki w swej zwyczajności. Piotr Fronczewski tak to ujął: „Gustaw Holoubek przy całym swoim kunszcie i wielkości był wyposażony w najprostszą i najwspanialszą cechę, jaką jest pokora. Pokora wobec ludzi, wobec świata, wobec sztuki. Nie był wojownikiem, z całą pewnością. Był rodzajem sługi w teatrze. Sługi mądrego, pokornego, wyposażonego w cały arsenał możliwości i środków".

Magdusiu! Skarbie!

Dawno nie dostałaś ode mnie

kwiatków — Całuję Cię

Gustaw

11 marca

07

Ostatnie odbicie w zwierciadłach kalejdoskopu

Poczułam potrzebę utrwalenia tego, co pamiętam i czuję. Głównie dla siebie, ale chcę tę pamięć przekazać też tym, którzy nie znali Gustawa Holoubka takiego, jaki był na co dzień, albo chcieliby widzieć go jako pełną powagi i dostojeństwa pomnikową postać, którą nigdy nie był i nie chciałby być. Chcę zachować pamięć o tym, co było moje, nasze, w dowód miłości, podziwu i szacunku dla człowieka, którego los dał mi za męża, a który był wielką, wymykającą się wszelkim regułom osobowością. Mistrzem we wszystkim, co w życiu robił. A jeżeli się mylił, coś mu się nie udawało, była to porażka kogoś wybitnego, wartościowa lekcja.

Mag, czarodziej, hipnotyzer – pisali i mówili o Gustawie. Papież polskiego teatru, jak powiedział Piotr Fronczewski. Arcydzieło Pana Boga, jak nazwał go Kazimierz Kutz. Fascynował nie tylko na scenie. Jako pedagog i reżyser miał wpływ na kształtowanie osobowości adeptów sztuki. Przekazywał im swoją wykładnię zawodu: „Określić samego siebie. Skorzystać z okazji, jaką może być każda rola, żeby powiedzieć to, co ja osobiście mam do powiedzenia za pośrednictwem takiej czy innej postaci; powiedzieć, jaki jest mój pogląd na świat, na życie, na moralność, jaka jest moja estetyka..."[119].

Był wielką indywidualnością, aż dziw, że mnie nie zdominował i przetrwałam jako Magda Zawadzka, a nie tylko Holoubkowa. Zawsze szanował drugiego człowieka i jego racje. Moje też, nawet jeśli się z nimi nie zgadzał, choć nigdy nie różniliśmy się w poważnych sprawach. Wszystkie nieporozumienia rozładowywaliśmy śmiechem. Nie było nam ze sobą nudno.

← W pokoju Gustawa, wiosna 2008

Gucieniek, jak każdy prawdziwy mężczyzna, miał w sobie coś z dużego dziecka. Na wakacjach często widziałam go w gronie dzieci oglądających bajeczki w telewizji. W domu z Jaśkiem, na wyprzódki, gubiąc kapcie, biegli na Dobranockę. Gucio rysował Jasiowi śliczne obrazki – konie w galopie, psy, koty...

Jasiek jest najważniejszym dziełem naszego życia. Gdy patrzę na niego, czuję się szczęśliwa, bo widzę w nim tak wiele z Gustawa. To samo pochylenie głowy, uśmiech, ten sam szelmowski błysk w oku. Nawet ten sam jak u Gucieńka trójkątny cypelek na obrzeżu lewego ucha. Geny pamiętają o takich drobiazgach! Zabawne jest to podobieństwo fizyczne i psychiczne ujawniające się w ułamkach sekund. Kontynuacja, ale nie do końca. Jasiek ma własną osobowość, sposób myślenia i widzenia świata przez pryzmat poczucia humoru, swój inny niż my zawód. Trzydzieści lat bliskiego obcowania z ojcem, który dla chłopca, a potem dla młodego mężczyzny jest najważniejszym wzorcem, pomogło mu ukształtować swoje własne ja. Teraz tylko od niego zależy, jakie wartości, którymi obdarował go Gustaw, będą go prowadzić przez życie. Oby wszystkie te, które czyniły Gustawa tak wyjątkowym człowiekiem. Jasiek też nie wierzy w śmierć. Nierozerwalny związek z ojcem trwa. Gustaw nie odszedł. Został w nim na zawsze.

Tylko... „Gdy się miało szczęście, które się nie trafia / czyjeś ciało i ziemię całą / a zostanie tylko fotografia / to – to jest bardzo mało..."[120].

Na pewno Gustaw poradziłby mi, żeby do tego smutnego zakończenia wprowadzić nieco humoru. Co zatem by się zmieniło...

Gdyby Gustaw nie spotkał mnie: paliłby dziennie zamiast dwudziestu – czterdzieści papierosów, przez całe życie perfumowałby się Przemysławką, nie wsiadłby na rollercoaster w Disneylandzie, może nie byłby do końca życia młody...

A gdybym ja nie spotkała Gucia: może miałabym więcej mężów niż Elizabeth Taylor, nie zaznałabym przyjemności chodzenia po górach, nie poznałabym tylu fantastycznie interesujących ludzi, wszystkie moje wady urosłyby to gigantycznych rozmiarów.

Gdybyśmy się nie spotkali, na pewno nie przeszlibyśmy przez życie tak pogodnie...

In memoriam

Setki wywiadów, wypowiedzi, felietonów i najistotniejsze – ważna i przebogata twórczość artystyczna, trwająca sześćdziesiąt jeden lat, aż do ostatnich chwil życia, mówią wszystko o Gustawie Holoubku. Jednak nieocenionym źródłem prawdy o Gustawie jest jego autobiografia *Wspomnienia z niepamięci.* Wydawnictwo Marginesy w dwa tysiące ósmym roku z wielkim pietyzmem przygotowało nową edycję tej książki. Została wzbogacona unikatowymi zdjęciami z rodzinnej kolekcji. Ukazał się również album *Gustaw Holoubek o sobie*, składający się z płyty DVD z filmem *Słońce i cień* oraz płyty, na której Gustaw czyta swoją autobiografię. Autorem edycji jest Jan Holoubek, a producentem Telewizja Polska S.A. Inna niezwykle interesująca książka to *Holoubek. Rozmowy* zaprzyjaźnionej z nami dziennikarki, Małgorzaty Terleckiej-Reksnis, na podstawie rozmów, które przez dwadzieścia lat prowadziła z Gustawem.

Publiczne kultywowanie jego pamięci wypływa z inicjatywy ludzi, którzy podziwiali go za wszystko, czego dokonał w życiu. Dziennikarze „Rzeczpospolitej", środowisko artystyczne, władze Warszawy i internauci sprawili, że Teatrowi Dramatycznemu w Warszawie nadano imię Gustawa Holoubka. Tę doniosłą wiadomość ogłoszono 29 maja 2008 roku w moje imieniny. Sprawiono mi najpiękniejszy prezent. W foyer teatru zawieszono pamiątkową tablicę i medalion z wyrzeźbionym portretem Gustawa. Autorką jest wybitna medalionistka Wiktoria Czechowska-Antoniewska.

W Międzyzdrojach, gdzie podczas III Festiwalu Gwiazd w 1998 roku odcisnęliśmy z Gustawem na Promenadzie Gwiazd swoje dłonie, dziesięć lat później, w lipcu, dokonaliśmy z Jasiem przy nadmorskiej promenadzie uroczystego odsłonięcia pomnika z brązu, dzieła rzeźbiarza Michała Selerowskiego. Przedstawia Gustawa siedzącego na ławeczce. Każdy może się do niego przysiąść i dzięki temu nigdy nie będzie sam. Pomnik powstał z inicjatywy dyrektora artystycznego festiwalu Andrzeja Strzeleckiego i władz Międzyzdrojów. Trzydziestego sierpnia 2008 roku na Rynku w Toruniu uczestniczyłam w wielkiej uroczystości poświęconej 45-leciu powstania filmu pod tytułem *Prawo i pięść,* w którym Gustaw grał główną rolę, a reżyserem był Jerzy Hoffman.

W Poznaniu w zabytkowej auli Uniwersytetu imienia Adama Mickiewicza 24 listopada 2009 roku odbył się koncert muzyki klasycznej i poezji *Gustaw Holoubek – In memoriam.*

W Lublinie w ramach Tygodnia Kultury Chrześcijańskiej ksiądz arcybiskup Józef Życiński odprawił w katedrze uniwersyteckiej mszę za spokój duszy Gustawa. Msze święte wieczyste były również odprawiane na Jasnej Górze w Częstochowie i przez księży werbistów. W pierwszą rocznicę śmierci, 6 marca 2009 roku, uczestniczyłam w mszy w katedrze Świętego Jana w Berlinie. Tak pamięć Gustawa uczciła tamtejsza Polonia. Szesnastego lipca 2009 roku w dniu otwarcia Międzynarodowego Festiwalu Zawodów Filmowych i Telewizyjnych Film Visage w Białymstoku odsłoniłam pomnik Gustawa Holoubka autorstwa profesora Adama Myjaka. Od tego dnia festiwal nosi imię Gustawa Holoubka, a główną nagrodą jest statuetka Gustaw. Pomysłodawcą festiwalu, jego dyrektorem artystycznym i inicjatorem hołdu złożonego pamięci Gustawa jest Krzysztof Fus.

Od ponad dwudziestu lat obchodziliśmy w Juracie imieniny Gustawa. Po jego odejściu nadal świętujemy dzień jego imienin. Drugiego sierpnia po mszy poświęconej jego pamięci właściciele hotelu Bryza, państwo Niemczyccy, i ja zapraszamy tę samą od kilku lat grupę przyjaciół na uroczystą kolację. Oglądamy fragmenty nagrań i wspominamy Gucieńka...

W latach 2010 i 2011 dwudziestego pierwszego kwietnia, w dzień urodzin Gustawa Holoubka, na Zamku Królewskim w Warszawie odbył się koncert ukochanej przez niego muzyki klasycznej zatytułowany *Zagrajcie mi to,* poświęcony Jego pamięci. Realizację mojego marzenia zawdzięczam pomocy finansowej Ministra Kultury i Dziedzictwa Narodowego Bogdana Zdrojewskiego oraz Narodowemu Centrum Kultury. Mam nadzieję, że taki koncert na zawsze zostanie wpisany w kalendarz kulturalny Warszawy.

Przypisy

[1] Olga w *Meteorze* Dürrenmatta, Zofia Pawłowna w *Mądremu biada* Gribojedowa, Królowa Jadwiga w *Kronikach królewskich* Wyspiańskiego i Miriamne w *Scenerii zimowej* Andersona.

[2] Camilla w *Nie igra się z miłością* Maupassanta, Arycja w *Fedrze* Racine'a, Cecylia Cardew w *Bracie marnotrawnym* Wilde'a, tytułowa rola w *Czarującej szewcowej* Federica Garcii Lorki oraz udział w licznych programach rozrywkowych.

[3] Rola Tuńki, córki Marii Siankowej, głównej bohaterki (Wanda Łuczycka). Film w reżyserii Aleksandra Ścibora-Rylskiego.

[4] Pamiętne jego kreacje z tamtych lat: Goetz w *Diabeł i Pan Bóg*, reż. Ludwik René, 1960; Edyp w *Królu Edypie*, reż. Ludwik René, 1961; tytułowa *w Płatonowie*, reż. Adam Hanuszkiewicz, 1962; tytułowa w *Hamlecie*, reż. Gustaw Holoubek, 1962.

[5] Ryszard II w *Królu Ryszardzie II*, reż. Henryk Szletyński, 1964; Przełęcki w *Uciekła mi przepióreczka*, reż. Jerzy Goliński, 1964; ojciec Riccardo Fontana w *Namiestniku*, reż. Kazimierz Dejmek, 1966; Alcest w *Mizantropie*, reż. Henryk Szletyński, 1967.

[6] Reżyseria Grzegorz Warchoł, 1988.

[7] 1970 rok.

[8] 26 III 1970–17 IV 1981.

[9] Gustaw Holoubek doprowadził do zlikwidowania procedury mianowania i odwoływania dyrektorów teatrów przez władze polityczne. Od tej pory tylko SPATiF mógł o tym decydować. Skończył się więc obyczaj przynoszenia dyrektora teatru „w teczce", prosto z KC. Teatry dzięki temu znalazły się w rękach artystów i złapały więcej swobody twórczej. Poza tym przekształcił nasze stowarzyszenie w stowarzyszenie twórcze, dzięki temu uzyskaliśmy prawa autorskie i wyższe emerytury, a także wymusił u władz spore pieniądze dla teatrów i od tego czasu zaczęliśmy więcej zarabiać. W 1981 roku na walnym zjeździe Gustaw otrzymał zaszczytny tytuł Honorowego Prezesa ZASP-u. Zdobył fundusze na rozbudowę Domu Aktora w Skolimowie.

[10] Katarzyna Łaniewska – podstolina Czepiersińska, Gustaw Holoubek – rejent Milczek, Jan Świderski – cześnik Raptusiewicz.

[11] Portrety: www.teatry.art.pl/portrety/holoubek.

[12] Reżyseria Sylwester Chęciński, 1971.

[13] Zagrałam jeszcze w dwóch filmach o tematyce współczesnej: *Mały* (1970, reż. Julian Dziedzina) i *Pogoń za Adamem* (1970, reż. Jerzy Zarzycki), w Teatrze Telewizji Hesię w *Moralności pani Dulskiej* Gabrieli Zapolskiej (1970, reż. Józef Słotwiński) i w *Gospodzie pod Królową*

Gęsią Nóżką Anatola France'a (1971, reż. Stanisław Wohl).

[14] 1971 rok.

[15] Halina Friedmannowa zmarła 16 kwietnia 2010 roku.

[16] Reżyseria Zygmunt Hübner, 1971.

[17] Teatr Telewizji, reż. Józef Słotwiński, 1972.

[18] Dziadek Mieczysław Szubański zmarł sześć lat wcześniej i przez kilka lat babcia mieszkała ze mną i moim pierwszym mężem. Jeszcze bardziej stała mi się bliska.

[19] Wśród wielu: Jadwiga Jankowska-Cieślak, Joanna Pacuła, Ewa Decówna, Liliana Głąbczyńska, Piotr Fronczewski, Marek Kondrat, Marek Bargiełowski, Marek Walczewski, później Halina Łabonarska i Janusz Gajos.

[20] Chyba trzy razy na jedenaście lat dyrektorowania. *Nora* Ibsena, którą przygotował ze studentami jako ich spektakl dyplomowy i wystawił na małej scenie Teatru Dramatycznego, 1973; w 1976 roku *Karykatury* Kisielewskiego, a w 1979 *Hamleta* Szekspira.

[21] Cytat z *Kubusia Fatalisty* Denisa Diderota.

[22] Aleksandra Śląska, Mieczysław Voit, Jan Englert, Zdzisław Wardejn, Piotr Fronczewski, Henryk Borowski; 9 kwietnia 1973 roku.

[23] Martino Lori i Palma Lori.

[24] Jeszcze przed ślubem byłam zaproszona na festiwal polskich filmów do Danii.

[25] 1974 rok.

[26] Gustaw zaproponował współpracę między innymi: Kazimierzowi Dejmkowi, Bogdanowi Korzeniewskiemu, Jerzemu Antczakowi, Jerzemu Grzegorzewskiemu, Krzysztofowi Zaleskiemu i Witoldowi Zatorskiemu.

[27] O listach opowiadał mi Jerzy Jarocki. Niestety, w domowym archiwum Gustawa nie zachował się żaden z nich.

[28] Chciał mu nawet oddać swoje dyrektorskie stanowisko, rzecz niespotykana w świecie teatralnym.

[29] Trzecią sztukę Gombrowicza, *Operetkę* w reżyserii Macieja Prusa, teatr wystawia w 1980 roku. W roli Fiora – Gustaw Holoubek.

[30] 1974 rok.

[31] Mgr Adam Sznajderski, opiekun KMTTV przy Technikum Chemicznym w Brzegu Dolnym, *Telewidzowie o „Hamlecie"*, „Tygodnik Kulturalny", nr 7, 1974.

[32] B. Firkowska i M. Dzikowski z Radawnicy, *Telewidzowie o „Hamlecie"*, „Tygodnik Kulturalny", nr 7, 1974.

[33] www.fpff.pl/archiwum/filmy/3,2,1,65, Mazepa.html

[34] Danuta Szaflarska, Gustaw Holoubek, Jan Świderski, Wiesław Gołas.

[35] Poza innymi postaciami gram Dyzię – narzeczoną Kubusia.

[36] *Don Kichot, Mizantrop, Skiz.*

[37] Śmierć w wypadku samochodowym, 19 sierpnia 1981 roku, przerwała jego tak pięknie rozwijającą się karierę.

[38] Zagrałam około siedemdziesięciu ról w Teatrze Telewizji, nie licząc programów poetyckich, rozrywkowych, muzycznych.

[39] „Teatr", nr 4/5, 1992, *45-lecie pracy artystycznej Gustawa Holoubka*, z Tadeuszem Konwickim rozmawia Janusz Majcherek.

[40] Reżyseria Gustaw Holoubek, 1976.

[41] Reżyseria Edward Żytecki, 1949. Gustaw grał starca, mając zaledwie 26 lat!

[42] W ciągu ostatniego roku studiów grałam w trzech spektaklach dyplomowych: spektaklu muzycznym, Justysię w *Spazmach modnych* i Cecylię w *Bracie marnotrawnym.*

[43] *Hamlet,* 1962 rok.

[44] Juliusz Kydryński, *Holoubek gra króla Leara,* „Życie Literackie", nr 23, 5 czerwca 1977.

[45] Teresa Krzemień, *Dzieje żywota i śmierci egocentryzmu,* „Kultura" nr 24, 12 czerwca 1977.

[46] Peter Ustinov przyjechał wówczas do Polski z okazji wręczenia mu Orderu Uśmiechu w Teatrze Wielkim w Warszawie.

[47] W tej roli Joanna Szczepkowska.

[48] Był honorowym członkiem Związku Podhalan.

[49] 1960 rok.

[50] Klinika MSW na Wołoskiej.

[51] Reżyseria Andrzej Łapicki, 1978.

[52] Pełny tytuł *Polita, gwiazda gwiazd*; spektakl oparty na książce Wiesławy Czapińskiej *Polita*.

[53] Fragment korespondencji Stanisława Witkiewicza z synem Witkacym, zacytowany w sztuce *Staś* Jerzego Jarockiego.

[54] Reżyseria Maciej Prus, 1980. Za rolę tę nagrodzono Holoubka na XXI Festiwalu Polskich Sztuk Współczesnych we Wrocławiu.

[55] Reżyseria Tadeusz Lis, 1980; nie przypuszczałam, że przedstawienie to stanie się jednym z ulubionych przez widzów spektakli Teatru TV i znajdzie się w Złotej Setce najlepszych.

[56] „Życie Warszawy", 13–14 marca 1976.

[57] Cyceron w *Spotkaniu wśród gwiazd*, Stańczyk w *Weselu*, Pan w *Burzy*, prokurator w *Szalonej Grecie*. Ja w Teatrze TV zagrałam w zabawnej farsie *Supeł* i Hrabinę w *Igraszkach trafu i miłości* Marivaux, w reżyserii Andrzeja Szczepkowskiego.

[58] Magdalena Grochowska, *Portret Gustawa Holoubka*, „Gazeta Wyborcza", 17 lipca 2004.

[59] Następna lekcja historii to premiera *Kaliguli* Camusa w reżyserii Andrzeja Chrzanowskiego. W roli szaleńca i despoty rządzącego Rzymem – Piotr Fronczewski, a ja Cezonii, żony cesarza Kaliguli. Pod koniec roku *Dwie głowy ptaka* Władysława Terleckiego, w reżyserii Andrzeja Łapickiego, z Gustawem w roli pułkownika carskiej policji, Griszyna, ostatniego naczelnika Warszawy z okresu powstania styczniowego.

[60] Premiera w maju 1981.

[61] Warszawa,8 II 1982 .

[62] Reżyseria Jan Bratkowski, 1984.

[63] Reżyseria Kazimierz Dejmek, 1984.

[64] 1957 rok.

[65] Rola Roullot, 1985.

[66] Z prywatnego archiwum Janusza Hellicha, tekst napisany w związku ze wspomnieniem o Holoubku w radiu.

[67] *Weryfikacja*, reż. Mirosław Gronowski, 1986; *Zygfryd*, reż. Andrzej Domagalik, 1986.

[68] W tej roli Leonard Pietraszak.

[69] Reżyseria Grzegorz Warchoł, 1988; reżyseria Maciej Wojtyszko, 1988. Ponadto: Seneka w *Teatrze czasów Nerona i Seneki*, autor: Edward Radziński, reżyseria Konstanty Ciciszwili, 1988; oraz Jan w *To co najpiękniejsze* Hemara, reżyseria Andrzej Łapicki, 1988.

[70] Reżyseria Andrzej Ziębiński, 1991.

[71] Reżyseria Zbigniew Bogdański, 1992.

[72] W ciągu trzech lat pobytu w Ateneum zagrał Prospera w *Burzy* Szekspira w reż. Krzysztofa Zaleskiego, 1991, i sam wyreżyserował dwa spektakle, w których również grał: *Zemstę* – Rejent Milczek i *Mazepę* – król Jan Kazimierz, 1992.

[73] Reżyseria Anna Minkiewicz, 1990.

[74] Gustaw Holoubek, *Wspomnienia z niepamięci*, Marginesy, Warszawa 2009.

[75] Reżyseria Krzysztof Lang, 1993.

[76] Pseudonim sceniczny Renata Bogdańska.

[77] Zmarł w Chicago 12 września 1991.

[78] *Szczur* Jana Łomnickiego, filmowa i telewizyjna wersja *Goodbye, Rockefeller* i *Oczy niebieskie* Waldemara Szarka.

[79] Pozostałe role: Rachel Baffin w *Książę ciemności*, Iris Murdoch, reż. Ireneusz Engler, 1994; Matka w *Stroma ścieżka do nieba* według prozy Andrzeja Szczypiorskiego, reż. Andrzej Konic, 1994.

[80] Wśród pozostałych ról: Michał w *Ja, Michał z Montaigne*, Józef Hen, reż. Grzegorz Warchoł, 1993; Ulrych Brendel w *Rosmersholm*, Henrik Ibsen, reż. Jan Maciejowski, 1993; Lekarz w *Siedem pięter*, Dino Buzatti, reż. Andrzej Barański, 1994; Nowowiejski w *Jesiennym wieczorem*, Gabriela Zapolska, reż. Mariusz Jarnuszkiewicz, 1994.

[81] 1980: *Kordian* – opracowanie tekstu, reżyseria, rola Doktora; 1994: *Kordian* – Grzegorz, reż. Jan Englert; 1995: *Kordian* – Szatan, reż. Kazimierz Dejmek.

[82] W Ateneum Gustaw gra niemieckiego kompozytora i dyrygenta, Wilhelma Furtwänglera w *Za i przeciw* Ronalda Harwooda, w reżyserii Janusza Warmińskiego, ja w przedstawieniu poświęconym twórczości Boya-Żeleńskiego, *Boy*, reż. Waldemar Śmigasiewicz. Przedstawienie zostało zaproszone przez POSK do Londynu; w Teatrze TV Gustaw *Trio o zmierzchu* (Noel Coward), *Kompleks polski* (Tadeusz Konwicki), *Czwarty poziom* (Waldemar Łysiak) i reżyseruje *Trucizny teatru* (Rudolf Sirer) oraz w filmie telewizyjnym *Awantura o Basię* (Kornel Makuszyński). W Teatrze TV zagrałam w *Kobiecie zawiedzionej* (Simone de Beauvoir) i w serialu *Fitness club*. Odwiedziłam też Paryż, gdzie w Audytorium w paryskich Halach zagraliśmy przedstawienie pt. *Gwiazdy piosenki kabaretowej*.

[83] *Jaskinia filozofów*, reż. Stefan Chazbijewicz, rola Sokratesa, 1996; *Improwizacja paryska*, reż. Maciej Englert, rola Jouveta, 1996; *Czytadło*, reż. Jerzy Markuszewski, rola Mickiewicza, 1996.

[84] Reżyseria Sławomir Kryński, 1997.

[85] Reżyseria Waldemar Śmigasiewicz.

[86] 31 sierpnia 1997.

[87] Odznaczony Srebrnym Krzyżem Kawalerskim Virtuti Militari, Złotym Krzyżem Zasługi z Mieczami, dwukrotnie Krzyżem Walecznych.

[88] Do wyzwolenia przebywał w niemieckim obozie jenieckim, w Oflagu VII A w Murnau. Potem we Włoszech w II korpusie gen. Andersa był oficerem szkoleniowym w 6. Pułku Pancernym Dzieci Lwowa i 3. Pułku Pancernym Ułanów Śląskich.

[89] Małgorzata Terlecka-Reksnis, *Holoubek. Rozmowy*, Prószyński i S-ka, Warszawa 2008.

[90] Reżyseria Krzysztof Zaleski, 1998.

[91] Kolejne role Gustawa w spektaklach telewizji: *Cztery pory roku* Israela Horowitza, w reżyserii Janusza Morgensterna (1998) i *Portret wenecki* Gustawa Herlinga-Grudzińskiego, w reżyserii Agnieszki Lipiec-Wróblewskiej (1998) urzekały siłą osobowości i kunsztem aktorstwa, a *Wilki w nocy* Tadeusza Rittnera (1998) świetną reżyserią. Nie mógł więc, tak sobie, przestać pracować.

[92] W Ateneum nad nową rolą Adelajdy w dwuosobowej sztuce *Mr Love* Karoline Leach, w reżyserii Tomasza Zygadły, w teatrze Prezentacje w *Klanie wdów* Ginette Beauvais Garcin i Marie Chevalier. Spektakl był przewidziany tylko na sezon letni, ale powodzenie przeszło najśmielsze oczekiwania dyrektora Szejda, też reżysera sztuki. Gramy go już ponad 10 lat!

[93] Szkoda, że mimo bardzo dobrych recenzji nie dołożono starań, żeby ją w tamtym czasie odpowiednio wypromować.

[94] *Historie zakulisowe*, reż. Zbigniew Zapasiewicz, 2000; *Grzechy starości*, reż. Maciej Wojtyszko, 2000; *Podróż*, reż. Piotr Mikucki, 2000.

[95] Gérard Aubert dotrzymał słowa. W 2004 roku napisał *Salę 108*, z dwiema świetnymi rolami dla Gustawa i Piotra Fronczewskiego. Przedstawienie dla Teatru TV reżyserował Gustaw.

[96] Reżyseria Tomasz Zygadło, 1999.

[97] Mnie nie ma w obsadzie. Zagrałam natomiast w spektaklu Teatru TV *Urodziny mistrza* Zbigniewa Książka i miałam przyjemność pracować z panią Márthą Mészáros, która to przedstawienie wyreżyserowała.

[98] Małgorzata Terlecka-Reksnis, *Holoubek. Rozmowy*, dz. cyt.

[99] *45-lecie pracy artystycznej Gustawa Holoubka*, z Tadeuszem Konwickim rozmawia Janusz Majcherek, „Teatr", nr 4/5, 1992.

[100] Reżyseria Andrzej Strzelecki, 2003. Spektakl przygotowany z okazji czterdziestolecia pracy artystycznej Wojciecha Młynarskiego.

[101] Przyznana w 1991 roku.

[102] Reżyseria Marcin Sosnowski. Premiera *Pamiętnika* odbyła się w teatrze Ateneum z okazji 35-lecia mojej pracy artystycznej.

[103] Lista nagród (w tym państwowych), orderów, odznaczeń nadanych Gustawowi za jego artystyczne osiągnięcia jest imponująca. Tylko w 2002 roku dołączyły do niej: statuetka Gwiazda Telewizji Polskiej z okazji 50-lecia TVP, Laur Mistrzowski Teatru TV, Specjalna TeleMaska tygodnika „Teletydzień".

[104] Małgorzata Terlecka-Reksnis, *Holoubek. Rozmowy*, dz. cyt.

[105] Marzena Trybała, Tadeusz Borowski, Krzysztof Gosztyła, Jerzy Kamas, Jan Kociniak, Marian Kociniak, Wojciech Solarz.

[106] Na Rzeszowskich Spotkaniach Teatralnych *Król Edyp* zajął I miejsce jako najlepszy spektakl.

[107] Małgorzata Terlecka-Reksnis, *Holoubek. Rozmowy*, dz. cyt.

[108] Nagroda Wielka Fundacji Kultury za rok 2004; Międzynarodowy Festiwal Camerimage w Łodzi – Nagroda Specjalna „za szczególne osiągnięcia w dziedzinie sztuki filmowej"; Złoty Hipolit – nagroda Towarzystwa im. H. Cegielskiego za kierowanie się w życiu zasadami pracy organicznej; Nagroda C.K. Norwida w dziedzinie teatru; Odznaczenie Ministra Kultury „Zasłużony Kulturze – Gloria Artis".

[109] Marzec 2006.

[110] 1961 rok.

[111] 2007 rok.

[112] Za *Słońce i cień* otrzymał jeszcze dwie kolejne ważne nagrody: wyróżnienie na Festiwalu Era Nowe Horyzonty we Wrocławiu i nagrodę miesięcznika „Charaktery" na Festiwalu Nurt w Kielcach.

[113] Zygmunt Nowakowski, właściwie Zygmunt Tempka (1891–1963), prozaik, aktor, wielki fan Cracovii, członek jej zarządu.

[114] Rafael Mendizabal, reż. Tomasz Zygadło.

[115] Reżyseria Adam Opatowicz, Andrzej Poniedzielski.

[116] Telewizyjna transmisja umożliwia milionom ludzi uczestniczenie w ostatniej drodze i pożegnaniu Gustawa Holoubka. Los zrządził, że naprzeciw mogiły Gustawa na Starych Powązkach w strefie zerowej cmentarza, w pobliżu kościoła Boromeusza jest grób Bonawentury Kudlicza, postaci równie ważnej dla XIX-wiecznego teatru jak Wojciech Bogusławski, a z tyłu mogiła Andrzeja Hiolskiego, wybitnego barytona operowego.

[117] Adagio g-moll Albinoniego, aria z 3. suity orkiestrowej D-dur Bacha, Sarabande Corellego, 3. część kwartetu smyczkowego f-moll op. 80 Mendelssohna, kwartet C-dur-KV część 2. Mozarta w wykonaniu kwartetu Marka Wrońskiego.

[118] „Gazetka Zakładowa" NSZZ „Solidarność" Pracowników Teatru Ateneum, nr 8, marzec 2011.

[119] Maria Czanerle, *Gustaw Holoubek. Notatki o aktorze myślącym*, WAiF, Warszawa 1972.

[120] Maria Jasnorzewska-Pawlikowska, *Fotografia.*

Redakcja: Maja Lipowska
Korekta: Irma Iwaszko
Projekt okładki, opracowanie graficzne i typograficzne: Anna Pol

Zdjęcia wykorzystane na okładce: © Jacqueline Feldine, © Wiesław Rutowicz

W książce wykorzystano zdjęcia autorstwa: Jacqueline Feldine (s. 1 okładki, 346), Zofii Nasierowskiej (s. 42, 49, 51, 216, 227, 232, 330), Renaty Pajchel (s. 218), Zbigniewa Biedrzyckiego (s. 46, 47, 92), CAF – Fot. Piotrowski (s. 52), Napoleona Czerwińskiego (s. 45), Tomasza Domaniewskiego (s. 91, 116), Ryszarda Dyby (s. 179), Foto Felici (s. 182), Krzysztofa Grossmana (s. 221), Krzysztofa Fusa (s. 274, 359), Marka Holzmana (s. 20, 21, 28, 78, 90, 97, 229), Jana Holoubka (s. 253, 307, 314, 322), Dariusza Honika (s. 190), Zygmunta Januszewskiego (s. 61, 100, 101, 127, 233), Kazimierza Komorowskiego (s. 74), Tadeusza Kubiaka (s. 6, 27, 78, 99, 106, 237), Leonfilm Sager nr 136/71 (s. 77), Zbigniewa Lewandowskiego (s. 37), G. Linkego (s. 225), Piotra Litwica (fabrykaobrazu.com) (s. 324), Bohdana Majewskiego (s. 254), Bolesława Miedzy (s. 224), Franciszka Myszkowskiego (29, 30), Leona Myszkowskiego (s. 208), Chrisa Niedenthala (s. 250, 251), J. Nowackiego (s. 226), Wł. Pawelca (s. 226), Jerzego Płońskiego (s. 205), Jana Popłońskiego (s. 22, 23), Wiesława Rutowicza (s. 1 okładki, 12, 33, 53), Zygmunta Rytki (s. 125, 280), Tomasza Sobeckiego (s. 247), Romana Sumika (s. 36, 230, 231, 235), A. Szarkowskiego (s. 129), Jarosława Tarana (s. 298, 299), Jerzego Troszczyńskiego (s. 76), Zych (Rep. s. 170) oraz z archiwum prywatnego Autorki.
Archiwum czasopism (materiał nieopisany lub niepodpisany w tekście): „Ekran" nr 14(365), 1964, nr 22(529), 1967, nr 46(1023), 1976; „Express Wieczorny" nr 62(7541) z 14–15 marca 1970; „Filipinka" nr 10, 1969; edycja angielska i francuska „Film" nr 1, 1969, nr 3, 1970, nr 6, 1977; „Film Spiegel" nr 8, 1972; „Film" wydanie specjalne, kwiecień 1967; „Kino" nr 4, 1969; „Notatnik Teatralny" nr 52–53, 2009; „Panorama" nr 25, 1968; „Perspektywy" nr 2(228), 1974„Polska" nr 5(177), 1969; „Radio i Telewizja" nr 6, 1972 „Scena" nr 9, 1977; „Teatr" nr 14(483), 1969; „Ty i ja" nr 4(108), 1969; „Walka Młodych" nr 7, 1968; „Zielony Sztandar", dodatek z 15 maja 1977, „Zwierciadło" nr 11(615), 1969.

Wydawca dziękuje Panom: Janowi Domaniewskiemu, Krzysztofowi Fusowi, Piotrowi Litwicowi, Chrisowi Niedenthalowi za udostępnienie zdjęć do publikacji w książce.

ISBN 978-83-933758-4-4
Wydawnictwo Marginesy
ul. Forteczna 1a, 01-540 Warszawa
tel./fax 22 839 91 27, 48 696 451 127
redakcja@marginesy.com.pl
www.marginesy.com.pl
Warszawa 2011

Skład i łamanie: **manufaktura**
Druk i oprawa:
Toruńskie Zakłady Graficzne Zapolex Sp. z o.o.
ul. Gen. Sowińskiego 2/4, 87-100 Toruń